CATALOGUE

DES LIVRES

RARES ET PRÉCIEUX

DE M. ***.

DISPOSÉ ET MIS EN ORDRE

Par GUILLAUME DE BURE, fils aîné.

A PARIS.

Chez G. DE BURE fils aîné, Libraire, quai des
Auguftins, près de la rue Pavée.

M. DCC. LXXX.

AVERTISSEMENT.

LA Bibliotheque dont je publie le Ca-
talógue, eſt ſans contredit la plus précieuſe qui ait été expoſée en vente depuis celle de M. Gaignat. Le choix des
Editions & la beauté des Exemplaires,
dont la plus grande partie eſt en grand
papier & reliée en maroquin, ne laiſſe
rien à deſirer. Outre les belles éditions
des Auteurs Grecs & Latins, imprimées
par les Eſtiennes & autres célebres Imprimeurs, le poſſeſſeur de cette Bibliotheque
avoit raſſemblé les collections complettes des *Variorum*, des *Ad uſum Delphini*
& la plus grande partie des *Elzeviers*. On
expoſera le premier jour de la Vente, la
collection des *Variorum*, s'il ſe trouve un
acquéreur qui veuille les avoir en gros,
s'il ne s'en trouve pas, cette collection
ſera ſéparée: celle des *Ad uſum Delphini*, qui eſt toute de premiere & de bonne édition, ſera expoſée le dernier jour
de la Vente, pour être vendue en un ſeul

article. Les éditions les plus rares & les plus recherchées des Livres de Théologie, d'Histoire Naturelle, de Littérature Françoise, d'Histoire de France & Etrangere, &c., sont en grand papier & en maroquin. On trouvera à la fin de ce Catalogue une notice de meubles, d'effets précieux & de très-belles estampes, montées & en porte-feuille. La vente sera annoncée dans les papiers publics & par des affiches.

TABLE

DES DIVISIONS.

THÉOLOGIE.

JURISPRUDENCE.

SCIENCES ET ARTS.

BELLES-LETTRES.

HISTOIRE.

Fin de la Table des Divifions.

CATALOGUE

DES LIVRES
RARES ET PRÉCIEUX
DE M.****

THÉOLOGIE.

Textes et Versions de l'Écriture-Sainte.

Versions Grecques.

1 Liber Psalmorum Davidis, græcè & latinè. *Antuerpiæ, Plantin,* 1584, in-16. m. r.
lav. reg.

2 Novum Instrumentum omne, diligenter ab
Erasmo recognitum, gr. & latinè. *Basileæ,*
1516, in fol. m. bl. editio princeps.

3 Idem Novum Testamentum J. C. græcè &
latinè, Theodoro Bezâ interprete. *Par.* Hen-
ricus Stephanus, 1565, in 8. m. r.

A

4 Idem Novum Teſtamentum græcè. *Lugd. Bat.*
Elzevier, 1641, 2 vol. in 12, m. v.

5 Idem Novum Jeſu-Chriſti Teſtamentum, gr.
Londini, J. Tonſon, 1714, in 8. C. Mag. m. n.

6 Idem Novum Teſtamentum græcum, cum
notis Millii & Lud. Kuſteri. *Lipſiæ*, 1723,
in fol. m. r.

7 Idem Novum Teſtamentum græcè. *Glaſguæ*,
R. Urie, 1750, in 8. v. m.

8 Idem Novum Teſtamentum græcè. *Oxonii*,
Typis Baskerville, 1763, in 8. m. r.

Verſions Latines.

9 Biblia Sacra latina. *Antuerpiæ*, ex officina Chriſt.
Plantini, 1583, in fol. fig. v. f. editio præſtans
& rara.

10 Eadem Biblia Sacra vulgatæ editionis vulgò
dicta Epiſcoporum. *Coloniæ*, Bern. Gualteri,
1630, in 12, m. r.

11 Eadem Biblia Sacra, impenſis D. de Richelieu edita. *Pariſiis*, Seb. Martin, 1656, in 8.
C. Mag. m. r.

12 Eadem Biblia Sacra. *Pariſiis*, Seb. Martin,
1656, in 8. m b. ══ Th. a Kempis de imitatione Chriſti, libri IV. *Pariſiis*, 1657. ══ Pu-
gna ſpiritualis. *Pariſiis*, Martin, 1657 in 8.
m. b.

13 Eadem Biblia Sacra vulgatæ editionis, notis
chronologicis & hiſtoricis illuſtrata, a Cl. Lan-
cellot. *Pariſiis*, Ant. Vitré, 1666, in 4. v. b.

14 Eadem Biblia Sacra vulgatæ editionis. *Colon.*
Balthazar ab Egmondt, 1666, 8 vol. in 12.
m. r. lav. reglé.

15 Eadem Biblia Sacra. *Colon. Agrippinæ*, Balt.   6   16
ab Egmondt, 1682, in 8, m. r.

16 Pfalterium Davidis. *Lugduni Batavorum*,   8
apud Elzevirios, 1653, in 12, m. b

17 Novum Jefu-Chrifti Teftamentum. *Parifiis*,   6
Sebaft. Martin, 1662, in 12, m. n.

18 Idem Novum J C. Teftamentum vulgatæ ed.
Lut. Parif. Delaulne, 1763, 2 vol. in 16, m.   4   12
v. avec fermoirs, lav. reg.

19 Idem Novum J. C. Teftamentum. *Parifiis*,
Jof. Barbou, 1767, in 12, v. m.

Verfions Françoifes & Angloife.

20 La Sainte Bible en françois, fur la Verfion   48
de Geneve, avec des notes difpofées par Samuel
& Henri Defmarets. *Amft.* Elzevier, 1669, 2
vol. in fol. pap. imper. m. r.

21 La même, traduite en françois fur la Vul-
gate, par M. le Maître de Sacy. *Paris*, Guil.   9
Defprez, 1707, 8 vol. in 12, v. m.

22 La même. *Paris*, Defprez, 1730, 6 vol.   54
in 4, v. f. avec les figures de Demarne.

23 La même, traduite en François par le Gros.   9
Cologne, 1739, in 12, m. r.

24 Nouveau Teftament de N. S J. C., trad. en
françois. *Mons*, Migeot, 1668, 2 vol. in-16,
m. v.

25 The Holy Bible. *Cambridge*, John Basker- 100
ville, 1763, in fol. C Mag. v. m.
Cette édition eft une des plus belles qui foient
fortie des preffes célebres de Baskerville.

Hiftoires & Figures de la Bible.

26 Abrégé de l'hiftoire de l'Ancien Teftament, 15   4

par M. de Mezanguy. *Paris*, 1737, 10 vol.
in 12, v. m.

390   27 Physica Sacra, hoc est, Historia Naturalis Bi-
bliæ à Joh. Jac. Scheuchzero, edita & innume-
ris iconibus æneis elegantissimis adornata, pro-
curante Joanne Andrea Pfeffel. *Augustæ Vindelicorum*, 1731, & ann. seqq. 4 vol. in fol.
v. f.

200   28 Physique sacrée, ou Histoire naturelle de la
Bible, trad. du latin de M. Jean - Jacques
Scheuchzer. *Amst.* Mortier, 1732, 8 vol. in-
fol. fig. m. r.

30   29 L'Histoire du Vieux & du Nouveau Testament, représentée avec des figures & des explications édifiantes, tirées des Saints Peres;
par de Royaumont (Nic. Fontaine). *Paris*,
le Petit, 1670, in 4, m. n. prem. édit.

     30 La même. Suivant la copie imprimée à Paris
chez P. le Petit, 1680, in 8, fig. m. b.

28   31 Histoire sacrée en Tableaux, avec leur explication, par Brianville. *Paris*, de Sercy,
1670, 1671, 1675, 3 vol. in 12, m. r. fig.
de le Clerc. prem. édit.

192   32 Histoire du Vieux & du Nouveau Testament,
enrichie de plus de 400 figures. *Anvers*, Pier.
Mortier, 1700, 2 vol. in fol. gr. pap. prem.
édit. v. m. lav. reg.

     33 Discours historiques, critiques, théologiques
& moraux, sur les événements les plus mémo-
333   3   rables du Vieux & du Nouveau Testament,
par Jacques Saurin, avec des figures gravées
par Hoet, Houbraken & Picart. *La Haye*, P.
de Hondt, 1728, 6 vol. in fol. pap. impérial,
m. r.

THÉOLOGIE. 5

34 Hiftoires les plus remarquables de l'Ancien
& du Nouveau Teftament, gravées en cuivre
par le célebre J. Luyken. *Amfterdam,* Covens,
1732, in fol. m. r. dent. prem. épreuves.

Interpretes & Commentateurs de l'Ecriture Sainte,
tant de l'Ancien que du Nouveau Teftament.

35 Differtations qui peuvent fervir de prolégo-
menes de l'Ecriture-Sainte, par Dom Aug.
Calmet. *Paris,* Emery, 1720, 3 vol. in 4,
gr. pap. m. r.

36 Commentaire littéral fur tous les Livres de
l'Ancien & du Nouveau Teftament, par Dom
Aug. Calmet. *Paris,* P. Emery, 1715, 24 vol.
in 4, gr. pap. m. r.

37 Hieronymi Pradi & J. B. Villalpandi in Eze-
chielem explanationes, & apparatus urbis ac
templi Hierozolymitani commentariis & ima-
ginibus illuftratus. *Romæ,* 1596, 3 vol. in fol.
v. f.

PHILOLOGIE SACRÉE.

Explications critiques, Leçons & Conciliations de
divers lieux de l'Ecriture-Sainte.

38 Conjectures fur les Mémoires originaux dont
il paroît que Moyfe s'eft fervi pour compofer
le Livre de la Genèfe, par Aftruc. *Bruxelles,*
1753, in 12, v.

39 Humfredi Hodii de Bibliorum textibus originalibus Verfionibus græcis & latina vulgata,
libri IV. Cum Arifteæ Hiftoria, græcè & latinè.
Oxonii, 1705, in fol. C. Mag. v.

40 Ant. Van Dale, Diſſertatio ſuper Ariſtea
de LXX interpretibus. *Amſterdam*, Wolters,
1705, in 4, v. b.

41 Explication de pluſieurs Textes difficiles de
l'Ecriture Sainte, par Dom Jacques Martin.
Paris, Emery 1730, 2 vol. in 4, fig. v. m.

42 Remarques hiſtoriques, critiques & philoſophiques, ſur le Nouveau Teſtament; par Beau-
ſobre le pere. *La Haye*, P. Dehondt, 1742, 2
tomes en 1 vol. in 4, v. m.

*Traités critiques des Rites Judaïques, & des choſes
mentionnées en la ſainte Écriture.*

43 Traité de la ſituation du Paradis Terreſtre,
par M. Huet. *Paris*, Aniſlon, 1691, in 12,
v. br.

44 Antiquités Judaïques, ou Remarques critiques ſur la République des Hébreux, par Baſnage. *Amſt.* les freres Chatelain, 1713, 2 vol.
in 8, fig. m. r.

45 La République des Hébreux, par Baſnage.
Amſt. les freres Chatelain, 1713, 3 vol. in 8,
fig. m. r.

46 Delphi Phœnicizantes, ſive Tractatus, in
quo græcos, quidquid apud Delphos celebre
erat, è Joſuæ hiſtoriâ, ſcriptiſque ſacris effin-
xiſſe rationibus haud inconcinnis oſtenditur:
auctore Edmundo Dickinſono. *Oxoniæ*, H.
Hall, 1655, in 8, m. b.

Concordances & Dictionnaires de l'Écriture ſainte.

47 Franciſci Lucæ Sacrorum Bibliorum concor-
dantiæ. *Coloniæ*, Balt. ab Egmond, 1684, in
8, v. b.

48 Dictionnaire historique, critique, chronologique, géographique & littéral de la Bible; par Dom Aug. Calmet. *Par.* Emeri, 1730, 4 vol. in fol. gr. pap. fig. v. f.

LITURGIES.

Traités singuliers de l'Office Divin, & des Cérémonies anciennes & modernes de l'Eglise.

49 Josephi Vicecomitis Ambrosiani Collegii Doctoris, Observationes Ecclesiasticæ. *Mediolani*, Pacificus Pontius, 1615, 4 tom. en 2 v. in 4, m. r.

50 Fr. Bern. Ferrarii Ambrosiani Collegii Doctoris, de Ritu Sacrarum Ecclesiæ concionum, libri duo. *Mediolani*, ex Collegii Ambrosiani Typographia, 1620, in 4, m. r.

Liturgies de l'Eglise Latine ou Occidentale.

Liturgies de l'Eglise Romaine.

51 Breviarium Romanum. *Parisiis*, le Mercier, 1750, 4 vol. in 12, v. m.

52 Horæ diurnæ Breviarii Romani. *Parisiis*, le Mercier, 1741, in 24, m. vert.

Liturgie Gallicane.

53 D. Joan. Mabillon de Liturgiâ Gallicanâ lib. tres. *Parisiis*, Montalant, 1729, in 4, v. m.

54 Missale Parisiense. *Par.* 1738, 4 vol. in 12, m. n. lav. reg.

55 Missel de Paris, latin & françois. *Par.* J. T. Hérissant, 1739, 4 vol. in 12, m. v.

27   4. 56 L'Année Chrétienne, contenant les Messes
             des Dimanches & Fêtes de toute l'année ; par
             M. le Tourneux. *Paris*, Josse, 1723, 13 vol.
             in 12, m. n.

13   6. 57 Breviarium Parisiense. *Par.* 1736, 4 vol. in
             12, m. n.

101   58 Bréviaire de Paris, traduit en François. *Par.*
             1742, 8 vol. in 4, v. b.

             59 Diurnale Parisiense. *Par.* 1736, 2 vol. in 12,
             m. n. lav. rég.

             60 Diurnale Parisiense. *Par.* 1771, 2 vol. in 12,
             m. r.

Mélanges de Liturgies, Offices particuliers, Re-
cueils de Prieres, &c.

             61 Les Heures de la Journée Chrétienne, où
             sont enseignées les voies du Salut. *Paris*, Jean
             Boudot, 1713, in 12, m. à compartiments.

2   62 Horæ diversorum Officiorum. Ms. sur velin,
             in 8, fig. rel. en velours.

60   63 Les sept Pseaumes de la Pénitence. *Ms.* sur
             velin, avec des ornements en or & en couleur,
             in 8, m. r.

4   10   64 I sette Salmi Penitentiali imitati in rime dal
             Agostino Agostini. *In Anversa*, 1595, in 16,
             fig. v. b.

C O N C I L E S.

Traités généraux & particuliers de la célébration
des Conciles, de leur puissance, autorité, &c.

60   65 Matthiæ Ugonii Episcopi Phamaugustani de
             Conciliis Synodia Ugonia. Omnibus, quæ ad

Concilia ritè ac legitimè celebranda pertinent, scire volentibus, opus necessarium. *Venetiis*, 1564, in fol. m. bl.

66 Conciliorum collectio regia maxima. *Par. è* Typographia Regia, 1644, 37 vol. in fol. v. b. *retiré*

67 Canones, & decreta sacro-sancti œcumenici, & generalis Concilii Tridentini. *Roma*, P. Manutius, 1564, in fol. cuir de Russie. l. r. 43 cum litteris initialibus depictis.

Premiere édition du Concile de Trente, qui est authentiquée & revêtue de toutes les formes par les attestations & les propres signatures manuscrites du Secrétaire & des deux Greffiers de ce Concile : les voici telles qu'elles se trouvent à la fin de cet exemplaire.

Hos sacri Œcumenici & gnalis Concilii Tridentini Secretarius & Notarii infrà scripti Decreta ipsius sacri Concilii in presenti volumine contenta cum originalibus contulimus, & qâ cum eis concordare reperimus, ideo hic in fidem manu ppria subscripsimus.

Ego Angelus Massarellus Episcopus Thelesin sacri Conc. Trid. Secr.

Ego Marcus Antonius Peregrinus Clericus Comensis ejusdem Concilii Notarius.

Ego Cynthius Pamphilus Clicūs Camerinen. Dioc. sacri Concilii Triden. Notūs.

Ce qui rend cette édition si estimée & si recherchée, c'est parce qu'elle est fondée sur des témoignages authentiques qui la rendent aussi précieuse que le manuscrit original de ce célebre Concile.

Les Savants sont partagés sur le nombre des exemplaires de cette édition originale du Concile de Trente, qui ont été authentiqués par les foufcriptions manufcrites du Secrétaire & des deux Greffiers de ce Concile. Les uns prétendent que le Pape Pie IV en fit parapher *vingt-quatre* exemplaires ; d'autres affurent qu'il n'y en eut que *douze*, ce qui les rend très rares.

Cette édition eft en effet fi rare, qu'on ne la trouve point dans le Catalogue des livres des Bibliotheques de Meffieurs de Boze, de Rothelin, de Selle, de Gaignat, &c. fi riches en livres de la plus grande rareté. Je ne l'ai pas même trouvée dans aucun autre Catalogue, & je l'ai vainement cherchée dans plufieurs vaftes Bibliotheques. Enfin, Naudé, Chevillier, Maittaire, Voght, David Clément, Daniel Gerdes, Freytag, G. Fr. Debure le jeune, ni aucuns de ceux qui ont traité des livres rares, ne font aucune mention de cette édition, que les Anglois achètent à un prix exceffif.

Cette note eft tirée du Catalogue raifonné des principaux manufcrits du Cabinet de M. Jofeph-Louis-Dominique de Cambis. *Avignon*, Chambeau, 1770, in 4.

68 Sacro-fancti & Œcuménici Concilii Tridentini Canones & Decreta. *Coloniæ Agrippinæ*, Egmond, 1683, in 16, m. bl.

69 Ant. Auguftini Archiepifcopi Tarraconenfis conftitutionum Provincialium Tarraconenfium libri V. *Tarracone*, Phil. Mey, 1580, in 4, m. r. Editio originalis.

70 Acta Ecclefiæ Mediolanenfis, à Carolo Boromæo Cardinali condita, Frid. Card. Boromæi juffu collecta & edita. *Mediolani*, Pacificus Pontius, 1599, 2 vol. in fol. Editio originalis.

SAINTS-PERES.

Collections & extraits des Saints-Peres, comme aussi des Ecrivains & des Monuments eccléfiastiques.

71 Stephani Baluzii Miscellanæa. *Par.* Fr. Muguet, 1678, 7 vol. in 8, v. m.

72 Musæum Italicum, seu collectio veterum scriptorum ex Bibliothecis Italicis, eruta à D. Joan. Mabillon, & D. Mich. Germain. *Paris,* Ed. Martin, 1687, 2 vol. in 4, v. b.

Ouvrages des Saints-Peres, Grecs & Latins, rangés selon l'ordre des siecles & des temps dans lesquels ils ont vécu.

73 Philonis Judæi opera, græcè & latinè, cum observationibus & notis Thomæ Mangey. *Londini,* Guill. Innys, 1742, 2 vol. in fol. C. M. v. f.

74 Tatiani oratio ad græcos. Hermiæ irrisio Gentilium Philosophorum, græcè & latinè, stud. Wilh. Worth. *Oxoniæ,* è Theatro Sheldoniano, 1700, in 8, m. r.

75 Athenagoræ legatio pro Christianis. —Idem de Resurrectione Mortuorum, curâ Eduardi Dechair. *Oxoniæ,* è Theatro Sheldoniano, 1706 in 8.

76 M. Minucii Felicis Octavius cum notis Variorum, ex recensione Jac. Ouzeli. *Lugduni Bat.* Hackius, 1672, in 8, m. r.

77 Ejusdem Minucii Felicis Octavius, ed. Jac. Gronovio. *Lugduni Bat.* Boutesteyn, 1709, in 8, v.

78 Ejuſdem Marci Minucii Felicis Octavius. *Glaſguæ*, Rob. Foulis, 1750, in 8, v. f.

79 Idem. *Glaſguæ*, Foulis, 1750, in 8, C. M. m. r.

80 Philoſophumena quæ ſub Originis nomine circumferuntur, gr. & lat. ed. Joan. Chriſt. Wolfio. *Hamburgi*, 1706, in 8, v. f.

81 Lucii Cœlii Lactantii Firmiani opera, cum notis variorum, edente Servat. Gallæo. *Lugd. Bat.* Franc. Hackius, 1660, 2 vol. in 8, m. r.

82 Ejuſdem Lactantii de mortibus perſecutorum libri, cum notis variorum, ex recenſione Pauli Bauldri. *Trajecti ad Rhenum*, Guill. Broedelet, 1693, 2 vol. in 8, m. r.

83 D. Aurelii Auguſtini Confeſſionum, libri XIII, ſtudio H. Sommalii. *Lugduni*, apud Danielem Elzevirium, 1675, in 12, m. r.

84 Lettres de Saint-Auguſtin, trad. en françois par M. Dubois. *Paris*, Coignard, 1701, 6 v. in 8, m. r. dent. lav. reg.

85 Juliani Imp. opera quæ ſuperſunt & S. Cyrilli contra eundem libri X, gr. & lat. cum Dionyſii Petavii notis, curâ Ezechielis Spanhemii. *Lipſiæ*, 1696, 2 vol. in fol. v.

86 Pet. Abælardi & Heloyſæ conjugis ejus opera, edente Andreâ Ducheſne. *Pariſiis*, Nic. Buon, 1616, in 4, C. Mag. v. b.

THÉOLOGIENS.

Traités concernant des diſputes ſur la Grace, la Prédeſtination, &c.

87 Les Imaginaires & les Viſionnaires, par P.

Nicole. *Liege*, Elzevier, 1667, 2 vol. in 12,
m. r.

*Traités singuliers de l'Incarnation de Jésus Christ,
de sa Passion & de sa mort.*

88 Franc. Collii Ambrosiani Collegii Doctoris de
sanguine Christi libri V. *Mediolani*, ex Collegii Ambrosiani Typographia, 1617, in 4, m. r.

Traités singuliers de l'Eglise & des choses Ecclésiastiques, & premiérement de l'Eglise, du Concile, du Pape & des traditions.

89 Ant. Perez Pentateuchum fidei, sive volumina
quinque, de Ecclesia, de Conciliis, de scripturâ sacrâ, de traditionibus sacris & de Romano
Pontifice. *Matriti*, Pet. Tazo, 1620, in fol.
mar. r.

*Traités des cérémonies ecclésiastiques, & du culte
religieux, &c.*

90 Traités singuliers & nouveaux contre le Paganisme du Roi-boit, par Jean Deslyons. *Par.*
veuve Savreux, 1670, in 12, v.

*Traités singuliers des quatre dernieres fins de
l'homme : la mort & le Jugement dernier, le
Purgatoire, le Paradis & l'Enfer.*

91 Franc. Collii Collegii Ambrosiani Doctoris de
animabus Paganorum libri V. *Mediolani*, ex
Collegii Ambrosiani Typographia, 1622, 2
vol. in 4, m. r.

92 Barth. Valverdii ignis Purgatorius post hanc

vitam ex græcis & latinis Patribus Orthodoxis
affertus. *Venetiis*, Felix Valgrifius , 1590,
in 4, m. r. lav. reg.

M. Debure le jeune a donné la defcription de
ce volume dans le tome premier de fa Bibliographie inftructive, pag. 298 & fuivantes. Il dit que
la derniere partie intitulée : *Refponfio ad quæftio-
nes , five propofita Wenzeflai à Wertzowiz , &c.*
doit former 24 feuillets de difcours, non compris
dans ce nombre cinq feuillets féparés feuls & non
chiffrés, qui fe trouvent au commencement. M.
Debure le jeune n'a pas fait attention que ce
Traité commence par le feuillet cotté 2 , ainfi il
n'en contient que 23 au lieu de 24.

60　93 Ant. Rufcæ Collegii Ambrofiani Doctoris de
inferno , & ftatu dæmonum ante mundi exi-
tium , libri V. *Mediolani*, ex Collegii Ambrofiani Typographia , 1621 , in 4 , m. r.

12　94 De ftatu mortuorum & Refurgentium liber;
Acceffit epiftola circà libellum de Archæologiis
Philofophicis, auctore Thomâ Burnetio. *Lond.*
1720, in 4, C. Mag. m. bl.

*Traités moraux des Sacrements & de ce qui y a
rapport.*

33　5. 95 Thomæ Sanchez difputationum de Sancto
matrimonii Sacramento, tomi tres. *Antuerpiæ*,
Martinus Nutius , 1607 , 3 vol. in fol. v. éc.
Editio optima.

*Traités finguliers concernant des difputes fur la
Théologie morale & fur celle des nouveaux Ca-
fuiftes.*

6　96 Les Provinciales , par Louis de Montalte

(Blaise Pascal). *Col.* de la Vallée, (Elzevier)
1657, in 12, m. v.
97 Les mêmes Provinciales, en quatre langues. 19
Cologne, 1684, in 8, m. bl.
98 Les mêmes Provinciales, avec les notes de
Guil. Wendrock. *Cologne*, P. de la Vallée, 6
1739, 4 vol. in 12, v. m.

*Mélanges de Théologie morale, contenant des cen-
sures sur la morale, des résolutions de cas de
conscience, conférences, divers opuscules & dissertations.*

99 Ant. Augustini Archiepiscopi Tatraconensis
canones pœnitentiales. *Tarracone*, Phil. Mey, 15
1582, in 4, m. b. Editio originalis.
100 Conférences ecclésiastiques de Paris sur le
mariage, l'usure, &c. *Paris*, veuve Estienne, 17
1741, 9 vol. in 12, v. m.

Théologie catéchétique ou instructive.

101 Instructions générales en forme de Caté-
chisme, imprimées par ordre de M. Ch. Jo. 11
Colbert, Evêque de Montpellier. *Paris*, Aug.
le Guerrier, 1702, in 4, v. b.

Théologie Parœnetique, ou des Sermons.

102 Michaelis Menoti Sermones quadragesimales, ab ipso olim Turonis declamati. *Par.*, Cl. 12   1
Chevallon, 1525, in 8, m. r.
103 Sermones Quadragesimales Michaëlis Menoti,
Par. Chevallon, 1526, in 8, Gothique, m. cir. 8   2
104 Oliverii Maillardi Sermones de Adventu, 6
Par. Pigouchet, 1516, in 8, m. b.

105 Sermones Dormi securè Dominicales. *Par.*, 1517, Goth. in 8, m. v.

106 Sermons du P. de la Rue. *Paris*, Rigaud, 1719, 4 vol. in 8, m. r.

107 Panégyriques & autres Sermons, prêchés par M. Esprit Fléchier. *Paris*, Jean Anisson, 1696, in 4, v. b.

THÉOLOGIE MYSTIQUE OU CONTEMPLATIVE.

Mystiques & Ascétiques anciens & modernes.

108 Thomæ à Kempis de Imitatione Christi libri quatuor. *Lugd.*, apud Elzevirios, in 12, m. r.

109 De Imitatione Christi, Libri IV, ex recensione Josephi Valart. *Par.* J. Barbou, 1758, in 12, v. m.

110 De l'Imitation de Jesus Christ, par de Beuil. (M. de Sacy) *Paris*, Ch. Savreux, 1662, in 12, m. r.

111 De l'Imitation de Jesus-Christ, par M. de Beuil. *Paris*, Guil. Desprez, 1750, in 8, v. f.

112 Imitation de Jesus-Christ, traduite par Jos. Valart. *Paris*, Jos. Barbou, 1759, in 12, v. m.

113 Essais de Morale, par M. Nicole. *Paris*, Guill. Desprez, 1755, 13 vol. in 12, v. m.

114 Instructions Théologiques & Morales sur le premier Commandement du Décalogue; par le même. *Paris*, Guill. Desprez, 1741, 2 vol. in 12, v. m.

115 Instructions Théologiques & Morales, sur l'Oraison

l'Oraifon Dominicale , par le même. *Paris ,*
Guill. Defprez, 1740, in 12 v. m.

116 Inftructions Théologiques & Morales fur le
Symbole ; par le même. *Paris ,* Guill. Defprez, 1740, 2 vol. in 12, v. m.

117 Inftructions Théologiques & morales fur les
Sacrements, par le même. *Paris ,* Guill. Defprez, 1741, 2 vol. in-12, v. m.

118 Traité de la Priere ; par le même, *Paris ,*
J. Fr. Joffe, 1740, 2 vol. in 12, v. m.

119 Lettres fur divers Sujets de Morale & de
Piété ; par M. Duguet. *Paris,* Jac. Etienne ,
1713, 9 vol. in 12, v. b.

Traités finguliers de l'amour de Dieu , & l'Oraifon ;
où font auffi rapportés les Traités du pur amour
& du Quiétifme, avec les difputes qui fe font éle-
vées dans l'Eglife à leur fujet.

120 Œuvres Spirituelles de M. Franç. de Salignac
de la Mothe-Fénélon. *Rotterdam ,* Jean Hofhout, 1738, 2 vol. in fol. gr. pap. m. b. dent.

Traités généraux & particuliers de la perfection
Chrétienne ; dans les différens états de la vie.

121 Pratique de la Perfection Chrétienne ; par
Alphonfe Rodriguez. Trad. en François par
Regnier des Marais. *Paris,* Ant. Dezallier ,
1688, 3 vol. in 4, v. b.

122 Les véritables motifs de la Converfion de
l'Abbé de la Trappe ; par D. de Larroque.
Cologne , P. Marteau , 1686 , in 12 , v. m.

Traités Singuliers de la pratique des vertus Chrétien-
nes, exercices de piété, méditations, &c.

123 Exercitium Pietatis quotidianum quadripar-
titum, operâ Joh. Gerhardi. *Lug. Bat.* Elzevier,
1630, in 24, m. r.

124 Le Symbole des Apôtres, avec des explications pour fervir de méditations aux ames
Chrétiennes. Manufcrit fur velin, in 8, m. r.

Théologie Polémique, ou Traités concernant la dé-
fenfe de la Religon Chrétienne & Catholique.

125 Les trois Vérités, par Pierre le Charron.
Bordeaux, Millanges, 1595, in 8, v. m.

126 Hugo Grotius de Veritate Religonis Chriftianæ. *Amftelodami*, ex Officinâ Elzeviriana,
1669, in 12, m. r.

127 Forma veræ Religionis inquirendæ, auct.
Mich. de Elizalde. *Neapoli*, 1662, in 4,
m. r.

128 L'Exiftence de Dieu, démontrée par les
merveilles de la Nature; par Nieuwentyt.
Paris, Jac. Vincent, 1725, in 4, fig. m. c.

129 Phil. à Limborch de Veritate Religionis
Chriftianæ amica collatio cum erudito Judæo.
Goudæ, ab Hoeve, 1687, in 4, m. cit.

130 Alciphron ou le petit Philofophe, contenant une apologie de la Religion Chrétienne,
contre les Efprits-forts. *La Haye*, Goffe, 1734,
2 vol. in 12, m. r.

131 Quatre Dialogues fur l'Immortalité de l'Ame,
l'Exiftence de Dieu, la Providence & la Religion. *Paris*, Cramoifi, 1686, in 12, m. r.

132 Exposition de la Doctrine Chrétienne , par
M. de Mezanguy. *Utrecht* , 1744 , 6 vol. in 12
v. m.   8

THÉOLOGIE HÉTÉRODOXE.

Ecrits des anciens Réformateurs Grecs & Vaudois ,
Wiclefistes , &c.

133 Joannis Wiclefi Dialogorum libri quatuor.
Quorum primus divinitatem & ideas tractat.
Secundus universarum creationem complecti-
tur. Tertius de virtutibus vitiisque contrariis   144
loquitur. Quartus Romanæ ecclesiæ Sacramenta
& pestiferam dotationem perstringit. 1525. in
4 , m. b. Editio originalis Rarissima.

Mélanges de Théologie heterodoxe , où sont rapportés
les Ouvrages de controverse & les disputes élevées
parmi les Protestans : comme aussi les Traités
apologétiques sur la Tolérance & la violence en
matiere de Religion , &c.

134 Propositions & moyens pour parvenir à la
réunion des deux Religions en France ; par   26
Alexandre d'Yse Ministre de Die. 1677 , in 4 ,
gr. pap. v. ec.

Traités singuliers qui contiennent des erreurs particu-
lieres & plusieurs systêmes de liberté Philosophique,
de Religion Naturelle , Athéisme , Déisme , &c.

135 Davidis Derodon disputatio de supposito.   20   10
Francoforti , 1645 , in 8 , m. cir.

136 An Apology for the true Christian divinity,
being an explanation and vindication of the
principles and doctrines of the people called   27

Quakers, by Robert Barclay. *Birmingham*, Baskerville, 1765, in 4, g. p. l. r. m. cit.

137 Had. Beverlandi peccatum originale. *Eleu-theropoli*, in horto Hesperidum, Typis Adami, 1678, in 8, v. b. *Editio originalis incastrata.*

138 Ejusdem Beverlandi de stolatæ virginitatis jure lucubratio Academica. *Lugduni* in Batavis, Lindanus, 1680, in 8, v. b.

139 Ejusdem Beverlandi de fornicatione caven-da admonitio. Juxta exemplar *Londinense*, 1698, in 8, m. r.

140 La Religion du Médecin, trad. du Latin de Thomas Brown, 1668, in 12, v.

141 Réfutation des erreurs de B. Spinosa ; par M. de Fénélon, le pere Lami, & le Comte de Boulainvilliers. *Bruxelles*, François Foppens, 1731, 2 vol. in 12, m. b.

142 Bern. Connor Evangelium Medici : seu Medicina mystica ; de suspensis naturæ legibus, sivè de miraculis. *Londini*, Sam. Briscoc, 1697, in 8, m. r.

Traités généraux & singuliers de la Théologie des Juifs ; avec les Traités critiques & apologétiques au sujet de la Cabale, & les Traités contre les Chrétiens.

143 Tela ignea Satanæ, hoc est arcani, & horribiles Judæorum adversus Christum Deum, & Christianam Religionem libri anecdoti. edente Joh. Christh. Wagenseilio. *Altdorfi Noricorum*, 1671, 2 vol. in 4, v. ec.

THÉOLOGIE MAHOMÉTANE.

144 L'Alcoran de Mahomet, trad. d'Arabe en

François, par Duryer. *La Haye*, Moetjens
1685, in 12, v. br.
145 Hadriani Relandi de Religione Moham-
medica libri duo. *Trajecti ad Rhenum*, Guill.
Broedelet, 1717. — Ejufdem de fpoliis Templi hierofolymitani liber. *Trajecti ad Rhenum*,
Guillaume Broedelet, 1716, in 12, v. m.
146 La Religion des Mahométans, trad. du
Latin de Reland. *La Haye*, If. Vaillant,
1721, in 12, fig. m. b.

JURISPRUDENCE.

DROIT CANONIQUE.

Traités finguliers de la Puissance Eccléfiastique &
Politique.

147 P**ETRI** de Marca Differtationes de Concor-
dia Sacerdotii & Imperii. *Parifiis*, Francif-
cus Muguet, 1704, in fol. v. m.
148 Traité de l'Autorité du Pape, dans lequel
fes droits font établis, & les principes des
Libertés de l'Eglife Gallicane juftifiés. *La Haye*,
de Rogiffart, 1720, 4 vol. in 8, v. m.

Traités finguliers des Hérétiques & de ce qui les
concerne.

149 Ant. Sanctarelli Tractatus de Hærefi, Schif-
mate, Apoftafia, Sollicitatione in Sacramento
Pœnitentiæ, & de poteftate Romani Pontifi-
cis in his delictis puniendis. *Roma*, Bart. Za-
nettus, 1625, in 4, m. b.

Traités des choses Ecclesiastiques, & premiérement du Célibat des Prêtres, de la Tonsure, habille-mens, &c.

150 Histoire des Perruques, par J. B. Thiers. *Paris*, 1690, in 12, m. r.

Traités des Eglises, Paroisses, Bénéfices, Résignations, Décimes, Pensions, &c.

151 Recueil de Jurisprudence Canonique & Bénéficiale; par Guy du Rousseau de Lacombe. *Paris*, Ganeau, 1755, infolio, v. m.

152 Traité des Droits du Roi sur les Bénéfices de ses Etats; par Simonel. 1752, 2 vol. in 4, v. m.

Traités du Mariage & du Divorce, Dispenses, Censures, Excommunications, Police & Discipline Judiciaire & autres Dépendances de la Jurisdiction Ecclésiastique.

153 Taxe des Parties Casuelles de la Boutique du Pape. *Lyon*, 1564, in 8, m. r.

154 Mémoire Théologique & politique au sujet des Mariages clandestins des Protestans de France, 1755, — Eloge de Maximilien de Béthune, Duc de Sully; par M. Thomas. *Paris*, 1763, — Minorque conquise, Poëme Héroique. *Paris*, Delormel, 1756, in 8, v. m.

155 Principes sur la nullité du Mariage pour cause d'impuissance. *Londres*, 1756, in 8, v. m.

156 Traité de la Dissolution du Mariage, pour cause d'impuissance; par le Président Bouhier. *Luxembourg*, 1735, in 8, v. m.

Droit Ecclésiastique de France.

Capitulaires, Loix Ecclésiastiques, Pragmatique,
Concordats & Libertés de l'Eglise Gallicane.

157 Capitularia regum Francorum. Additæ sunt
Marculfi Monachi & aliorum formulæ vete-
res, cùm notis Stephani Baluzii. *Par.* Franc.
Muguet, 1677, 2 vol. in fol., ch. mag. v. f.

158 Marculfi Monachi aliorumque autorum formulæ veteres, accessit liber legis salicæ, studio
Theod. Bignonii. *Par.* Sebast. Cramoisy,
1665, in 4, v. b.

159 Histoire des Capitulaires des Rois François
sous la premiere & seconde race. *La Haye,*
1755, in 12, v. f.

160 Histoire du Droit Public Ecclésiastique François ; par M. de Burigny. *Londres,* 2 vol. in 4,
velin.

161 Commentaire de M. Dupuis, sur le Traité des
Libertés de l'Eglise Gallicane de M. Pithou.
Paris, Musier, 1715, 2 vol. in 4, G. P. v. b,
avec la Préface.

162 Les Loix Ecclésiastiques de France dans leur
ordre naturel ; par Louis de Héricourt. *Paris,*
P. J. Mariette, 1748, in fol., v. m.

Droit Civil.

Droit de la Nature & des Gens, & Droit Public.

163 De l'Esprit des Loix, par M. de Montesquieu. *Geneve,* Barillot, 2 vol. in 4, v. m.

164 Principes du Droit Naturel, par J. J. Burla-

maqui. *Geneve*, Cl. & Ant. Philibert, 1762, in 4, v. m.

165 Le Droit de la Nature & des Gens, par le Baron de Pufendorff, trad. en François, par J. Barbeyrac. *Londres*, Jean Nours, 1740, 3 vol. in 4, v. m.

166 Hugonis Grotii de Jure Belli ac Pacis libri tres, cum notis variorum, ex recenfione Jo. Frid. Gronovii. *Amftelodami* ex Offic. Weifteniana, 1712, 2 vol. in 8, m. r.

167 Le Droit de la Guerre & de la Paix, par Hugues Grotius, trad. en François par Jean Barbeyrac. *Amfterdam*, Pierre de Coup, 1724, 2 vol. in 4, v. m.

168 Le Droit Public de France, éclairci par les monumens de l'antiquité ; par M. Bouquet. *Paris*, Defaint, 1756, in 4, v. m.

169 Les Intérêts Préfens des Puiffances de l'Europe ; par J. Rouffet. *La Haye*, Moetjens, 1741, 3 vol. in 4, v. m.

170 Hiftoire du Traité de Weftphalie ; par le Pere Bougeant. *Paris*, P. J. Mariette, 1744, 3 vol. in 4, v. m.

171 Lettres, Mémoires & Négociations particulieres du Chevalier d'Eon. *Londres*, Diawell, 1764, in 4, gr. pap. m. r.

DROIT CIVIL OU ROMAIN.

Introductions & Traités préparatoires au Droit Civil.

172 Hiftoire de la Jurifprudence Romaine, par Antoine Terraffon. *Paris*, Guill. Cavelier, 1750, in fol., v. m.

*Traités Généraux du Droit Civil ; corps de Droit,
Commentateurs, &c.*

173 De origine & progressu Juris Civilis Romani cum notis Vinnii & Variorum , edente S. Leewio. *Lugd. Bat.* Doude , 1671 , in 8 , v. b.

174 Digestorum seu Pandectarum Libri 50 , ex Florentinis pandectis representati. *Florentiæ ,* Laurentius Torrentinus , 1553 , 3 vol. in fol. l. r. m. n.   60   1

175 De nominibus propriis Pandectarum Florentinarum , cum notis Ant. Augustini Archi. Tarraconensis. *Tarracone ,* ex Officina Philip. Meii , 1579 , in fol. , m. r.   16   10

176 Corpus Juris Civilis. *Amstelodami ,* Blaeu , 1664 , 2 vol. in 8 , v. m.

177 Pandectæ Justinianæ , in novum ordinem digestæ , per Rob. Jos. Pothier. *Par.* Saugrain , 1748 , 3 vol. in fol. , v. m.   60

178 D. Justiniani Institutionum Libri IV , cura Arnoldi Vinnii. *Amstelodami ,* ex officina Elzeviriana , 1669 , in 12 , v. b.   3   19

179 Ant. Augustini , Archiepiscopi Tarraconensis de Legibus & Senatus Consultis Liber. *Par.* Ægidius Beysius , 1584 , in fol. , m. r.   9

180 Les Loix Civiles dans leur ordre naturel ; le Droit Public , & legum delectus ; par Domat. *Paris ,* J. de Nully , 1745 , in fol. , v. m.   10   6

181 Théorie des Loix Civiles , par M. Linguet. *Londres ,* 1767 , 2 vol. in 12 , v. m.   3   4

DROIT FRANÇOIS ET SES DIFFERENTES PARTIES.

Loix , Conflitutions , Capitulaires , Edits & Ordonnances anciennes & nouvelles du Royaume de France.

182 Anciennes Loix des François , confervées dans les coutumes Angloifes, recueillies par Lyttleton ; par David Houard. *Rouen*, Richard Lallemand , 1766 , 2 vol. in 4 , v. f. g. p.

183 Traités fur les Coutumes Anglo-Norman-des , par M. Houard. *Paris*, Saillant & Nyon, 1776 , 4 vol. in 4 , gr. pap. v. f. d. fur tr.

184 Ordonnances des Rois de France de la troi-fieme Race, recueillies par ordre chronologi-que , par Meffieurs de Lauriere, Secouffe , & Villevault. *Paris* , de l'Imprimerie Royale , 1723 , 12 vol. in fol. v. m.

185 Conférences des Ordonnances de Louis XIV ; par Phil. Bornier. *Paris* , 1744 , 2 vol. in 4 , v. m.

186 Traité des Matieres Criminelles , fuivant l'Ordonnance du mois d'Août 1670 ; par Guy du Roufieau de la Combe. *Paris* , Theod. le Gras , 1757, in 4 , baf.

187 Code Criminel , ou Commentaire fur l'Or-donnance de 1670 ; par M. Franc. Serpillon. *Lyon* , les freres Periffe , 1767 , 2 vol in 4 , v. m.

188 Traité de la Juftice Criminelle de France , par M. Jouffe. *Paris* , Debure pere , 1772 , 4 vol. in 4 , v. f.

189 Recueil des Edits , Déclarations, Lettres-Patentes du Roi , Arrêts de fon Confeil , &c.

depuis 1767 jufques & compris 1779 , 18 vol.
in 4 , v. b. Collection complette.

190 Les Edits & Ordonnances des Rois de
France , fur le fait des Eaux & Forêts , recueillis par de Sainctyon. *Paris* , Veuve d'Abel
l'Angelier , 1610 , in fol. m. r. gr. pap.

191 Recueil des Edits , Déclarations , Arrêts ,
Réglemens & inftructions , concernant les
Greffes des Cours de Parlement , grand Confeil , &c. *Paris* , Pierre Prault , 1736 , in 4 ,
v. m.

192 Les Edits & Ordonnances du Roi , concer-
nant l'autorité & Jurifdiction des Cours des
Aydes de France ; recueillis par Jean Philippi.
Montpellier , J. Gillet , 1597 , in fol. baf.

193 Traité de la Cour des Monnoyes , & de l'é-
tendue de fa Jurifdiction ; par Germain Conf-
tans. *Paris* , 1658 , in fol. gr. pap. v. f.

194 Traité de la Police , par de la Marre. *Paris* ,
Michel Brunet , 1722 , 4 vol in fol. v. b.

195 Dictionnaire ou Traité de la Police générale
des Villes , Bourgs, Paroiffes & Seigneuries
de la Campagne ; par Edme de la Poix de Fre-
minville. *Paris* , Giffey , 1758 , in 4. v. m.

*Droit François National , ou ufages & coutumes
des différentes Provinces de France.*

196 Les Coutumes du Duché de Bourgogne ,
avec les Obfervations de M. le Préfident Bouhier. *Dijon* , J. B. Augé , 1742 , 2 vol. in-
fol. v. m.

197 Coutumes du Reffort du Parlement de
Guyenne ; avec un Commentaire pour l'intel-

ligence du texte. *Bordeaux*, les Freres Labot-
tiere, 1768, 2 vol. in 8. v. f.

4   17 198 Coutume d'Orléans, commentée par M.
Pothier. *Paris*, Debure pere, 1770, in 4, v. f.

199 Le Droit commun de la France, & la Coutume de Paris, reduits en principes; par François Bourjon. *Paris*, Grangé, 1770, 2 vol.
in fol. v. m.

Jurisconsultes François, généraux & particuliers.

2   200 Les Œuvres de C. le Bret. *Paris*, Jacques
Quesnel, 1642, in fol. v. b.

43 12 201 Œuvres de M. Cochin, contenant le Recueil
de ses Mémoires & Consultations. *Paris*, de
Nully, 1751, 6 vol. in 4, v. m.

9   1 202 Œuvres Posthumes de M. Louis de Heri-
ricourt, contenant ses Consultations Canoni-
ques & Civiles. *Paris*, Desaint, 1759, 4 vol.
in 4, v. m.

90 203 Recueil de différens Traités de Droit Civil,
par M. Pothier. *Paris*, Debure pere, 1773,
7 vol. in 4. v. f. d. sur tr.

12 204 Glossaire du Droit François, contenant l'explication des mots difficiles qui se trouvent
dans les Ordonnances de nos Rois, &c; par
Eusebe de Lauriere. *Paris*, Guignard, 1704,
2 Tom. en 1 vol. in 4, v. m.

*Traités singuliers des différentes parties du Droit
François, &c.*

205 Recueil de Jurisprudence Civile du Pays du
Droit Ecrit & Coutumier, par ordre alphabé-
tique; par Gui du Rousseau de la Combe.
Paris, Cavelier, 1746, in 4, v. m.

206 Supplément au Recueil de Jurisprudence
Civile ; par Guy du Rousseau de la Combe,
Paris, le Gras, 1753, in 4, broché.   4   10

207 Traité de l'administration de la Justice
Civile ; par M. Jousse. *Paris*, Debure pere,
1772, 2 vol. in 4. v. f.   20   10

208 Dictionnaire raisonné des Domaines &
droits Domaniaux. *Rouen*, J. Jos. le Boullen-
ger, 1762, 3 vol. in 4, v. m.   48

209 Mémorial alphabétique des choses concernant la Justice, la Police & les Finances
de France sur le fait des Tailles. *Paris*, Denys
Mouchet, 1742, in 4, v. m.   33

210 Nouvel examen de l'usage général des Fiefs
en France, pendant les 11e 12, 13 & 14e siè-
cles ; par Brussel. *Paris*, Jean de Nully, 1750,
2 vol. in 4, v. m.   12

*Actions Forenses ou du Barreau. ;vulgò : Plai-
doyers, Factums, Mémoires, &c.*

211 Œuvres de M. le Chancelier d'Aguesseau.
Paris, 1759, 11 vol. in 4, v. m. d. sur tr.   III   2

212 Mémoires pour le sieur de la Bourdonnais.
Paris, de la Guerre, 1751, 4 vol. in 12,
v. m.   4   4

213 Mémoire pour le sieur Jos. Franç. Dupleix,
contre la Compagnie des Indes. in 4, v. f.   3   2

214 Mémoires pour Pierre Augustin Carron de
Beaumarchais. in 4, v. b.   10   1

*Styles particuliers, & différentes pratiques
judiciaires, en usage dans le Droit François, &c.*

215 La Science parfaite des Notaires ; par Cl.   6   2

Joseph de Ferriere. *Paris*, Clousier, 1741,
2 vol. in 4, v. b.

116 Traité des droits, priviléges & fonctions
des Notaires ; par Simon-François Langloix.
Paris, J. B. Coignard, 1738, in 4, gr. pap.
v. f.

DROIT ETRANGER.

217 Code Frédéric, ou Corps de Droit pour les
Etats de S. Majesté le Roi de Prusse, 1751,
3 vol. in 8, v. m.

SCIENCES ET ARTS.

PHILOSOPHIE.

*Traités généraux & préparatoires à la Philosophie,
&c. avec les Traités qui renferment l'histoire de
la Philosophie.*

218 JAC. Bruckeri institutiones historiæ Philoso-
phicæ. *Lipsiæ*, 1756, in 8, v. f. d. f. t.

219 Ejusdem Jacobi Bruckeri historia critica
Philosophiæ a mundi incunabulis ad nostram
usque ætatem deducta. *Lipsiæ*, Hæredes Weid
manni, 1767, 6 vol. in 4, v. f.

*Philosophie ancienne : Ouvrages des anciens Phi-
losophes.*

220 Bibliotheque des anciens Philosophes, par
M. Dacier. *Paris*, Saillant & Nyon, 1771, 9
vol. in 12, v. m.

221 Confucius Sinarum Philosophus, sive scientia

Sinenſis expoſita, ſtudio & operâ Proſperi Intor-
cetta & aliorum Patrum ſocietatis Jeſu. *Par.*
Horthemels, 1687, in fol. m. r. C. Mag.

222 Hieroclis Commentarius in aurea carmina,
de Providentia & fato quæ ſuperſunt, gr. &
lat. ſtudio Pet. Needham. *Cantabrigiæ,* A.
Churchill, 1769, in 8 ; v. m.

223 Ejuſdem Hieroclis Commentarius in aurea
Carmina. *Londini,* Jac. Bettenham, 1742, in-
8, m. b.

224 Idem Hierocles in aurea Carmina commentarius gr. & lat. cum notis variorum. *Londini,*
Bettenham, 1742, in 8, C. Mag. v. b.

225 La vie de Pythagore, ſes ſymboles, ſes vers
dorés, & la vie d'Hieroclès ; par M. Dacier.
Paris, Rigaud, 1706, 2 vol. in 12, v. m.

226 Ocellus Lucanus, de la nature de l'Univers,
avec la trad. françoiſe, & des remarques par
M. l'Abbé Batteux. *Paris,* Saillant, 1768,
in 8, v. m.

227 Hiſtoire des Cauſes premieres, ou expoſition des penſées des Philoſophes ſur les principes des êtres ; par M. l'Abbé Batteux. *Paris,*
Saillant, 1769, in 8, v. m.

228 Platonis opera omnia græcè & latinè, cum
annotationibus Henrici Stephani. *Par.* H. Stephanus, 1578, 4 vol. in fol. m. r. lav. reg.

229 Ejuſdem Platonis Dialogi V, gr. & lat. cum
notis Nat. Forſter. *Oxonii,* Jac. Fletcher, 1745,
in 8, m. r.

230 Ejuſdem Platonis Dialogi V, gr. & lat. cum
notis Nath. Forſter. *Oxonii,* Fletcher, 1745,
in 8, C. Mag. v.

231 Les Œuvres de Platon, trad. en françois,

avec des remarques; par Madame Dacier. *Par.*
Aniſſon, 1701 , 2 vol. in 12, v. m.

232 Chreſtomathia Platoniana. *Turici*, 1756,
in 8 , v. f. d. ſ. t.

233 Maximi Tyrii diſſertationes, græcè & latinè,
ex interpret. Dan. Heinſii & cum notis J. Da-
viſii. *Cantabrigiæ*, Jo. Hayes, 1703, in 8, m. r.

234 Æſchinis Socratici Dialogi tres, gr. & lat.
cum notis Joan. Clerici. *Amſtelodami*, Pet. de
Coup, 1711, in 8, m. r.

235 Ariſtotelis Ethicorum Nicomacheorum lib.
X, gr. & lat. cum notis Guill. Wilkinſon. *Ox.*
è Theatro Sheldoniano, 1716, in 8, C. M.

236 Andronici Rhodii Ethicorum Nichomacheo-
rum paraphraſis, græcè & latinè, cum interpretatione Dan. Heinſii. *Cantabrigiæ*, J. Hayes,
1679, in 8, m. r.

237 Les Hipotipoſes où Inſtitutions Pirroniennes
de Sextus Empiricus, trad. du grec. 1725, in-
12, v. f.

238 L. Annæi Senecæ Philoſophi, & Marci Annæi Senecæ Rhetoris quæ extant, ex recenſione
And. Schotti. *Lugd. Bat.* apud Elzevirios 1640,
3 vol. in 12, m. r.

239 Eorumdem L. Annæi Senecæ Philoſophi,
& Marci Annæi Senecæ Rhetoris opera cum
notis variorum. *Amſtel.* Dan. Elzevirius, 1672,
6 vol. in 8, m. r.

240 Selecta Senecæ Philoſophi opera, latinè &
gallicè. *Par.* Jo. Barbou, 1761, in 12, v. m.

241 Les Œuvres de Séneque le Philoſophe, trad.
en françois par feu. M. la Grange, avec des
notes de critique, d'hiſtoire & de littérature.
Paris, les freres Debure, 1778 , 7 vol. in 12,
v. f. d. ſ. tr.   242

242 Analyſe des Traités des bienfaits & de la
clémence de Séneque. *Paris*, Barbou, 1776,   3   15
in 12, v. m. d. ſi t.

243 Penſées de Séneque, recueillies par M. An-
gliviel de la Baumelle. *Paris*, P. Gill. le Mer-   3   1
cier, 1752, 2 vol. in 12, v. m.

Philoſophie moderne.

244 Renati Deſcartes opera; ſcilicet; Principia
Philoſophiæ. Opera Philoſophica. Tractatus de   12
homine. Geometria. Epiſtolæ, *Amſtelodami*,
1644 & ann. ſeq. 9 vol. in 4, v. b.

245 Les Paſſions de l'ame, par René Deſcartes.   4   10
Amſterdam. L. Elzevier, 1650, in 12, m. r.

246 Thomæ Hobbes opera omnia Philoſophica
quæ latinè ſcripſit. *Amſt.* Blaeu, 1668, 2 vol.   26
in 4, v. b. ══ Thomæ Hobbes vita. *Carolopoli*,
1682, in 4, velin.

LOGIQUE ET DIALECTIQUE.

247 Logicæ Compendium. *Glaſg.* Foulis, 1759,   2
in 8, m. r.

248 La Logique ou l'art de penſer, par MM. de
Port-Royal. *Paris*, Guill. Deſprez, 1752, in-   2
12, v. m.

ÉTHIQUE OU MORALE.

*Ouvrages des Auteurs anciens & modernes qui ont
écrit ſur la morale.*

249 Entretiens de Phocion ſur le rapport de la
morale avec la politique, traduits du grec de
Nicoclès, avec des remarques par l'Abbé de   3
Mably. *Amſterdam*, 1763, in 12, v. m.

C

250 Theophrasti Characteres Ethici, græcè &
latinè, cum notis variorum, ex recensione Pet.
Needham. *Cantabrigiæ*, 1712, 2 vol. in 8,
m. r.

251 Les Caracteres de Théophraste, avec les caracteres ou les mœurs du siécle ; par M. de la
Bruyere. *Amsterd.* 1743, 2 vol. in 12, v. f.

252 Les mêmes. *Paris*, David, 1759, 2 vol. in-
12, v. f. Pap. d'Holl.

253 Les mêmes. *Paris*, Hochereau, 1765, in 4,
G. P. v. m.

254 De la Superstition, ou Reflexions sur un
chapitre de Théophraste, par J. du Rondel.
Amsterdam, Wolfgang, 1686, in 12, v. éc.

255 Les Morales d'Epictete, de Socrate, de Plutarque & de Séneque. *Au Château de Richelieu*, Et. Migon, 1653, in 8, m. r.

256 Epicteti Enchyridium, unâ cum Cebetis ta-
bulâ, gr. & lat. cum notis variorum, ex recensione Ab. Berkelii. *Lug. Bat.* Dan. Gaasbeek,
1670, in 8, m. r.

257 Ejusdem Epicteti Manuale. Cebetis tabula,
& Theophrasti caracteres, græcè & lat. ed. J.
Simpson. *Oxonii*, è Th. Sheldoniano, 1739,
in 8, C. Mag. v.

258 Ejusdem Epicteti Enchyridion græcè. *Glasg.*
Rob. Foulis, 1751, in 24, m. b.

259 Manuel d'Epictete, trad. par M. Dacier.
Paris, Didot, 1775, in 18.

260 Marci Antonini Imperatoris de seipso & ad
seipsum libri XII, gr. & lat. cum notis Merici
Casauboni. *Londini*, Flescher, 1643, in 8,
v. m.

261 Ejusdem Marci Antonini Imperat. eorum quæ

ad seipsum libri XII gr & lat. *Oxoniæ*, è Th.
Sheldoniano, 1704, in 8, v.

262 Ejusdem Marci Antonini Imperatoris eorum
quæ ad se ipsum libri XII, græcè & latinè.
Glasguæ, Rob. Foulis, 1744, in 8 v. f.

263 Reflexions de l'Empereur Marc-Aurele-An-
tonin, surnommé le Philosophe. *Paris*, de
Nully, 1742, in 12, v. m.

264 An. M. Severini Boethii consolationis Philosophiæ libri V, cum notis variorum, edente
Pet. Bertio. *Lugd. Bat.* Hackius, 1671, in 8,
m. r.

265 Ejusdem An. Manlii Severini Boethii consolationis Philosophiæ libri V. *Glasguæ*, Rob.
Foulis, 1751, in 12, v. m.

266 Mil quatre vingtz & quatre demandes, avec
les solutions & réponses à tous propoz, œuvre
curieux & moult récréatif, selon le Saige Sidrach. *Paris*, Galliot Dupré, 1531, in 8,
m. bl.

267 Maximes & Reflexions morales de M. le
Duc de la Rochefoucauld. *Paris*, de l'Imprimerie de Monsieur, 1779, in 16, m. r.

Traités de Philosophie morale, des vertus, des
vices & des passions.

268 De la Sagesse, par Pierre le Charron. *Bor-*
deaux, Millanges, 1601, in 8, m. r.

269 De la Sagesse, par P. Charron. *Leyde*, Jean
Elzevier, in 12, m. r.

270 Le Spectateur ou le Socrate moderne. *Amst.*
Arkstée, 1746, 7 vol. in 12, v. f. d. s. t.

271 Le Mentor Moderne, par Addisson, Steelle,

&c. *Amsterdam*, P. Humbert, 1727, 2 vol. in-
12, v. m.

272 Le Misantrope & œuvres diverses de Van
Effen. *Amsterd.* Vytwerf, 1742, 5 vol. in 12,
v. m.

ÉCONOMIE.

273 L'Homme détrompé, ou le Criticon de Balt.
Gracian. *Cologne*, 1707, 3 vol. in 12, velin.

274 Lettres sur l'Education des Princes, avec
une Lettre de Milton sur la maniere d'élever
la Noblesse en Angleterre. *Edimbourg*, True-
man, 1746, in 8, v.

275 Essai sur l'éducation de la Noblesse. *Paris*,
Durand, 1748, 2 vol. in 8, G. P. v. m.

POLITIQUE.

*Introductions & Traités généraux anciens & mo-
dernes de la Politique.*

276 Politique tirée des propres paroles de l'Écri-
ture-Sainte ; par Jac. Benigne Bossuet. *Paris*,
P. Cot, 1709, in 4, G. P. m. r.

277 Essais Politiques, par M. le Marquis de ***.
Amsterdam, Arkstée, 1757, 2 vol. in 12,
v. mar.

278 Discours Politiques & Militaires du Seigneur de la Noue. *Geneve*, Franc. Forest. 1587,
in 4, m. cit.

279 Ouvrages de Politique de M. l'Abbé de
Saint-Pierre. *Roterdam*, 1733, 17 vol. in 12,
v. f. d. s. tr.

*Traités singuliers du Royaume, de la République,
& de leur administration.*

280 Elementa Philosophica de cive, auctore Th.
Hobbes. *Amstelodami,* Dan. Elzevirius, 1669,
in 12, v. b.

281 Le Corps Politique, où les Eléments de la
loi morale & civile, avec des réflexions sur
la loi de nature, &c. par Th. Hobbes, trad.
d'anglois en françois : 1652, in 12, v. m.

282 Les fondements de la Politique, trad. de
Hobbes. *Amsterd.* Blaeu, 1649, in 8, m. v.

283 L'Ordre naturel & essentiel des Sociétés
politiques. *Par* Desaint, 1767, in 4, v. m.

284 De Optimo Reipublicæ Statu, deque novâ
insulâ Utopiâ, auct. Th. Moro. *Glasg.* Foulis,
1750, in 8, m. r.

285 Idée d'une République heureuse, ou l'Uto-
pie de Thomas Morus, trad. par Gueudeville.
Amsterd. l'Honoré, 1730, in 12, fig. v. m.

286 L'Ami des Hommes, ou Traité de la Popu-
lation ; par M. le Marquis de Mirabeau. *Paris,*
1758, 3 vol. in 4, v. m.

287

288 Théorie du Luxe, ou Traité dans lequel on
entreprend d'établir que le luxe est un ressort
non-seulement utile, mais même indispensa-
blement nécessaire à la prospérité des Etats :
1771, in 8, v. m.

Traités singuliers de Politique, concernant les divers états du Royaume ou de la République; le Roi, le Prince, la Cour & les Courtisans, les Magistrats, Ministres, Ambassadeurs, &c.

289 Joan. Marianæ de rege & regis institutione libri tres. *Toleti,* Pet. Rodericus, 1599, in-4, m. r. lav. reg. Editio originalis rarissima.

290 Institution d'un Prince, ou Traité des qualités, des vertus & des devoirs d'un Souverain; par M. Duguet. *Londres,* Jean Nourse, 1739, in 4, v. m.

291 Science des Princes, ou Considérations politiques sur les coups d'état, par Gab. Naudé, avec les remarques de Louis Dumay. 1673, in 8, v. f.

292 Step. Junii Bruti, (Huberti Languet) Vindiciæ contra tyrannos. *Edimburgi,* 1579, in 8, v. f.

293 De la Puissance légitime du Prince sur le peuple, & du peuple sur le Prince, trad. de Junius Brutus. 1581, in 8, m. r.

294 Stephani Doleti de officio legati liber. *Lugd.* apud eumdem Doletum, 1541, in 4, m. r.

295 Fr. de Roye de missis dominicis. *Andegavi,* Avril, 1672, in 4, v. f.

Traités singuliers du Commerce, Finances, &c.

296 Elémens du Commerce. *Paris,* Briasson, 1754, 2 vol. in 12, v. m.

297 Théorie & Pratique du Commerce & de la Marine, trad. de l'espagnol de Dom Geronymo de Ustariz. *Paris,* veuve Estienne, 1753, in 4, v. m.

298 Le Parfait Négociant, par Jac. Savary. Par.
veuve Estienne, 1749, 2 vol. in 4, v. m.

299 Dictionnaire universel de Commerce, par
Jacques Savary des Bruslons. *Copenhague*, Cl.
& Ant. Philibert, 1759, 5 vol. in fol. v. m.

300 Dictionnaire du Citoyen, ou abrégé historique, théorique & pratique du commerce.
Paris, Grangé, 1761, 2 vol. in 8, v. m.

301 Histoire de la Compagnie des Indes, par
M. Dufrene de Francheville. *Paris*, Debure
l'aîné, 1738, in 4, v. f.

302 Mémoires sur la Compagnie des Indes, par
M. le Comte de Lauraguais & l'Abbé Morel-
let. 4 vol. in 4, br.

303 Sur la Législation & le Commerce des grains,
par M. Necker. *Paris*, Pissot, 1775, in 8,
v. m.

304 Remarques sur les avantages & les désavan-
tages de la France & de la Grande-Bretagne,
par rapport au commerce. *Leyde*, 1754, in 12,
v. m.

305 Essai sur l'état du commerce d'Angleterre.
Paris, Guillyn, 1755, 2 vol. in 12, v. éc.

306 Considérations sur le commerce & la navigation de la Grande-Bretagne. *Londres*, 1749,
in 12, v. éc.

307 Histoire & Commerce des Colonies An-
gloises dans l'Amérique-Septentrionale. *Par.*
le Breton, 1755, in 12, v. éc.

308 Introduction générale à l'étude de la Politique, des Finances & du Commerce; par M.
de Beausobre. *Amsterdam*, 1765, 2 vol. in
12, v. m.

309 Réflexions politiques sur les Finances &

le Commerce. *La Haye*, Vaillant, 1738, 2 vol. in 12, v. m.

310 Examen du Livre intitulé, Réflexions politiques sur les Finances & le Commerce. *La Haye*, Vaillant, 1740, 2 vol. in 12.

311 Recherches & considérations sur les Finances de France, depuis l'année 1595, jusqu'à l'année 1721; par M. de Forbonnais. *Basle*, les freres Cramer, 1758, 2 vol. in 4, v. m.

312 Projet d'une Dixme royale, par M. de Vauban. 1707, in 4, v. b.

313 Projet de Taille tarifée, par M. l'Abbé de Saint-Pierre. *Paris*, Emery, 1723, in 4, v. b.

314 Mémoire concernant les Tailles, & les moyens de faire cesser les abus qui se commettent dans son imposition : par M. Huber. *Par.* Jac. Colombat, 1721, in 4, broc.

315 Mémoires concernant les Impositions & Droits. *Paris*, de l'Imp. Royale, 1769, 4 v. in 4, v. br. d. f. tr.

316 Essai sur les Monnoies, ou réflexions sur le rapport entre l'argent & les denrées : par M. Dupré de Saint-Maur. *Paris*, J. B. Coignard, 1746, in 4, v. m.

317 Traité des Monnoies, de leurs circonstances & dépendances : par J. B. Boisard. *Par.* 1714, 2 vol. in 12, v. m.

318 Traité des Monnoies, par Henri Poullain. *Paris*, Léonard, 1709, in 12, m. r.

319 Traité des Monnoies, & de la Jurisdiction de la Cour des Monnoies, en forme de Dictionnaire : par M. Abot de Basinghen. *Paris*, Guillyn, 1764, 2 vol. in 4, v. m.

320 Tables des Monnoies courantes dans les

quatre parties du monde ; par M. Abot de Ba-
finghen. *Paris*, Lacombe, 1767, in 12, v. m.

321 Prix des Monnoies de France, depuis l'Edit
du mois de Décembre 1689. *Nantes*, Verger,
1732, in 4, broc.

322 Effai fur la qualité des monnoies étrangeres
& fur leurs différens rapports avec les monnoies
de France ; par M. Macé de Richebourg. *Par.*
de l'Imp. Royale, 1764, in fol. v. m.

323 Opérations des Changes des principales
Places de l'Europe. *Lyon*, Beffiat, 1765, in 8,
v. m.

MÉTAPHYSIQUE.

324 Œuvres Philofophiques de M. de Fénelon.
Paris, veuve Eftienne, 1739, in 12, v. m.

*Traités finguliers de l'ame & de fon immortalité ;
de l'efprit de l'homme, de fon intelligence,
raifon & autres facultés.*

325 Simonis Portii de humanâ mente difputatio.
Florentiæ, 1551, in 4.

326 De veritate pro ut diftinguitur à Revela-
tione, à Verifimili, à poffibili & à falfo : auctore ed. Herbert de Cherbury. *Londini*, 1645.
= De Caufis Errorum, auctore eodem. *Lond.*
1645, in 4, m. bl.

327 De la Recherche de la Vérité, par le Pere
Mallebranche. *Paris*, M. Et. David, 1721,
in 4, v. m.

328 Effai Philofophique concernant l'entendement humain, par M. Locke, trad. en franç.
par Cofte. *Amfterdam*, P. Mortier, 1742,
in 4, v. m.

329 Essais Philosophiques sur l'entendement humain, trad. de l'anglois de M. Hume. *Amster.* 1758, in 8, v.

Traités singuliers des esprits & de leurs opérations, & premiérement de la cabale, de la magie, des Démons, &c.

330 A true & faithful relation of what passed for many Yeers between Dr John Dee (a Mathematician of great fame in Q. Eliz. and King James their Reignes) and some Spirits : Tending (had it succeeded) to a general Alteration of most States and Kingdoms in the World.

His Private Conferences with Rodolphe Emperor of Germany, Stephen K. of Poland , and divers other Princes about it. The Particulars of his Cause, as it was agitated in the Emperor's Court ; by the Pope's intervention : His Banishment , and restoration in part.

As also the letters of sundry great men and Princes (some whereof were present at some of these Conferences and Apparitions of Spirits :) to the said D. Dee.

Out of the Original copy, written with D^r. Dee's own Hand : Kept in the Library of Sir Tho. Cotton , K^t. Baronet. With a Preface confirming the *Reality* (as to the Point of Spirits) of this Relation : and shewing the several good Uses that a sober Christian may make of all. by Meric. Casaubon , D. D. *London* , Printed by D. Maxwell , for T. Garthwait , 1659 , in fol. v. b.

Livre très-rare & fort singulier.

Les pieces préliminaires qui font à la tête du volume contiennent 39 feuillets : favoir, le frontifpice imprimé en rouge & en noir, la Préface, un poft-fcriptum, un Apologie de Jean Dée, avec le Catalogue de fes Ouvrages Latins & Anglois, manufcrits & imprimés; une Table des actions contenues dans ce Livre, & un errata. Le texte commence à la premiere page : il finit à la page 448, après laquelle on doit trouver la troifieme partie intitulée *Actio tertia*. Elle contient 46 pages.

M. Debure le jeune dit, dans fa Bibliographie inftructive, volume des Sciences & Arts, N°. 1400, pag. 249 :

» La feconde partie eft de 46 pages, dont » la derniere qui n'eft point chiffrée, renferme » un efpèce d'*index en Anglois*, par lequel finit » le volume. »

M. Debure le jeune n'a pas fait attention que cette page eft écrite dans une langue inintelligible, puifque c'eft celle que parloit Adam dans le Paradis Terreftre.

Voici comment l'Editeur annonce dans la Table des Chapitres ce qui eft contenu en cette page.

« Pag. 46 : ce qui fuit peut être regardé comme » une partie de la fainte Langue que l'on affure, » page 1, 64, & 92, qu'Adam a parlé dans le » Paradis Terreftre, & par laquelle de grandes » merveilles peuvent être faites. Je n'y ai pas de » foi, ni la curiofité de faire des recherches à ce » fujet, & je ne crois pas qu'un homme fage » en faffe aucune ».

M. Debure le jeune n'a point annoncé dans fa Bibliographie inftructive qu'il doit y avoir une interruption dans les pages de ce volume, ce qui pourroit faire croire que ce Livre eſt imparfait, quoiqu'il ſoit complet : il y a deux lacunes, l'une depuis la page 105 = 108, l'autre depuis la page 257 = 352.

Comme j'ai vû des exemplaires dans leſquels il n'y avoit pas de figures, & d'autres où il y en avoit de déchirées, voici la façon de connoître les exemplaires où l'on auroit pu inſérer des figures qui n'appartiennent pas à cet ouvrage. La premiere contient les portraits ſuivans : Mahomet, Appolonius Tyaneus, Edw. Kelly, Roger Bacon, Paracelſus, Dr. Dee. La ſeconde figure eſt ronde : il y a aux quatre coins, Septentrio, Oriens, Meridies, Occidens. La troiſieme eſt intitulée : A ſpecimen of the Tables or book of Enoch. La quatrieme & dernière : The Holy Table.

1. 331 La Philoſophie occulte de Henri Corn. Agrippa, trad. en François. *La Haye*, R. Ch. Alberts, 1727, 2 vol. in 8, G. P. m. r.

1. 332 Lud. Lavateri de Spectris, lemuribus, variiſq; præſagitionibus Tractatus. *Lugd. Bat.* Luchtmans, 1687, in 12, m. r.

2. 333 Curioſitates inauditæ de figuris Perſarum Taliſmanticis, horoſcopo Patriarcharum & characteribus cœleſtibus Jacobi Gaffarelli. *Hamburgi.* 1678, 2 vol. in 8, v. éc.

PHYSIQUE.

Introductions, Cours & Traités généraux de Phyſique.

334 Traité de Phyſique ; par Jacques Rohault. *Paris*, veuve Savreux, 1671, in 4, v. b.

335 Essai de Physique, par Pierre Van Mußhen-
broeck. *Leyde*, Sam. Luchtmans, 1751, 2
vol. in 4, v. m.

Traité de l'Univers créé, du Ciel, des Astres,
des Elémens, &c.

336 Telliamed, ou Entretiens d'un Philosophe
Indien avec un Missionnaire François, sur la
diminution de la mer, la formation de la terre,
&c. par M. de Maillet. *Basle*, 1749, in 12,
v. m.

Traités singuliers de l'homme & de ses facultés,
de sa vie, de sa mort, de l'ame sensitive, des
sens, des animaux & de leurs facultés.

337 Essai Physique sur l'économie animale, par
M. Quesnay. *Paris*, Guil. Cavelier, 1747,
3 vol. in 12, v. m.

338 Amusement Philosophique sur le langage
des bêtes, par le Pere Bougeant. *Paris*, Gissey,
1739, in 12. v. éc.

Mélanges de Physique, où sont contenus les traités
particuliers, & dissertations singulieres sur dif-
férentes parties de la Physique; conversations,
dialogues, expériences, &c.

339 Joannis Zahn specula Physico-Mathematico
historica notabilium ac mirabilium sciendo-
rum, in quâ mundi mirabilis œconomia, &c.
Norimbergæ, Jo. Ch. Lochner, 1696, 3 vol.
in fol. fig. v. éc.

340 Museo di Fisica è di esperienze di P. Boccone. *In Venetia*, Zuccato, 1697, in 4, fig. v. f.

341 Les Entretiens Physiques, par le P. Regnauld. *Paris*, J. T. Hériffant, 1745, 4 vol. in 12, baf.

342 Recueil de différents Traités de Physique & d'Hiftoire naturelle : par Deflandes. *Paris*, J. F. Quillau, 1750, 3 vol. in 12, v. m.

343 Obfervations fur l'Hiftoire Naturelle, fur la Phyfique & fur la Peinture : par Gautier. *Paris*, Delaguette, 1752, 6 vol. in 4, fig. velin.

344 Effais & Obfervations phyfiques & littéraires de la Société d'Edimbourg, trad. par M. Demours. *Paris*, Bauche, 1759, in 12, v. f. Tome premier.

345 Leçons de Phyfique expérimentale, par l'Abbé Nollet. *Paris*, les freres Guérin, 1749, 6 vol. in 12, v. m.

346 Effai fur l'électricité des corps, par l'Abbé Nollet. *Paris*, Guérin, 1750, in 12, v. m.

347 Lettres fur l'électricité, par l'Abbé Nollet. *Paris*, Guérin, 1753, in 12, v. m.

348 Recherches fur les caufes particulieres des phénomenes électriques, par l'Abbé Nollet. *Paris*, Guérin, 1749, in 12, v. m.

349 Obfervations fur l'électricité, par M. Louis. *Paris*, Delaguette, 1747, in 12, v. m.

350 Traité de l'équilibre des liqueurs, & de la pefanteur & de la maffe de l'air : par Pafcal. *Paris*, Defprez, 1664, in 12, v. m.

351 La Statique des végétaux, & l'analyfe de l'air : par M. de Buffon. *Paris*, Deburé l'aîné, 1735, in 4, fig. v. m.

352 Defcription du Ventilateur, trad. de l'anglois par Pierre Demours. *Par.* Poirion, 1744, in 12, v. f. d. f. tr.

353 Le Newtonianisme pour les Dames, trad.
de M. Algarotti, par du Perron de Castera.
Paris, Montalant, 1739, 2 tom. en 1 vol. in-
12, v. m.

354 Antonii Van Leewenhoeck Arcana naturæ
detecta ope microscopiorum, variisque experimentis confirmata : è Belgico latinè versa cum
continuatione. *Delphis*, 1695, 1696, 1697
& 1719, 4 vol. in 4, fig. v. b.

355 Observations d'Histoire naturelle, faites
avec le microscope sur un grand nombre d'insectes : par Joblot. *Paris*, Briasson, 1754, in-
4, fig. v. m.

356 Nouvelles Observations microscopiques,
par Needham. *Paris*, L. Et. Ganeau, 1750,
in 12, v. m.

HISTOIRE NATURELLE.

Histoire Naturelle, générale, universelle, &c.

357 Caii Plinii Secundi historiæ naturalis libri
XXXVII. *Lugd. Bat.* ex officinâ Elzevirianâ,
1635, 3 vol. in 12, m. r. lav. reg.

358 C. Plinii Secundi naturalis historiæ libri
XXXVII, cum notis variorum, ex recensione
Jo. Frid. Gronovii. *Lugd. Bat.* Hackius, 1669,
6 vol. in 8, m. r.

359 Dell' Historia Naturale di Ferrante Imperato
libri XXVIII. *In Napoli*, 1599, in fol. m. r.
Editio optima.

360 Histoire Naturelle générale & particuliere,
avec la description du Cabinet du Roi : par
MM. de Buffon & Daubenton. *Par.* de l'Imprimerie Royale, 1749, 20 vol. in-4, fig. v.
f. Premiere édition.

361 La même. *Amst.* Schneider, 1766, 15 vol.
in 4, fig. v. f. d. f. tr.

362 Lettres à un Américain fur l'hiftoire naturelle, générale & particuliere de M. de Buffon.
Hambourg, 1751, 2 vol. in 12, v. m.

362 * A general natural Hiftory of animals, vegetables and minerals, by John Hill. *London*,
Osborne, 1751, in fol. Cuir de Ruffie, cum
fig. depictis.

363 Le Spectacle de la Nature, par M. Pluche.
Paris, 1748, 8 vol. in 12, v. m.

364 Hiftoire du Ciel, par M. Pluche. *Paris*, Ve.
Eftienne, 1748, 2 vol. in 12, fig. v. m.

*Hiftoire Naturelle particuliere. Premiere
partie : les Eléments & ce qui y a rapport.*

Hiftoire Naturelle particuliere des Élémens.

365 Traité de Météorologie, par le P. Cofte.
Paris, Imp. Roy. 1774, in 4, v. f.

366 Vincentii Alfarii Crucii Vefuvius ardens.
Roma, Facciotti, 1632, in 4, m. cit.

365 * Recherches fur les Volcans éteints du Vi-
varais & du Velay : par M. Faujas de Saint-
Fond. *Grenoble*, Luchet, 1778, in fol. m. r.

366 ** Le Feu central, banni de la furface du
globe, & le Soleil rétabli dans fes droits : par
M. Romé Delifle *Paris*, Didot jeune, 1779,
in 8, G. P. v. f. dor. f. tr.

367 Differtation fur la Glace, par M. Dortous
de Mairan. *Paris*, de l'Imp. Roy. 1749, in 12,
v. m.

Histoire Naturelle des Métaux, Minéraux, Fof-
files, Pétrifications, Pierres & Pierreries, &c.

368 Athanafii Kircheri mundus fubterraneus,
in XII libros digeftus. *Amftelodami*, Jo. Janf-
fonius à Waesberge, 1678, 2 tom. en un vol.
in fol. fig. velin.

369 Georgii Agricolæ de re metallicâ libri XII.
Bafileæ, 1556, in fol. cum fig. vel.

370 Andreæ Cæfalpini de Metallicis libri tres.
Romæ, Aloys. Zannetti, 1596, in 4, m. b.

371 Michaelis Mercati Metallotheca, cui acceffit appendix : operâ & ftudio Jo. Mariæ Lancifii.
Romæ, Jo. Maria Salvioni, 1719, in fol. fig.
velin.

372 Emanuelis Swedenborgii opera philofophica
& mineralia, five principia rerum naturalium
cum fig. æneis. *Dreflæ*, Hekelius, 1734, 3
vol. in fol. fig. C. Mag.

373 De las Antiguas Minas de Efpaña. Autor,
Dom Alonfo Carrillo. *En Cordoua*, 1624, in-
4, m. b.

374 La reftitution de Pluton. Des Mines & Mi-
nieres de France ; par Martine de Bertereau.
Paris, Dumefnil, 1640, in 8, parch.

375 Le moyen de devenir riche, par Bernard
Paliffy. *Paris*, Rob. Fouet, 1636, in 8, m. r.

376 De la Fonte des Mines, des Fonderies, &c.
trad. de l'allemand de Chrifto. And. Schlutter,
par M. Hellot. *Par.* Piffot, 1750, 2 vol. in-
4, v. m.

377 L'Art de convertir le fer forgé en acier, &
l'art d'adoucir le fer fondu ; par M. de Réau-

mur. *Par.* Mic. Brunet, 1722, in 4, fig. v. m.

378 Athanafii Kircheri Magnes, five de arte Magneticâ opus tripartitum. *Romæ*, Deverfin, 1654, in fol. v. f.

379 Traité de l'Aiman, par Dalencé. *Amſterd.* 1687, in 12, fig. v. b.

380 Pyritologie, ou hiftoire naturelle de la Pyrite ; par J. Fred. Henckel. *Par.* J. T. Hériffant, 1760, in 4, fig. v. m.

381 Defcription méthodique d'une collection de Minéraux, du cabinet de M. Romé Delifle. *Par.* Didot jeune, 1773, in 4, v. m.

382 L'Hiftoire Naturelle éclaircie dans une de fes parties principales, l'Oryctologie, qui traite des terres, des pierres, des métaux & des minéraux : par M. Dézallier d'Argenville. *Paris,* Debure l'aîné, 1755, in 4, fig. velin.

383 Jo. Jac. Scheuchzeri Herbarium Diluvianum. *Lugd. Bat.* P. Vander Aa, 1723, in fol. fig. velin.

383 * Trattato del legno Foffile Minerale di Fr. Stelluti. *In Roma*, 1637, in fol. fig. v. m. dor. f. tr.

384 And. Baccii de Gemmis & Lapidibus pretiofis tractatus. Cui acceffit difputatio de generatione auri in locis fubterraneis, illiufque temperamento. *Francof.* Becker, 1603, in 8, v. f.

385 Gemmarum & Lapidum hiftoria, auctore Anfelmo Boetio de Boot. *Lugd. Bat.* Maire, 1647, in 8, fig. v. f.

386 Le parfait Jouaillier, ou l'hiftoire des Pierreries, trad. d'Anfelme Boece de Boot, par André Toll. *Lyon*, Huguetan, 1644, in 8, m. cit.

387 Des Pierres précieuses & des Pierres fines,
avec les moyens de les connoître & de les éva-
luer : par M. Dutens. *Paris*, Didot & Debure
aînés, 1776, in 16, br.

388 Essai de Crystallographie, par M. Romé
Delisle. *Par.* Didot jeune, 1772, in 4, v. m.

Histoire Naturelle des Eaux, Fleuves & Fontaines,
Rivieres, Bains & Eaux minérales.

389 Histoire physique de la mer, par Louis Ferd.
Comte de Marsilli. *Amsterdam*, 1725, in fol.
fig. v. f.

390 Essai sur l'Histoire naturelle de la mer Adria-
tique, par Vitaliano Donati : avec une Lettre
de Léonard Sesler, sur une nouvelle espece de
plante terrestre. *La Haye*, P. de Hondt, 1758,
in 4, fig. v. m.

391 Auctores diversi de Balneis. *Venetiis*, apud
Juntas, 1553, in fol. m. cit.

392 Andreæ Baccii de Thermis libri VII. *Venet.*
apud Vincent. Valgrisium, 1571, in fol. m. b.
Editio optima.

393 De Thermis Andreæ Baccii Elpidiani libri
VII. *Venetiis*, 1588, in fol. m. cit.

394 De Thermis Andreæ Baccii Elpidiani libri
VII. *Roma*, 1622, in fol. v. f.

Histoire Naturelle particuliere : Agricul-
ture & Botanique.

Traités singuliers d'Agriculture & des choses
rustiques.

395 Geoponicorum, sive de re rustica libri XX.
Cassiano Basso collectore græcè & latinè, cum

notis variorum, edente Pet. Needham. *Canta-brigiæ*, Typis Academicis, 1704, in 8, m. r.

396 Scriptores rei Rusticæ veteres latini, Cato, Varro, Columella & Palladius, curante Jo. Mat. Gesnero. *Lipsiæ*, Cas. Fritsch, 1735, 2 vol. in 4, m. r.

397 Traduction d'anciens Ouvrages latins, relatifs à l'Agriculture & à la Médecine vétérinaire, avec des notes : par M. Saboureux de la Bonnetrie. *Paris*, Didot jeune, 1771, 4 vol. in 8, v. m.

398 Rei Agrariæ auctores legesque variæ. curâ Willelmi Goesii, cum observationibus Nicolai Rigaltii. *Amstel.* 1674, in 4, C. Mag. vel.

399 Auctores Finium regundorum, edente Nic. Rigaltio. *Lutetiæ*, Libertus, 1614, in 4, fig. v. f.

400 Le Théâtre d'Agriculture, & ménage des champs : par Olivier de Serres. *Paris*, Jamet-Métayer, 1600, in fol. velin.

401 Dictionnaire économique, par Noël Chomel, édition revue par M. de la Marre. *Par.* Ganeau, 1767, 3 vol. in fol. v. m.

402 La nouvelle Maison Rustique, par Liger. *Paris*, Saugrain, 1749, 2 vol. in 4, v. m.

403 Jacobi Vanierii Prædium Rusticum. *Par.* Barbou, 1774, in 8, v. m.

404 Économie rurale, trad. du Poeme du Pere Vaniere, intitulé Prædium Rusticum ; par M. Berland. *Paris*, les Freres Estienne, 1756, 2 vol. in 12, v. m.

405 Art de faire éclorre & d'élever en toute saison des oiseaux domestiques de toute espece ; par M. de Réaumur. *Paris*, de l'Imp. Royale, 1749, 2 vol. in 12, v. m.

406 Pratique de l'art de faire éclorre & d'élever
en toute saison des oiseaux domestiques de
toute espece ; par M. de Réaumur. *Paris*, de
l'Imp. Royale, 1751, in 12, v. m.

407 Élémens d'Agriculture, par M. Duhamel
du Monceau. *Paris*, Guérin, 1762, 2 vol. in-
12, v. m.

408 Traité de la Culture des terres, suivant les
principes de M. Tull : par M. Duhamel du
Monceau. *Paris*, H. L. Guérin, 1753, 6 vol.
in 12, v. m.

409 Essai sur l'administration des terres. *Paris*,
J. T. Hérissant, 1759, in 8, velin.

410 L'Agronomie, ou les Principes de l'Agriculture réduits en pratique. *Paris*, Despilly,
1761, 6 vol. in 8, velin.

411 Corps d'Observations de la Société d'Agriculture, de Commerce & des Arts, établie par
les États de Bretagne, années 1757 à 1760.
Rennes, J. Vatar, 1760, 2 vol. in 8, v. m.

412 Des Semis & Plantations des arbres, & de
leur culture : par M. Duhamel du Monceau.
Paris, H. L. Guérin, 1760, in 4, v. m.

413 La Physique des arbres, où il est traité de
l'anatomie des plantes, & de l'économie végé-
tale. *Paris*, H. L. Guérin, 1758, 2 vol. in 4,
fig. v. m.

414 Traité des arbres & arbustes qui se cultivent
en France en pleine terre : par M. Duhamel du
Monceau. *Paris*, H. L. Guérin, 1755, 2 vol.
in 4, fig. v. m.

415 Traité des arbres fruitiers, contenant leur
figure, leur description, leur culture, &c. par
M. Duhamel du Monceau. *Paris*, Saillant,

1768, 2 volumes in 4, Gr. Pap. fig. m. r.

416 De l'Exploitation des bois; par M. Duhamel du Monceau. *Paris*, H. L. Guérin, 1764, 2 vol. in 4, fig. v. m.

417 Du transport, de la conservation & de la force des bois; par M. Duhamel du Monceau. *Paris*, L. F. Delatour, 1767, in 4, fig. v. m.

417 * Traité des arbres, arbrisseaux & arbustes de nos forêts; par Oelhaffen. *Nuremberg*, 1775, in 4, avec fig. color. m. r.

418 Icones lignorum exoticorum & nostratium Germanicorum, ex arboribus, arbusculis, & fruticibus varii generis collectorum. *Nuremberg*, 1773, in 4, C. Mag. cum fig. depictis.

419 L'Art de cultiver les mûriers blancs, d'élever les vers-à-soie, & de tirer la soie des cocons. *Paris*, Lottin, 1757, in 8, v. m.

420 Mémoires sur la garence & sa culture; par M. Duhamel du Monceau. *Paris*, de l'Imprimerie Royale, 1757, in 4, v. m.

421 Instruction pour les Jardins fruitiers & potagers; par M. de la Quintinye. *Paris*, Nyon, 1739, 2 vol. in 4, v. m.

421 * Pomona Franconica. Description des arbres fruitiers les plus connus en Europe, qui se cultivent au Jardin de Wurzbourg; par Jean Mayer. *Nuremberg*, 1776, 2 vol. in 4, m. r. fig. color.

BOTANIQUE.

422 Élémens de Botanique, par Pitton de Tournefort. *Paris*, de l'Imp. Royale, 1694, 3 vol. in 8, fig. v. m.

423 Jos. Pitton Tournefort corollarium institu-

tionum rei herbariæ.== Car. Plumier nova plantarum Americanarum genera. *Parisiis*, 1703.
== Caspari Commelin præludia botanica. *Lug. Bat.* Haringh, 1703, in 4, fig. velin.

424 Pet. Ant. Michelii nova plantarum genera juxta Tournefortii methodum disposita. *Florentiæ*, Bernardus Paperinius, 1729, in fol. v. m.

424* Nic. Jos. Jacquin observationes botanicæ. *Vindobonæ*, Kraus, 1764, in fol. fig. v. f. d. sur tr.

424** Characteres generum plantarum quas in itinere ad insulas maris australis collegerunt Joan. & Georg. Forster. *Londini*, White 1776, in fol. C. Max. m. r. fig.

425 Abrégé de l'histoire des Plantes usuelles, par J. B. Chomel. *Paris*, Nyon, 1738, 3 vol. in 12, v. m.

426 Recherches sur l'usage des feuilles dans les plantes, par Charles Bonnet. *Gottingue*, Elie Luzac, 1754, in 4, fig. v. f.

427 The Anatomy of plants by Nehemiah Grew. *London*, 1682, in fol. fig. C. Mag. v. b.

428 Anatomie des plantes, trad. de l'anglois de Grew. *Paris*, Ant. Dezallier, 1679, in 12, v. f.

Histoire naturelle générale des Plantes, des Arbres, des Fruits, des Fleurs, &c.

429 Petri Andreæ Matthioli commentarii in sex libros Pedacii Dioscoridis de medicâ materiâ. *Venetiis*, ex officinâ Valgrisianâ, 1565, in fol. fig. v. m. Editio optima.

430 Oth. Brunfelsii herbarum vivæ eicones. *Ar-*

gentorati, 1530, in fol. cum figuris depictis, velin.

48   431 Leonharti Fuchsii de historiâ stirpium commentarii. *Basileæ*, in officinâ Isingrinianâ, 1542, in fol. m. b. cum figuris depictis.

24   432 Histoires des Plantes, par Rembert Dodoens. *Anvers*, Jean Loë, 1557, in fol. fig. m. cir.

13 5 433 Andreæ Cæsalpini de plantis libri XVI. *Florentiæ*, Georg. Marescottus, 1583, in 4, v. m.

434 Fabii Columnæ ΦΥΤΟΒΑΣΑΝΟΣ, sive plantarum aliquot historia. *Neapoli*, Jac. Carlinus, 1592, in 4, fig. v. f.

435 Fab. Columnæ minus cognitarum rariorumque stirpium ΕΚΦΡΑΣΙΚ. *Roma*, Jac. Mascardus,

120   1616. === Ejusdem Columnæ Purpura. *Roma*, 1616. === Franc. Imperati de fossilibus opusculum. *Neapoli*, 1610, in 4, m. r.

436 Fabii Columnæ opusculum de purpurâ, cum annotationibus Jo. Dan. Majoris. *Kilia*, Jo. Reumanuus, 1675, in 4, broché.

24   437 Jo. Jonstoni Dendrographias, sive historia naturalis de arboribus & fructibus. *Francofurti*, Heredes Mat. Meriani, 1662, in fol. fig. v. b.

21 1 438 Mémoires pour servir à l'histoire des Plantes, par M. Dodart. *Par.* Imp. Royale, 1696, in-fol. m. r.

8   439 Mémoires pour servir à l'histoire naturelle des Plantes, dressés par M. Dodart; par le P. de Besse. *Amsterdam*, Merkus, 1758, in 4, fig. v. m.

190   440 Leonardi Plukenetii opera omnia botanica. *Londini*, 1691, 7 tom. en 5 vol. in 4, fig. m. cir. Editio optima.

441 Phytantoza iconographia, sive conspectus
aliquot millium plantarum, à Jo. Guil. Wein-
manno collectarum, & à Jo. Georg. Nic. Die-
terico explicatarum. *Ratisponæ*, Hieron. Len-
zius, 1737, 6 vol. in fol. v. m. cum figuris
depictis.

442 Conradi Gesneri opera botanica, ex biblio-
theca Crist. Jac. Trew, cum præfatione Cas.
Christ. Schmiedel. *Norimbergæ*, Joan. Mich.
Seligmannus, 1754, in fol. fig. v. m.

443 Conradi Gesneri historiæ plantarum fascicu-
lus. *Norimbergæ*, J. Mic. Seligmannus, 1759,
in fol. v. m. cum figuris depictis.

444 D. Jo. Hieron. Kniphofii botanica in origi-
nali, seu herbarium vivum, operâ & studio Jo.
Godof. Trampe. *Halæ Magdeburgicæ*, 1763,
5 vol. in fol. m. r. cum figuris depictis.

Histoire particuliere des Plantes, des Arbres, des
Fruits & des Fleurs.

445 Histoire naturelle du cacao & du sucre.
Amsterdam, Strick, 1720, in 12, fig. v. m.

446 Histoire naturelle de la cochenille. *Amsterd.*
Uytwerf, 1729, in 8, v. m.

447 Pet. Bellonii de arboribus coniferis, & resi-
niferis liber. *Parisiis*, B. Prevost, 1553. —
Ejusdem Bellonii de admirabili operum antiquorum præstantiâ liber. *Parisiis*, Prevost,
1553, in 4, fig. v. f.

448 Jo. du Choul de variâ Quercûs historiâ: accessit Pilatimontis descriptio. *Lugduni*, Rovil-
lius, 1555, in 8, v. f.

449 Florum & coronariarum odoratarumque

plantarum hiſtoria, auct. Remberto Dodonæo. *Antuerpiæ*, 1568.══Semplici di Luigi Anguillara. *In Venegia*, 1561. ══ Petrus de Abano de Venenis atque eorum remediis liber. *Venetiis*, 1537, in 8, parch.

450 The Flower-Garden diſplay'd, in above four hundred curious repreſentations of the beautiful flowers, coloured to the life. *London*, 1734, in 4, v. f.

Hiſtoire naturelle des Champignons, &c.

451 Fungorum qui in Bavariâ & Palatinatu circà Ratisbon. naſcuntur icones nativis coloribus expreſſæ. *Ratisbonæ*, Zunkell, 1762, 4 vol. in 4, m. v. cum fig. depict.

Hiſtoire Naturelle particuliere, des Plantes, Arbres & Fleurs de différents Pays.

452 Icones & Deſcriptiones rariorum Plantarum Siciliæ, Melitæ, Galliæ & Italiæ, auctore P. Boccone. *Oxoniæ*, è Theatro Sheldoniano, 1674, in 4. v. m.

453 Jacobi Barrelieri Plantæ per Galliam, Hiſpaniam & Italiam obſervatæ, accurante Ant. de Juſſieu. *Pariſiis*, Step. Ganeau, 1714, in fol. fig. v. éc.

454 Liberati Sabbati Synopſis Plantarum quæ in ſolo Romano luxuriantur. *Ferrariæ*, Joſ. Barbieri, 1745, in 4. fig. v. m.

455 Car. Allionii rariorum Pedemontii Stirpium ſpecimen. *Auguſta Taurinorum*, Zappata, 1755, in 4. fig. v. m.

456 Hiſtoire des Plantes qui naiſſent aux envi-

rons de Paris, par Pitton de Tournefort, édition revue par M. Bern. de Jussieu. *Paris*, J.
Musier, 1725, 2 vol. in 12. v. b.

457 Botanicon Parisiense, ou Dénombrement par
ordre alphabétique des Plantes qui se trouvent
aux environs de Paris, par Sébastien Vaillant,
avec fig. dessinées par Aubriet. *Leyde & Amst.*
1727, in fol. C. Mag. fig. vel.   48

458 Flore Françoise, ou Description succincte
de toutes les Plantes qui croissent naturelle-
ment en France, par M. le Chevalier de la
Mark. *Paris*, de l'Imprimerie Royale, 1778,
3 vol. in 8. v. f.

459 Pet. Magnol Botanicum Monspeliense. *Mons-*
pelii, Paulus Marret, 1686, in 8. m. cit.   6

460 Histoire des Plantes qui naissent aux environs d'Aix & dans plusieurs autres endroits de
la Provence, par Garridel. *Aix*, David, 1715,
in fol. Gr. Pap. v. f.   23

461 Marci Mappi Historia Plantarum Alsatica-
rum, studio Jo. Christ. Ehrmanni. *Argento-*
rati, 1742, in 4. fig. v. f.   9

462 Floræ Austriacæ, sive Plantarum selectarum
in Austriæ Archiducatu sponte crescentium
Icones, ad vivum coloratæ, operâ Nic. Jos.
Jacquin. *Vienna Austriæ*, Kaliwoda, 1773,
5 vol. in fol. m. r.   595

463 D. Alberti Haller Enumeratio methodica stirpium Helvetiæ indigenarum. *Gottingæ*, ex officinâ academicâ. 1742, 2 tomes en 1 vol. in
fol. fig. v. m.   33

464 Stirpium rariorum in Imperio Rutheno spon-
tè provenientium Icones & descriptiones collectæ à J. Ammano. *Petropoli*, 1739, in 4. v. b.   9   2

465 Prosperi Alpini de Plantis exoticis, libri duo. *Venetiis*, Guerilius, 1656, in 4. cum fig. v. m.

466 Jacobi Breynii exoticarum aliarumque minus cognitarum Plantarum centuriæ. *Gedani*, sumptibus auctoris, 1678, in fol. cum fig. v. b.

467 Caroli Clusii Aromatum, & simplicium aliquot medicamentorum apud Indos nascentium Historia, *Antuerpiæ*, Plantin, 1567, in 12. v. b.

468 Joannis Burmanni Thesaurus Zeylanicus, exhibens plantas in Insulâ Zeylanicâ nascentes. *Amstelodami*, 1737, in 4. fig. v. f.

469 Hortus Indicus Malabaricus. *Amstelodami*, Jo. van Someren, 1678, 12 tomes en 6 vol. in fol. vel. Liber rarissimus.

470 Georgii Everhardi Rumphii Herbarium Amboinense, stud. Jo. Burmanni. *Amstelodami*, 1750, 7 tomes en 6 vol. in fol. v. m.

471 Joan. Burmanni Plantæ ratiores Africanæ. *Amstelodami*, Henr. Boussiere, 1738, in 4. fig. v. f.

472 Description des Plantes de l'Amérique, par le Pere Charles Plumier. *Paris*, de l'imprimerie Royale, 1693, in fol. fig. v. m.

473 Caroli Plumier Filicetum Americanum. *Parisiis*, Typ. Regiis, 1703, in fol. fig. v.

474 Traité des Fougeres de l'Amérique, par le Pere Charles Plumier. *Paris*, de l'Imp. Roy. 1705, in fol. fig. v. b.

475 Nic. Jos. Jacquin selectarum Stirpium Americanarum Historia. *Vindobonæ*, Kraus, 1763, 2 vol. in fol. cum fig. v. f. d. s. tr.

476. Nova Plantarum Animalium & Mineralium
Mexicanorum Historia, à Francisco Hermandez
primùm compilata, dein à Nardo Antonio Ru-
cho in volumen digesta , &c. *Romæ* , 1651 in
fol. fig. vel.   58

477 Jacobi Cornuti Canadensium Plantarum
Historia , cui adjunctum est ad calcem Enchy-
ridium botanicum parisiense. *Parisiis* , S. le
Moyne , 1635 , in 4. v. m.   4

Collection de Plantes des Jardins publics &
particuliers.

478 Michaëlis Angeli Tilli Catalogus plantarum
horti Pisani. *Florentiæ* , Tartinius , 1723 , in
fol. fig. v. m.   12

479 Hortus Botanicus Vindobonensis. curâ Nicolai Josephi Jacquin. *Vindobonæ* , Kaliwoda ,
1770 , 3 vol. in fol. m. r. cum fig. depictis.   320

480 Catalogus Plantarum , tùm exoticarum tùm
domesticarum , quæ in hortis haud procul à
Londino sitis , in venditionem propagantur.
London , 1730 , in fol. fig. enluminées. v. m.   31

481 Caroli Linnæi Hortus Cliffortianus. *Amste-*
lodami , 1737 , in fol. fig. v. f.   60

482 Plantarum Historiæ Universalis Oxoniensis
sive Herbarum Distributio nova , auctore Ro-
berto Morison. *Oxonii* , è Theatro Sheldoniano , 1715 , 3 tomes en 2 vol. in fol. fig. v. b.   80

483 Hortus Elthamensis , delineatus & descrip-
tus à Jo. Jac. Dillenio. *Londini* , 1732 , 2 vol.
in fol. C. Mag. cum fig. v. m.   80

Hiſtoire Naturelle particuliere : troiſieme partie : Animaux , Inſectes & Coquillages.

Hiſtoire Naturelle générale des Animaux.

484 Jo. Jonſtoni Thaumatographia Naturalis in decem claſſes diſtincta. *Amſt.* Janſſon , 1665 , in 12.

485 Jac. Theod. Klein Quadrupedum diſpoſitio brevisque Hiſtoria Naturalis. *Lipſiæ* , Jonas Schmidt , 1751 , in 4. fig. v. m.

486 P. S. Pallas Miſcellanea Zoologica , quibus novæ atque obſcuræ animalium ſpecies deſcribuntur. *Hagæ Comitum* , Pet. Van-Cleef , 1766 , in 4. fig. v. m.

487 Le Regne Animal , diviſé en neuf claſſes , ou méthode contenant la diviſion générale des Animaux , par M. Briſſon. *Paris* , Bauche , 1756 , in 4. fig. v. el.

488 Æliani de naturâ Animalium Libri XVII , græcè & latinè , curante Abrah. Gronovio. *Londini* , Whiſton , 1744 , 2 vol. in 4. v. m.

489 Conradi Geſneri Hiſtoria Animalium. *Tiguri* , Chriſt. Froſchoverus , 1551 , 5 vol. in fol. m. r. cum fig. depictis.

489 * Ulyſſis Aldrovandi Opera omnia. *Bononia* , de Franciſcis , 1599 , 13 vol. in fol. v. f. d. ſ. tr.

Tous les volumes de cet exemplaire ſont de la premiere édition , & les figures des premieres épreuves.

490 Joannis Jonſtoni Hiſtoria Naturalis de Qua-

drupedibus , avibus , pifcibus , infectis & fer-
pentibus. *Francofurti ad Mœnum* , 1650 , 4
tomes en 2 vol. in fol. fig. v. f.

491 Henrici Ruifch Theatrum Univerfale omnium Animalium. *Amftelodami* , Wetftenius ,
1718 , 2 vol. in fol. cum fig. v. m.

492 Mémoires pour fervir à l'Hiftoire Naturelle
des Animaux , par Perrault. *Paris* , de l'Imp.
Roy. , 1671 , in fol. G. Pap. fig. v. m.

493 Martini Lifter Hiftoriæ Animalium Angliæ.
Londini , J. Martyn , 1678 , in 4. fig. v. m.

Hiftoire Naturelle des Oifeaux.

494 L'hiftoire de la nature des Oifeaux , avec
leurs defcriptions , &c. par P. Belon. *Paris* ,
Gilles Corrofet , 1555 , in fol. fig. enluminées v. f.

495 Portraits d'oifeaux , animaux , ferpents ,
herbes , arbres , hommes & femmes d'Arabie
& Egypte , obfervés par P. Belon. *Paris* ,
Guil. Cavellat , 1557 , in-4. fig. m. r.

496 Uccelliera overo Difcorfo della natura , e
proprieta di diverfi Uccelli , opera di Giov.
Pietro Olina. *In Roma* , Fey , 1622 , in 4.
fig. vel.

497 Franc. Willughbeii Ornithologiæ Libri tres.
ex recenfione Jo. Raii. *Londini* , Joan. Martyn , 1676 , in fol. cum fig. v. b.

498 A Natural Hiftory of birds , by Eleazar Albin , colour'd by his daughter and felf , from
the originals. *London* , William Innys , 1731 ,
3 vol. in 4. v. b.

499 Hiftoire Naturelle de divers Oifeaux , qui

n'avoient point encore été figurés ni décrits, par Georges Edouard. *Londres*, 1745, 4 tomes en 2 vol. in 4. fig. enluminées, m. b.

500 Glanures d'Histoire Naturelle, consistant en figures de quadrupedes, d'oiseaux, d'insectes, de plantes, &c. par Georges Edouard. *Londres*, 1758, 3 tomes en 2 vol. in 4. m. b. fig. enluminées.

501 Ornithogie, ou Méthode contenant la division des oiseaux, en ordre, sections & genres, par M. Brisson. *Paris*, Bauche, 1760, 6 vol. in 4. fig. v. m.

502 l'Histoire Naturelle, éclaircie dans une de ses parties principales, l'Ornithologie, qui traite des Oiseaux de terre, de mer & de riviere, par M. Salerne. *Paris*, Debure pere, 1767, in 4. m. b. fig. coloriées.

502* Jac. Christ. Schœffer Elementa Ornithologica, iconibus vivis coloribus expressis illustrata. *Ratisbonæ*, 1774, in 4. m. r.

503 Tho. Bartholini Dissertatio de Cygni anatome ejusque cantu. 1668, in 12. v. f.

Histoire Naturelle des Poissons.

504 Hippolyti Salviani Aquatilium Animalium Historiæ. *Romæ*, 1554, in fol. cum fig. m. r.

505 Fr. Boussueti de naturâ Aquatilium, Carmen. *Lugduni*, Bonhomme, 1558, in 4. m. vio. fig.

506 Guill. Rondeletii Libri de Piscibus Marinis. *Lugduni*, Matt. Bonhomme, 1554, 2 tomes en 1 vol. in fol. m. r.

507 Histoire des Poissons, par Guillaume Rondelet,

delet. *Lyon*, Macé Bonhomme, 1558, in
fol. vel.

508 Fr. Willughbeii de historiâ Piscium Libri
IV, ex recensione Jo. Raii. *Oxonii*, è Theatro Sheldoniano, 1686, in fol. cum figuris
v. b.

509 Olavi Rudbeckii filii, Ichtyologiæ Biblicæ
pars prima. *Upsalæ*, Wernerus, 1705, in 4.
fig. v. f.

Histoire Naturelle des Coquillages, &c.

510 Geor. Everhardi Rumphii Thesaurus ima-
ginum piscium testaceorum, cochlearum,
&c. *Lugd. Bat.* Pet. Vander Aa, 1711, in
fol. v. m.

511 Index testarum conchyliorum quæ adser-
vantur in musæo Nic. Gualtieri, *Florentiæ*,
1742, in fol. cum fig. v. f.

512 L'Histoire Naturelle, éclaircie dans une de
ses parties principales, la Conchyliologie,
par M. Dezallier Dargenville. *Paris*, Debure
l'aîné, 1757, in 4. m. r. fig. coloriées.

512 * Choix de Coquillages & de Crustacées,
peints d'après nature par Fr. Nich. Regen-
fuss. *Coppenhague*, 1758, in fol. max. v. m.

513 Traité des Coquilles tant fluviatiles que terrestres, qui se trouvent dans les environs
de Paris, par M. Geoffroy. *Paris*, Musier,
1767, in 12, fig. v.

*Histoire naturelle des corps qui tiennent de
l'animal & de la plante.*

514 Essai sur l'Histoire Naturelle des Corallines

& d'autres productions marines du même gen-
re, par J. Ellis. *La Haye*, P. de Hondt,
1755, in 4. fig. enluminées; v. m.

515 P. S. Pallas Elenchus Zoophitorum. *Hagæ
Comitum*, Vanclef, 1766, in 8. v. m.

Histoire Naturelle des Insectes.

516 Tho. Moufeti Insectorum sive minorum
Animalium Theatrum. *Londini*, Tho. Cottes,
1634, in fol. fig. m. cit.

517 Swammerdamii Biblia Naturæ, sive Historia Insectorum in classes certas redacta, ex
recensione Herm. Boerhaave. *Leydæ*, If. Seve-
rinus, 1737, 3 vol. in fol. cum fig. C. M.
m. b.

518 Histoire Générale des Insectes, par Jean
Swammerdam. *Utrecht*, J. Ribbius, 1685,
in 4. fig. v. b.

519 Histoire Naturelle des Insectes selon leurs
différentes métamorphoses, par Jean Goe-
daert. *Middelbourg*, Jacques Fierens, 1700,
3 vol. in 8. v. m. figures enluminées.

520 Mémoires pour servir à l'Histoire des Insectes, par M. de Réaumur. *Paris*, de l'Imp.
Roy. 1734, 6 vol. in 4. fig. v. m.

521 Histoire abrégée des Insectes, par M. Geoffroy. *Paris*, Durand, 1764, 2 vol. in 4. fig.
v. m.

522 Histoire des Insectes de l'Europe, dessinés
d'après nature, & expliqués par Marie Sibille Merian, trad. en françois par Jean Marret. *Amsterdam*, Bernard, 1730, in fol. Gr.
Pap. v. b.

523 Diſſertation ſur la génération & la trans-
formation des inſectes de Surinam, par Marie Sibille Merian. *La Haye*, Goſſe, 1726,
in fol. Gr. pap. avec fig. coloriées. | 100

524 A Natural Hiſtory of Engliſh Inſects, exactly
coloured, by Eléazar Albin. *London*, Will.
Innys, 1720, in 4. v. b. | 40

524 * Jac. Chriſt. Schæfferi Icones Inſectorum
circá Ratisbonam indigenorum coloribus na-
turam referentibus expreſſæ. *Ratisbonæ*, 1766,
3 vol. in 4. C. Mag. m. r.

524 ** Jacob. Chriſt. Schæfferi Elementorum En-
tomologicorum Appendix, quinque Inſectorum nova genera exhibens. *Ratisbonæ*, 1777,
in 4. C. Mag. m. r. cum fig. dep. | 240

525 Trattado de las Langoſtas, por el doctor
Juan de Quiñonès. *En Madrid*, por Luis San-
chez, 1620, in 4. m. r. | 36 . 3

526 Traité Anatomique de la Chenille qui ron-
ge les bois de ſaule, par Pierre Lyonnet. *La
Haye*, de Hondt, 1760, in 4. fig. v. br. | 14

*Hiſtoire Naturelle des Inſectes de mer & de
riviere.*

527 Eſſai ſur l'Hiſtoire Naturelle du Polype
Inſecte, par Henri Baker, trad. de l'anglois
par Pierre Demours. *Paris*, Durand, 1744,
in 12, v. f. d. ſ. t. | 10

528 Mémoires pour ſervir à l'hiſtoire d'un gen-
re de Polypes d'eau douce, à bras en forme
de cornes, par A. Trembley. *Leyde*, Wer-
beek, 1744, in 4. fig. y. f. | 10

529 Mémoire pour ſervir à l'hiſtoire d'un genre | 9

de Polypes d'eau douce, à bras en forme de cornes : par le même. *Paris*, Durand, 1744, 2 vol. in 8. fig. v. f. d. f. t.

Hiſtoire Naturelle particuliere de différents Pays.

6 530 Mémoires pour ſervir à l'Hiſtoire Naturelle de la Province de Languedoc, par M. Aſtruc. *Paris*, Guill. Cavelier, 1737, in 4. fig. v. m.

15 531 Les Antiquités, Raretés, Plantes, Minéraux & autres choſes conſidérables de la Ville & Comté de Caſtres, par P. Borel. *Caſtres*, Arn. Colomiez, 1649, in 8. m. b.

18 532 Jo Jac. Scheuchzeri Itinera Alpina. *Lugd. Bat.* Pet. Vander Aa, 1723, 2 vol. in 4. fig. v. m.

27 533 Guill. Piſonis de Indiæ utriuſque re naturali & medicâ libri XIV. *Amſtelodami*, Lud. & Dan. Elzevirii, 1658, in fol. cum figuris v. m.

534 Guil. Piſonis Hiſtoria Naturalis Braſiliæ. *Lugd. Bat.* Hackius, 1648, in fol. cum fig. v. m.

18 535 Hiſtoire Naturelle du Sénégal, par M. Adanſon. *Paris*, Bauche, 1757, in 4. fig. v. m.

16 536 Journal des obſervations phyſiques, mathématiques & botaniques, faites ſur les côtes orientales de l'Amérique méridionale, par le Pere Louis Feuillée. *Paris*, D. Giffart, 1714, 3 vol. in 4. fig. v. m.

270 537 A Voyage to the Iſland Madera, Barbados, Nieves, S. Chriſtophers and Jamaica, with

the natural history, by Hans Sloane. *London*, 1707, 2 vol. in fol. v. m. fig. Liber rarissimus.

537 * Histoire Naturelle de la Caroline, de la Floride & des Isles de Bahama, par Marc Catesby. *Londres*, Marsh, 1754, 2 vol. in fol. C. Max. m. r. dent. fig. coloriées.

538 The Natural History of Barbados, by Griffith Hughes. *London*, 1750, in fol. cum fig. C. Mag. v. b.

539 The Natural History of Island, translated from the Danish original of Mr. N. Horrebow. *London*, Linde, 1758, in fol. v. f.

Histoire des Monstres, Prodiges, &c.

540 Julii Obsequentis quæ superfunt ex libro de prodigiis, cum notis variorum, curante Franc. Oudendorpio. *Lugd. Bat.* Sam. Luchtmans, 1720, in 8, m. r.

Mélanges d'Histoire Naturelle.

541 Engelberti Kæmpferi Amœnitates Exoticæ, quibus continentur variæ relationes, observationes & descriptiones rerum Persicarum & ulterioris Asiæ. *Lemgoviæ*, 1712, 2 vol. in 4, fig. v. m.

542 Marcelli Malpighii Opera omnia. *Londini*, Thom. Sawbribge, 1676, 2 vol. in fol. fig. v. b.

543 A Description of a great variety of animals and vegetables, with copper plates. *London*, Boreman, 1736, in 12, baz.

543 * Nic. Jos. Jacquin Miscellanea Austriaca ad

botanicam, chemiam & hiſtoriam natura-
ralem ſpectantia, cum fig. partim coloratis
Vindobonæ, Kraus, 1778, in 4, m. r.

*Cabinets ou Collections de Curiosités de la Na-
ture & de l'Art.*

544 Muſæum Kircherianum. *Romæ*, Plachi,
1709, in fol. fig. v. b.

545 Muſæum Franciſci Calceolari Veronenſis.
Verona, 1622, in fol. cum fig. v.

546 Locupletiſſimi rerum naturalium Theſauri
Alberti Seba accurata Deſcriptio. *Amſtelodami*, Jauſſonius à Waesberge, 1734, 4 vol.
in fol. C. Mag. fig. m. b. dent.

547 Muſæum Regalis Societatis, per Nehemiam
Grew, *London*, 1681, in fol. v. b.

548 Catalogue ſyſtématique & raiſonné des cu-
rioſités de la nature & de l'art, qui compo-
ſent le cabinet de M. Davila, par M. Romé
Deliſle. *Paris*, Briaſſon, 1767, 3 vol. in
8. vel.

MÉDECINE.

*Introductions, Cours, Dictionnaires & Traités
généraux de Médecine.*

549 Hiſtoire de la Médecine, par Daniel le
Clerc. *La Haye*, Vander Kloot, 1729, in
4, v. b.

550 Hiſtoire de la Médecine depuis Galien juſqu'au XVI. ſiecle, par Jean Freind. *Paris*,
Jac. Vincent, 1728, in 4, v. m.

Médecins anciens & modernes, grecs & latins, &c. avec leurs Interpretes & Commentateurs.

551 Artis Medicæ Principes post Hippocratem &
   Galenum. *Excudebat* Henr. Stephanus, 1567,
   3 vol. in fol. m. r. Exemplar elegans.
552 Hippocratis Coi Opera omnia, græcè &
   latinè, cum notis variorum, ex ed. Joan Ant.
   Vander Linden. *Lugd. Bat.* Dan. à Gaasbeek,
   1665, 4 vol. in 8. m. r.
553 Les Œuvres d'Hippocrate, trad. en fran-   6   15
   çois par M. Dacier. *Paris*, Claude Barbin,
   1697, 2 vol. in 12. v. m.
554 Aretæi Cappadocis de caufis & fignis acu-
   torum & diuturnorum morborum libri IV,   18
   & de eorum curatione libri IV, gr. & lat.
   curâ Hermanni Boerhaave. *Lugd. Bat.* Vander Aa., 1735, in fol. C. Mag. br.
555 Aur. Corn. Celfi de Medicinâ libri octo,   3   4
   cum notis variorum. *Amftelodami*, 1713, in
   8. v.
556 Quinti Sereni Samonici de Medicinâ Præ-
   cepta faluberrima, ed. Rob. Keuchenio. *Amftelodami*, Vandenberg, 1662, in 8. vel.

*Traités de Phyfiologie, ou des différents tem-
   péraments, facultés, ufages, &c. du corps
   humain.*

557 Effai fur la maniere de perfectionner l'ef-   3   8
   pece humaine, par M. Vandermonde. *Paris*,
   Vincent, 1756, 2 vol. in 12. v. m.
558 Thomæ Bartholini, Joan. Henr. Meibomii   17
   de ufu flagrorum in re medicâ & veneriâ lum-
E iv

borumque & renum officio, diſſert. accedunt
de renum officio Jo. Olhaſii & Olai Wormii diſſertatiunculæ. *Francofurti*, Dan. Paul-
lus, 1670, in 8, v. b. Editio optima.

359 Joannes de Gorter de perſpiratione inſenſi-
bili. *Lugd. Bat.* Janſ. Vander Aa, 1736, in
4. v. m.

*Traités ſinguliers Diætetiques & Hygiaſtiques du
régime de vie, des aliments & de leur prépara-
tion, de l'art de la cuiſine, des vins, &c.*

560 Hygieine, ſive ars ſanitatem conſervandi,
poema, auctore Steph. Lud. Geoffroy. *Pariſiis*, Cavelier, 1771, in 8. v. m.

561 Hygieine, ſive ars ſanitatem conſervandi,
poema, auctore Steph. Lud. Geoffroy, Medico.
Par. Cavelier, 1771. — Traduction, par M.
Delaunay. *Paris*, 1774, 2 vol. in 4, v. f.

562 Alexandri T. Petronii de victu Romanorum
& de ſanitate tuendâ libri V. *Romæ*, in ædibus
populi Romani, 1581, in fol. m. cit.

563 Apicii Cœlii de Opſoniis & Condimentis,
ſive arte coquinariâ libri X, cum notis variorum ex recenſione Mart. Liſter. *Amſtelodami*,
apud Janſſonio Waesbergios, 1709, in 8, C.
Mag. m. r.

564 Andreæ Baccii de naturali vinorum hiſtoriâ,
de vinis Italiæ & de conviviis antiquorum libri
VII. *Romæ*, Nic. Mutius, 1596, in fol. m. r.

565 Juliani Palmarii de vino & pomaceo libri
duo. *Par.* Guil. Auvray, 1588, in 8, v. f.

566 Pet. Andreæ Canonherii de admirandis vini
virtutibus libri tres. *Antuerpiæ*, Verduſſius,
1627, in 8, v. f.

*Traités singuliers de Pathologie, ou des maladies
& affections du corps humain, de leurs causes,
signes & progrès, comme aussi des remedes qui
leur sont propres.*

567 Traité des maladies les plus fréquentes, &
des remedes propres à les guérir; par M. Hel-
vetius. *Paris*, le Mercier, 1739, 2 vol. in 12,
v. m.

568 La Médecine pratique de Londres, trad. de
l'anglois par de Villiers. *Paris*, Segaud, 1778,
in. 8, v.

569 La Médecine, la Chirurgie & la Pharmacie
des pauvres; par M. Hecquet. *Paris*, David,
1749, 4 vol. in 12, v. m.

570 Traité des maladies vénériennes, par M.
Astruc. *Paris*, Cavelier, 1743, 4 vol. in 12,
v. m.

571 Discours d'Ambroise Paré, à sçavoir, de la
mumie, des venins, de la licorne & de la peste.
Paris, Gab. Buon, 1582, in 4, fig. v. m.

572 Andreæ Baccii de venenis & antidotis prolegomena, *Roma*, Vinc. Accoltus, 1586, in
4, v. éc.

Matiere Médicale.

573 Traité de la matiere Médicale, ou de l'histoire des vertus, du choix & de l'usage des
remedes simples; par M. Geoffroy. *Paris*, Defaint & Saillant, 1757, 10 vol. in 12, v. m.

*Mélanges de Médecine, où sont rassemblés les
divers opuscules des Médecins; Consultations,
Découvertes, Observations, Theses, &c.*

574 Observations rares, de Médecine, d'Anato-

mie & de Chirurgie, trad. de Vanderwiel, par M. Planque. *Paris*, L. Ch. d'Houry, 1758, 2 vol. in 12, v. m.

575 Essais & Observations de Médecine de la Société d'Edimbourg, trad. par M. Demours. *Paris*, Jac. Guérin, 1740, 7 vol. in 12, v. f.

576 Discours sur l'inappetence d'un enfant de Vauprofonde, qui n'a bu ni mangé depuis 19 mois; par Sim. de Provancheres. *Sens*, Niverd, 1612, in 8, v. f.

577 Recueil de pieces relatives à la question des naissances tardives. *Paris*, d'Houry, 1766, 2 vol. in 8, br.

578 Lettres de M. le Preux, Docteur en Médecine, à M. Bouvart. 1770, 2 vol. in 8, br.

579 Dissertation sur l'incertitude des signes de la mort, & l'abus des enterremens précipités; par Jac. Jean Bruhier. *Paris*, Debure l'aîné, 1749, 2 vol. in 12, v. m.

580 Ouvrage de Pénélope, ou Machiavel en Médecine; par la Mettrie. *Berlin*, 1748, 3 v. in 12.

CHIRURGIE.

581 Jo. de Gorter Chirurgia repurgata. *Patavii*, Jo. Manfré, 1750, in 8, baz.

582 Traité des maladies des femmes grosses, & de celles qui sont accouchées; par Fr. Mauriceau. *Paris*, 1740, 2 vol. in 4, fig. v. m.

ANATOMIE.

583 Godefridi Bidloo Anatomia humani corporis. *Amstelodami*, J. A. Someren, 1685, in f. fig. C. Mag. velin.

584 Guillelmi Cowper, Anatomia corporum humanorum : curante Guill. Dundaſs. *Ultrajecti*, Nic. Muntendam, 1750, in fol. C. Mag. fig. v. m.

585 Ejuſdem Guill. Cowper, Anatomia corporum humanorum : curante eodem. *Ultrajecti*, 1750, in fol. broc. cum figur. depiɔis.

586 Expoſition anatomique de la ſtructure du corps humain ; par Jac. Ben. Winſlow. *Paris*, Guil. Deſprez, 1732, in 4, fig. v. m.

587 L'Anatomie d'Heiſter, avec des eſſais de phyſique ſur l'uſage des parties du corps humain. *Par*. Vincent, 1753, 3 vol. in 12, v. m.

588 Anatomia uteri humani gravidi, auɔore Guillel. Hunter. *Birminghamiæ*, Baskerville, 1774, in fol. formâ atlanticâ, broc.

Cet ouvrage eſt ſuperbe, tant pour l'exécution typographique, que pour la gravure.

PHARMACIE.

Pharmacopée univerſelle : Inſtitutions & Traités généraux des médicamens & de leur compoſition.

589 Nicandri Theriaca & Alexipharmaca, gr. lat. & italicè : cum notis Aug. Mar. Bandinii. *Florentiæ*, 1764, in 8, v. f.

590 Hiſtoire générale des drogues ſimples & compoſées, par Pomet. *Paris*, Ganeau, 1735, 2 vol. in 4, v. m.

591 Dictionnaire univerſel des drogues ſimples, par Lemery. *Paris*, d'Houry, 1759, in 4, fig. v. f.

592 Pharmacopée univerſelle, par Nic. Lemery. *Paris*, d'Houry, 1738, in 4, v. m.

Chymie.

Introductions, Cours & Traités généraux de Chymie.

593 Elémens de Chymie théorique, par M. Macquer. *Paris*, J. Th. Hériffant, 1753, in 12, v. m.

594 Elémens de Chymie pratique, par M. Macquer. *Paris*, J. Th. Hériffant, 1751, 2 vol. in· 12, v. m.

Mathématique.

Inſtitutions, Cours & Traités généraux de Mathématique, tant des Anciens que des Modernes.

595 Recueil de pluſieurs Traités de Mathématique, par MM. de l'Académie des Sciences. *Paris*, Imp. Royale, 1676, in fol. max. v.

596 Divers ouvrages de Mathématique & de Phyſique, par MM. de l'Académie des Scienc. *Paris*, 1693, in fol. v. b.

597 Œuvres de M. de Maupertuis. *Lyon*, Bruyſet, 1756, 4 vol. in 8, v. m.

598 Les mêmes Œuvres de M. de Maupertuis. *Lyon*, Bruyſet, 1756, 4 vol. in 8, G. P. v. m.

599 Récréations mathématiques & phyſiques, par M. Ozanam. *Par.* Jac. Rollin, 1750, 4 v. in 8, v. m.

Arithmétique et Algebre.

600 Eſſai ſur les probabilités de la durée de la vie humaine, par M. Deparcieux. *Paris*, les Freres Guérin, 1746, in 4, v. m.

Géométrie.

601 Traité de Géométrie théorique & pratique, à l'usage des Artistes ; par Seb. Leclerc. *Paris*, Ch. Ant. Jombert, 1744, in 8, v. m. fig. de Cochin.

602 Œuvres du Pere Lamy, contenant ses Élémens de Géométrie, de Mathématique, &c. *Amsterdam*, Mortier, 1734, 3 vol. in 12, v. éc.

603 Lettres de A. Dettonville (Blaise Pascal) sur la Roulette. *Paris*, Guill. Desprez, 1659, in 4, v. éc.

604 Traité du triangle arithmétique, avec plusieurs autres petits traités sur la même matiere ; par Bl. Pascal. *Paris*, Guill. Desprez, 1665, in 4, v. f.

605 Traité analytique des Sections coniques, par le Marquis de l'Hospital. *Paris*, Boudot, 1707, in 4, fig. m. r.

Astronomie.

606 Histoire de l'Astronomie ancienne, depuis son origine jusqu'à l'établissement de l'École d'Alexandrie : par M. Bailly. *Paris*, les Freres Debure, 1775, in 4, v. f. d. s. tr.

607 Histoire de l'Astronomie moderne, par M. Bailly. *Par.* Debure, 1779, 2 vol. in 4, v. f. d. sur tr.

608 Lettres sur l'origine des Sciences, & sur celle des peuples de l'Asie : par M. Bailly. *Par.* les Freres Debure, 1777, in 8, v. f. d. s. tr.

609 Lettres sur l'Atlantide de Platon, & sur l'ancienne histoire de l'Asie. *Paris*, Debure, 1779, in 8, v. f.

610 Astronomi veteres, scilicet, Julius Firmi-
cus, Manilius, Aratus, Theo & Proclus, gr.
& lat. *Venetiis*, Aldus, 1499, in fol. m. r.
Editio princeps.

611 Procli de Sphærâ liber. Cleomedes de mundo.
Arati phænomena, & Dionysii Afri descriptio
orbis habitabilis, gr. & lat. ed. Marco Hop-
pero. *Antuerpiæ*, 1553, in 8, v. f.

612 Theodosii Sphæricorum libri tres, gr. & lat.
Oxoniæ, è Theatro Sheldoniano, 1707, in 8.
basane.

613 Ephemerides Persarum per totum annum,
juxta epochas celebriores orientis, à Mat. Frid.
Beckio. *Augustæ Vindelicorum*, 1695, in fol.
v. m.

614 Recueil d'Observations faites en plusieurs
voyages, par ordre de Sa Majesté, pour perfectionner l'Astronomie & la Géographie, avec
divers Traités astronomiques : par MM. de
l'Académie des Sciences. *Paris*, Imp. Royale,
1693, in fol. v. m.

615 La Figure de la Terre, déterminée par les
observations de M^{rs}. de Maupertuis, Clairaut,
Camus, le Monnier & l'Abbé Outhier, faites
au cercle polaire : par M. de Maupertuis. *Par.*
de l'Imp. Royale, 1738, in 8, v. m.

616 Théorie de la Figure de la Terre, tirée des
principes de l'hydrostatique ; par M. Clairaut.
Paris, Durand, 1743, in 8, v. m.

617 La Figure de la Terre, déterminée par les
observations de M^{rs}. Bouguer & de la Condamine : par M. Bouguer. *Paris*, Charles Ant.
Jombert, 1749, in 4, v. m.

618 Relation des deux voyages faits en Alle-

magne par ordre du Roi, par rapport à la figure
de la terre : par M. Cassini de Thury. *Paris*,
Nyon, 1765, in 4, v. m.

619 Joannis Hevelii Selenographia : sive lunæ
descriptio. *Gedani*, 1647, in fol. fig. m. r.

620 Mémoire sur l'observation des longitudes
en mer. *Paris*, de l'Imprimerie Royale, 1767,
in 8, br.

621 Expériences sur les longitudes, faites à la
mer en 1767 & 1768. *Paris*, de l'Imp. Roy.
1768, in 8, br.

622 La maniere universelle de M. Desargues,
pour poser l'essieu, & placer les heures & autres
choses aux cadrans au soleil; par A. Bosse. *Par.*
Deshayes, 1643, in 8, velin.

ASTROLOGIE.

*Traités singuliers des Nativités, des Songes,
& de leurs interprétations.*

623 Censorinus de die natali. cum notis Henrici
Lindenbrogii. *Cantabrigiæ*, Jo. Hayes, 1695,
in 8, m. r.

624 Censorinus de die natali, cum notis variorum, ed. Sig. Havercampo. *Lugd. Bat.* Luchtmans, 1767, in 8, v. f.

Centuries, Prédictions astrologiques, &c.

625 Les vraies Centuries & Prophéties de Maître
Michel Nostradamus. *Amsterdam*, J. Jansson à
Waesberge, 1668, in 12, v. b.

626 Les mêmes Centuries de Nostradamus. *Par.*
Jean Ribou, 1669, in 12, m. r.

Hydrographie, ou la Science de la Navigation.

627 Dictionnaire historique, théorique & pratique de Marine, par M. Saverien. *Paris*, Ch. Ant. Jombert, 1758, 2 vol. in 8. v. m.

628 Stephani Doleti de re navali liber. *Lugduni*, Seb. Gryphius, 1537, in 4. m. cit.

629 l'Art des Armées Navales, ou Traité des évolutions navales, par le Pere Paul Hoste. *Lyon*, les freres Bruyset, 1727, in fol. fig. v. f.

630 Considérations sur la constitution de la Marine Militaire de France. *Londres*, 1756, in 12. v. éc.

OPTIQUE.

631 Traité d'Optique, par M. d'Alembert. *Paris*, Durand, 1752, in 4. v. m.

Traités de Catoptrique, de Dioptrique & de Perspective.

632 Athanasii Kircheri Ars magna lucis & umbræ. *Amstelodami*, Jo. Janssonius à Waesberge, 1671, in fol. vél.

633 Joan. Zahn Oculus artificialis teledioptricus, sive Telescopium. *Norimbergæ*, Jo. Christ. Lochnerus, 1702, in fol. fig. v. b.

634 La Perspective Pratique, par le Pere Dubreuil. *Paris*, 1651, 3 vol. in 4. v. f.

Hydraulique, ou la Science des Eaux, Aqueducs, Cascades, &c.

635 Dissertation sur les Canaux. in 4. vel.

636 Canal de Champagne. in fol. Ms.

Méchanique.

Méchanique, ou la Science des Machines.

637 Le diverse & artificiose Machine del Capitano Agostino Ramelli. *Parigi*, 1588, in fol. con figure, vel.

638 L'Art de conduire & de régler les pendules & les montres, par M. Ferd. Berthoud. *Paris*, l'Auteur, 1759, in 12, fig. v. m.

Traités des Instruments de Mathématiques, & de ce qui les concerne.

639 Traité de la construction & des principaux usages des Instruments de Mathématiques, par N. Bion. *Paris*, Ch. Ant. Jombert, 1752, in 4. fig. v. m.

640 L'usage des globes célestes & terrestres, par N. Bion. *Paris*, Jac. Guerin, 1751, in 4. v. m.

641 L'Usage du Compas de proportion, par Ozanam. *Paris*, Ch. Ant. Jombert, 1736, in 8, v. m.

<h3 style="text-align:center">MUSIQUE.</h3>

642 Claudii Ptolomæi Harmonicorum libri tres, gr. & lat. ex recensione Jo. Wallis. *Oxonii*, è Th. Sheldoniano, 1682, in 4. v.

643 F. Marini Mersenni Harmonicorum libri. *Lutetiæ Parisiorum*, Guil. Baudry, 1636, in fol. v. f.

644 Harmonie Universelle, contenant la théorie & la pratique de la Musique, par le Pere Marin Mersenne. *Par.* Seb. Cramoisy, 1636, in fol. fig. v. m. Exemplaire complet d'un livre très-rare.

F

645 Démonstration du Principe de l'Harmonie, servant de base à tout l'art musical théorique & pratique. *Paris*, 1750, in 8.

646 Traité de l'Harmonie, réduite à ses principes naturels, par Rameau. *Paris*, Ballard, 1722, in 4. v. m.

647 Gabinetto Armonico pieno d'istromenti sonori indicati e spiegati dal Padre Filippo Bonanni. *In Roma*, Giorg. Placho, 1722, in 4. fig. v. f.

648 Dictionnaire de Musique, par J. J. Rousseau. *Paris*, veuve Duchesne, 1768, in 4, v. m.

ARTS.

Dictionnaires & Traités Généraux des Arts Libéraux & Méchaniques.

649 De l'Origine des loix, des arts & des sciences, & de leurs progrès chez les anciens peuples, par M. Goguette. *Paris*, Desaint & Saillant, 1758, 3 vol. in 4. v. m.

650 Histoire de l'Art chez les Anciens, par M. J. Winckelmann. *Amsterdam*, 1766, 2 vol. in 8. v. m.

651 Encyclopédie, ou Dictionnaire raisonné des sciences, des arts & des métiers, par Mrs. Diderot & d'Alembert. *Paris*, Briasson, 1751, 28 vol. in fol. v. m. première & bonne édition de Paris.

652 Les sept derniers volumes des Planches de l'Encyclopédie, in fol. brochés.

653 Réflexions d'un Franciscain sur les trois volumes de l'Encyclopédie, avec une Lettre Pré-

liminaire aux Editeurs. *Berlin*, 1754, 6 vol.
in 12.

654 J. J. Rousseau , Citoyen de Geneve , à M.
d'Alembert , sur son article Geneve , dans le
VII volume de l'Encyclopédie. *Amsterdam*,
M. M. Rey , 1758 , in 8. v. m.

655 Nouveau Dictionnaire des arts & des sciences , trad. de l'anglois de Tho. Dyche. *Avignon*, Fr. Girard , 1756 , 2 vol. in 4. v. m.

656 Dictionnaire portatif des beaux arts , par
M.{c} Lacombe. *Paris*, veuve Estienne , 1752 ,
in 8. v. m.

657 Description abrégée des principaux arts &
métiers. *Paris*, Baquoy , in 4 , fig. v. m.

658 Le cabinet des beaux arts , par Perrault.
Paris, 1690; in 4 , oblong. fig. v. f.

659 Almanach Iconologique , ou des arts ; années 1764 jusques & compris 1774 , avec des
figures de M. Gravelot. *Paris*, Lattré , 1764;
10 vol. in 12, m. r.

*Art de la Mémoire naturelle & artificielle , avec
les différentes pratiques & manieres de l'e-
xercer.*

660 L'Art de fixer dans la mémoire les faits les
plus remarquables de l'Histoire de France.
Paris, Guill. Desprez , 1745 , in 8 , v. m.

Art de l'Écriture.

661 Johannis Trithemii Steganographia nunc
tandem vindicata , reserata & illustrata , auct.
Wolf. Ernesto Heidel. *Moguntia*, Zubrodt ,
1676 , in 4 , v. b.

Art Typographique ou la Science de l'impri-
merie.

17   662 Manuel Typographique , par Fournier le jeune. *Paris* Barbou, 1754, 2 volumes in 8 , m. r.

663 Effai d'une nouvelle Typographie , par L. Luce. *Paris* , J. Barbou, 1771 , in 4 , br.

G   15   664 Epreuve du premier alphabet droit & penché , ornée de quadres & de cartouches , pour l'Imprimerie Royale , gravé par Louis Luce. in 16 , v. m.

Art du Deſſin , de la Peinture , de la Gravure ,
& de la Sculpture.

1   17   665 Cours de Peinture par principes , par de Piles. *Paris* , Jac. Eſtienne , 1708 , in 12 , v. m.

10   666 L'Art de Peinture de Ch. Al. Dufrefnoy , trad. en françois par de Piles. *Paris* , Nic. Langlois, 1673 , in 12 , fig. m. cit. — Dialogue ſur le coloris. *Paris* , Nic. Langlois , 1673 , in 12 , m. cit.

2   667 Le même Art de la Peinture, de Dufrefnoy , trad. par l'Abbé de Marfy. *Paris* , Le Mercier , 1753 , in 8. v. m.

668 L'Art de peindre , Poëme , avec des réflexions ſur les différentes parties de la peinture. par M. Watelet. *Paris* , H. L. Guerin , 1760 , in 4. fig. m. b.

669 L'Art de peindre , Poëme , avec des reflexions ſur les différentes parties de la peinture , par M. Watelet. *Paris* , Guerin , 1760 , in 12 , m. r.

Traité de Peinture, par Leonard de Vinci ; in 12 Belle gravures. 1716. maroq. Rouge 19ℓ

670 La Peinture, Poëme, par M. le Mierre.
Paris, le Jay, in 4, fig. v. m.

671 L'Academia Tedesca della architectura,
scultura & pittura, a Joachim von Sandrart.
Norimbergæ, 1675, 2 vol. in fol. cum figuris
v. b.

672 Joachimi de Sandrart Academia nobilissi-
mæ artis pictoriæ. Norimbergæ, 1683, in fol.
cum figuris v. b.

673 Sculpturæ veteris admiranda, sive delinea-
tio vera perfectissimarum eminentissimarum-
que statuarum, à Joachimo de Sandrart. Norimbergæ, 1680, in fol. cum fig. v. b.

674 Iconologia Deorum, per Joachimum Sandrart. Norimbergæ, 1680, in fol. cum fig.
v. b.

675 Romæ antiquæ & novæ Theatrum, curante Joachimo Sandrart. Norimbergæ, 1684,
in fol. cum figuris v. b.

Ces différents ouvrages de Sandrart sont très-
rares.

676 Traité de la méthode antique de graver en
pierres fines, comparée avec la méthode moderne, par Laurent Natter. Londres, J. Haberkorn, 1754, in fol. fig. m. b.

677 Recueil d'estampes d'après les plus beaux
tableaux & d'après les plus beaux dessins qui
sont en France, par M. Crozat. Paris, 1742,
2 volumes in fol. Gr. Pap. v. m. anciennes
épreuves.

678 La Grande Galerie de Versailles, & les
deux Sallons qui l'accompagnent, peints par
Charles le Brun, & dessinés par J. B. Massé.

Paris, de l'Impr. Roy. 1752, in-fol. Gr. Pap.
v. m. anciennes épreuves.

330 679 Recueil d'estampes d'après les plus célebres
tableaux de la Galerie Royale de Dresde. *Dresde*, 1753, 2 tom. en 1 vol. in-fol. format. atl.
v. m. d. f. tr. Les épreuves de cet exemplaire
sont très belles.

88 680 Recueil d'estampes gravées d'après les tableaux de la Galerie de M. le Comte de
Bruhl. *Dresde*, Walther, 1754, in-fol. max.
br. en carton.

9 681 Histoire de Joseph, gravée d'après Rem-
brandt, par M. le Comte de Caylus. *Amst.*
Jean Néaulme, 1757, in-fol. v. m.

682 Raccolta di Statue antiche e moderne data
in luce da Domenico de Rossi. *In Roma*,
1704, in-fol. fig. v. C. M.

2 14 683 Description sommaire des dessins des grands
Maîtres, &c. du cabinet de M. Crozat; par
P. J. Mariette. *Paris*, 1741, in-8. br.

8 684 Catalogue de tableaux précieux qui com-
posent le cabinet de M. Blondel de Gagny.
Par. Musier, 1776, in-12, v. m. avec les prix.

6 685 Catalogue des tableaux de M. Randon de
Boisset. *Paris*, Musier, 1777, in-12, v. m.
avec les prix.

ARCHITECTURE.

Traités Généraux de l'Architecture.

5 686 Des principes de l'architecture, de la sculpture, de la peinture & des autres arts qui en
dépendent, par Félibien. *Paris*, Coignard,
1690, in-4. fig. v. f.

15 687 Parallele de l'architecture antique & de la

moderne, par Chambray. *Paris*, P. Emery, 1702, in fol. Gr. Pap. fig. v. m.

688 Vitruvius de architecturâ libri X. *Floren-tiæ*, 1496, in fol. m. b.

689 Les dix livres d'architecture de Vitruve, trad. en françois par Charles Perrault. *Paris*, J. B. Coignard, 1684, in fol. fig. v. b.

690 Abrégé des dix livres d'architecture de Vi-truve. *Paris*, Coignard, 1674, in 12, fig. v. m.

691 Cours d'architecture, par C. A. d'Aviler. *Paris*, J. Mariette, 1738, in 4, fig. v. m.

692 Dictionnaire d'architecture civile & hydrau-lique, & des arts qui en dépendent, par Aug. Ch. Daviler. *Paris*, Ch. Ant. Jombert, 1755, in 4, v. m.

693 Les Edifices antiques de Rome, dessinés & mesurés très-exactement par Ant. Desgodetz. *Paris*, J. B. Coignard, 1682, in fol. m. b.

694 Joan. Baptistæ Piranesii de Romanorum magnificentiâ & architecturâ, latinè & itali-cè. *Roma*, 1761, in fol. cum fig. C. Max. Ouvrage superbe.

695 Joan. Bap. Piranesii Campus Martius an-tiquæ urbis. *Roma*, 1762, in fol. fig. veau. C. Max.

696 Les Œuvres d'architecture d'Ant. le Pau-tre. in fol. Gr. Pap. m. r. fig. dent. Exemplaire qui a été présenté à M. le Prince de Conti, à qui l'ouvrage est dédié.

Architecture Militaire.

697 Commentaire sur la défense des Places, d'Æneas le Tacticien, trad. par M. le Comte

de Beaulobre. *Paris*, Piffot, 1757, 2 tom. en 1 vol. in 4. vel.

Architecture Navale.

698 Eléments de l'architecture navale, ou Traité Pratique de la construction des vaisseaux, par M. Duhamel Dumonceau. *Paris*, Char. Ant. Jombert, 1752, in 4. fig. v. m.

ART MILITAIRE.

Traités Généraux de l'Art Militaire.

699 Veteres de re militari Scriptores, scilicet Fl. Vegetius, S. Jul. Frontinus, Cl. Ælianus, Modestus, Polybius, Æneas Poliorceticus, cum notis variorum. *Vesaliæ Clivorum*, 1670, 3 vol. in 8, m. r.

700 Mémoires Militaires sur les Grecs & les Romains, par Charles Guischardt. *La Haye*, P. de Hondt, 1758, in 4. v. m.

701 Art de la Guerre, par principes & par regles, par M. le Maréchal de Puysegur. *Paris*, Ch. Ant. Jombert, 1748, in fol. Gr. Pap. fig. v. m.

702 Mémoires de M. le Marquis de Feuquieres, contenant ses maximes sur la guerre, & l'application des exemples aux maximes. *Londres*, Dunoyer, 1736, in 4, v. f.

703 Art Militaire des Chinois, ou Recueil d'anciens traités sur la guerre, composés avant l'ere chrétienne, par différents Généraux Chinois, trad. par le P. Amiot. *Paris*, Didot, 1772, in 4. fig. enluminées. v. m.

Traités singuliers des campements , ordres de batailles , évolutions & autres exercices militaires.

704 Arriani Ars Tactica , Periplus Ponti-Euxini, liber de venatione , &c. græcè & latinè, cum notis variorum , ex recensione Nicolai Blancardi. *Amstelodami* , Janssonius à Waesberge , 1683 , in 8 , m. r.

705 Eléments de Tactique , par M. le Blond. *Paris*, Ch. Ant. Jombert , 1758 , in 4 , v. m.

706 Essai général de Tactique , précédé d'un discours sur l'état actuel de la politique & de la science militaire en Europe , par M. de Guibert. *Londres* , 1772 , 2 vol. in 8. v. m.

707 Poliæni stratagematum libri octo , græcè & latinè , cum notis variorum , ex recensione Pancratii Masvicii. *Lugd. Bat.* Jord. Luchtmans , 1691 , 2 vol. in 8. m. r.

708 Sexti Julii Frontini Stratagematicon libri IV , cum notis variorum , curante Franc. Oudendorpio. *Lugd. Batav.* Samuel Luchtmans , 1731 , 2 vol. in 8. m. r.

709 Mes Rêveries , ouvrage posthume de Maurice , Comte de Saxe , mis au jour par l'Abbé Perau. *Paris* , Desaint , 1757 , 2 vol. in 4, fig. enluminées , v. éc.

710 Dictionnaire Militaire , contenant tous les termes propres à la guerre. *Paris* , Gissey , 1758 , 3 vol. in 8 , v. m.

Traités singuliers des armes , machines & instruments de guerre , & de l'Artillerie , &c.

711 Mémoires d'Artillerie , par M. Surirey de

Saint Remy. *Paris*, Ch. Ant. Jombert, 1745,
3 vol. in 4. fig. v. m.

Art Gymnaſtique, où il eſt traité du maniement
des Armes, des Chevaux & de leur traitement,
de la Lutte, de la Chaſſe, &c.

712 Méthode & invention nouvelle de dreſſer
les chevaux, par Guillaume Marquis &
Comte de Newcaſtle. *Anvers*, Jacques Van
Meurs, 1658, in fol. fig. mar. bleu.

713 Inſtruction du Roi, ou l'Exercice de mon-
ter à cheval. Par M. A. de Pluvinel. *Paris*, Ni-
velle, 1625, in fol. fig. m. b. premiere édition
avec les figures avant la lettre.

714 Ecole de Cavalerie, contenant la connoiſ-
ſance, l'inſtruction & la conſervation du
Cheval, par M. de la Gueriniere. *Paris*,
1733, in fol. fig. m. r.

715 Cours d'Hippiatrique, ou traité complet de
la médecine des chevaux, par M. Lafoſſe.
Paris, Edme, 1772, in fol. fig. enluminées,
m. r.

716 Le Nouveau Parfait Maréchal, par M. Fr.
A. de Garſault. *Paris*, Debure, fils aîné,
1770, in 4, fig. v. m.

717 Jani Ulitii Venatio novantiqua, apud Elze-
vir. 1645, in 12. m. r.

718 La Vénerie de Jacques du Fouilloux. *Paris*,
l'Angelier, 1614, in 4, br.

719 La Vénerie Royale, par Robert de Salno-
vé. *Paris*, Ant. de Sommaville, 1665, in 4,
v. b.

Traités des jeux d'exercice & de divertissement,
du saut, de la danse, &c.

720 Trois Dialogues de l'art de sauter & de vol-
tiger en l'air, par Archange Tuccaro. *Paris,*
Cl. de Monstroeil, 1599, in 4. fig. m. r.

721 Recherches historiques sur les cartes à jouer,
Lyon, Deville, 1757, in 12. v. b.

Traités de quelques Arts Méchaniques, &c.

722 L'Art de tourner, ou de faire en perfection
toutes sortes d'ouvrages au tour, par le Pere
Charles Plumier. *Paris,* Jombert, 1749, in
fol. fig. v. m.

BELLES-LETTRES.

Introduction à l'étude des Belles-Lettres.

723 De la maniere d'enseigner & d'étudier les
Belles-Lettres, par rapport à l'esprit & au cœur.
Paris, veuve Estienne, 1740, 2 vol. in 4, G.
P. m. r.

724 Principes de la Littérature, par M. l'Abbé
le Batteux, 5e édit. *Paris,* Saillant, 1774, 5
vol. in 8, G. P. v. f.

Grammaires & Dictionnaires des Langues
Orientales.

725 Linguarum orientalium, Turcicæ, Arabicæ,
Persicæ, institutiones : operâ Francisci à Mes-
guien Meninski. *Vienna Austriæ,* 1670,

5 tom. en 3 vol. in fol. v. b. Liber eximiæ ra-
ritatis.

726 Jacobi Golii lexicon Arabico-latinum. *Lugd.
Bat.* apud Elzevirios, 1653, in fol. m. b.

727 Réflexions sur l'Alphabet & sur la Langue
dont on se servoit autrefois à Palmyre : par
M. l'Abbé Barthélemi. *Paris*, H. L. Guérin,
1754, in 4, fig. v. m.

Grammaires & Dictionnaires de la Langue Grecque.

728 Nouvelle Méthode pour apprendre facile-
ment la langue grecque ; par MM. de Port-
Royal. *Paris*, veuve Brocas, 1754, in 8, v. m.

729 Doctrinæ particularum linguæ græcæ, auct.
Henrico Hoogeveen. 1769, 2 vol. in 4, C.
Mag. v. f. d. f. tr.

730 Julii Pollucis Onomasticum, gr. & lat. ed.
Tiberio Hemsterhuisio. *Amstelod.* Wetstein,
1706, 2 vol. in f. C. Mag. velin.

731 Suidæ lexicon gr. & lat. ex versione Æmilii
Porti, studio & labore Ludolphi Kusteri. *Cantabrigiæ*, Typ. Academicis, 1705, 3 vol. in fol.
v. éc. C. Mag.

732 Thesaurus græcæ linguæ, ab Henrico Stephano constructus. *Parisiis*, apud Henric. Stephanum, 1572, 4 vol. in fol. v. b. C. M.

733 Glossaria duo, è situ vetustatis eruta : ad
utriusque linguæ cognitionem perutilia : auct.
Henr. Stephano. *Parisiis*, Henr. Stephanus,
1573, in fol. v. b.

734 Dan. Scott appendix ad Thesaurum græcæ
linguæ, Henrici Stephani. *Londini*, Jo. Noon,
1745, 2 vol. in fol. v. f.

735 Joan. Scapulæ lexicon græco-latinum. *Amst.* 32ᵉ
apud Lud. Elzevirium, 1652, in fol. velin.

736 Corn. Schrevelii lexicon manuale græco latinum & latino græcum. *Amstelodami,* 1700,
in 8, v. b.

737 Apollonii Sophistæ lexicon græcum Iliadis
& Odysseæ, curâ & studio Johannis Baptistæ
Casparis d'Ansse de Villoison. *Lut. Paris.* Mo- 42
lini, 1773, 2 vol. in fol. m. r. C. Mag.

Grammaires & Dictionnaires de la Langue Latine.

738 Nouvelle Méthode pour apprendre facile-
ment la langue Latine ; par MM. de Port-
Royal. *Paris,* P. le Petit, 1667, in 8, v. b.

739 Stephani Doleti commentarii linguæ latinæ.
Lugduni, apud Gryphium, 1536, 2 vol. in f.
C. Mag. m. r.
218

740 Stephani Doleti formulæ latinarum locu-
tionum illustriorum. *Lugd.* apud eumdem Doletum, 1539, in fol. m. r.

741 Roberti Stephani Thesaurus linguæ latinæ.
Londini, Sam. Harding, 1734, 4 vol. in-fol. 100
C. Mag. v. f.

742 Dictionarium universale latino-gallicum,
auct. Boudot. *Par.* Jo. Barbou, 1763, in 8,
v. m.

743 Glossarium ad scriptores mediæ & infimæ la-
tinitatis, auctore Carolo Dufresne, Domino
du Cange, operâ & studio Monachorum ordinis Sancti Benedicti. *Par.* Osmont, 1733,
6 vol. ═══ Glossarium novum seu supplemen- 160   19
tum ad Glossarii Cangiani editionem, colligente D. P. Carpentier, Monacho ejusdem

ordinis. *Parifiis*, le Breton, 1766, 4 vol. in-
fol. v.

744 Vocabulaire univerfel latin françois, par
M. Chompré. *Paris*, H. L. Guérin, 1754, in
8, v. m.

*Grammaires & Dictionnaires de la Langue Fran-
çoife.*

745 Projet du Livre intitulé de la Précellence
du langage françois; par Henri Eftienne. *Par.*
Mamert Patiffon, 1579, in 8, m. r.

746 Traité de la Grammaire françoife, par Regnier Defmarais. *Paris*, J. B. Coignard, 1705,
in 4, v. b.

747 Traité de l'Orthographe françoife, en forme
de Dictionnaire; par M. Reftaut. *Poitiers*, J.
F. Faulcon, 1752, in 8, v. m.

748 Des tropes ou des différents fens dans lef-
quels on peut prendre un même mot dans une
même langue; par M. du Marfais. *Paris*, David, 1757, in 8, v. m.

749 Dictionnaire de la langue françoife, ancienne & moderne, de P. Richelet. *Amfterd.*
1732, 2 vol. in 4, v. m.

On trouve dans cette édition plufieurs articles
qui ont été fupprimés dans toutes les autres.

750 Le même Dictionnaire de la langue françoife, ancienne & moderne, de P. Richelet.
Lyon, P. Bruyfet Ponthus, 1759, 3 vol. in-
fol. v. m.

751 Dictionnaire univerfel de Trévoux. *Paris*,
1752, 7 vol. in fol. v. m.

752 Dictionnaire de l'Académie Françoife. *Par.*
Saillant & Nyon, 1772, 2 vol. in 4, v. m.

753 Le Dictionnaire des Halles, ou extrait du 5
Dictionnaire de l'Académie Françoise. *Brux.*
Foppens, 1696, in 12, v. m.

754 Dictionnaire comique, satyrique, critique,
burlesque, libre & proverbial; par P. J. le
Roux. *Amsterdam,* Z. Chatelain, 1750, in 8,   6   2
v. m.

755 Dictionnaire des Rimes, par P. Richelet,
augmenté par l'Abbé Berthelin. *Paris,* Des-   4
prez, 1751, in 8, v. b.

756 Dictionnaire Languedocien François. *Nis-*   2
mes, Mic. Gaude, 1756, in 8, baz.

Grammaires & Dictionnaires des Langues Ita-
lienne & Angloise.

757 Dictionnaire italien & françois, & françois
italien, de Veneroni. *Paris,* M. Et. David,   5   5
1723, 2 tom. en 1 vol. in 4, v. m.

758 A new universal etymological English Dictionary : by N. Bailey, revised by Jos. Nic. Scott. 30
London, Osborne, 1764, in fol. v. éc.

759 Dictionary of the English language, prefi-
xed a history of the language and an English   60
grammar, by Samuel Johnson. *London,* 1773,
2 vol. in fol. v. éc.

760 A new general English Dictionary; by Th.   9   2
Dyche. *London,* Ware, 1771, in 8, v. m.

761 Dictionnaire Royal françois anglois, & anglois françois; par A. Boyer. *Amsterdam,*   16   5
1752, 2 vol. in 4, v. m.

762 Georgii Hickesii Thesaurus linguarum Septentrionalium. *Oxoniæ,* è Th. Sheldoniano,   63
1705, 2 vol. in fol. v.

763 Dictionarium Sueco-Lapponicum, auct. P. Fiellſtrom. *Stockholm*, 1738, in 8, v. f.

RHÉTORIQUE.

Traités généraux de la Rhétorique, ou de l'Art Oratoire.

764 Ariſtotelis de Rhetoricâ libri tres, græcè & latinè. *Cantabrigiæ*, Typis Academicis, 1728, in 8, m. r.

765 La Rhétorique d'Ariſtote, trad. en françois par Caſſandre. *Amſterdam*, Covens, 1733, in 12, v. m.

766 Dionyſii Halicarnaſſei de ſtructurâ orationis liber, cum notis variorum. *Londini*, 1702, in 8, C. Mag.

767 Dionyſii Longini de ſublimitate libellus, græc. lat. *Oxoniæ*, 1718, in 8, C. Mag. v. b.

768 Idem. *Oxoniæ*, 1718, in 8, C. Mag. m. r. dent.

769 Ejuſdem Dionyſii Longini quæ ſuperſunt, gr. & lat. ex recenſ. Joann. Toupii. *Oxonii*, è Typ. Clarend. 1778, in 4, C. Mag. v. f. dor. ſ. tr.

770 Aphthonius, gr. & lat. ed. Dan. Heinſio. *Lugd. Bat.* Commelinus, 1626, in 8, v.

771 P. Rutilii Lupi de figuris ſententiarum libri duo, ex recenſ. Dav. Ruhnkenii. *Lugd. Bat.* S. Luchtmans, 1768, in 8, v. éc.

Rhéteurs & Orateurs anciens & modernes.

Rhéteurs & Orateurs Grecs.

772 Rhetores ſelecti ſcilicet, Demetrius Phalereus,

reus, Tyberius Rhetor, anonymus Sophista, Severus Alexandrinus, græcè & latinè, cum notis variorum. *Oxoniæ*, è Theatro Sheldoniano, 1676, in 8, m. r.

773 Oratorum Græcorum quorum princeps est Demosthenes, quæ supersunt, cum commentariis Wolfii, Taylori, Marklandi, & aliorum. edente Jo. Jacob. Reisko. *Lipsiæ*, 1770, 20 vol. in 8, C. Mag. m. r.

774 Demosthenis orationes duæ & sexaginta. Libanii Sophistæ in eas ipsas orationes argumenta. Vita Demosthenis per Libanium : ejusdem vita per Plutarchum, græcè. *Venetiis*, in ædibus Aldi, 1504, in fol. m. b. Editio princeps, & exemplar elegans.

775 Ejusdem Demosthenis opera, gr. & lat. ed. Joann. Taylor. *Cantabrigiæ*, 1748, 4 vol. in 4, C. Mag. m. r.

776 Demosthenis Selectæ orationes, gr. & lat. cum notis variorum. *Cantabrigiæ*, Typis Academicis, 1731, in 8, C. Mag. v. b.

777 Œuvres complettes de Démosthene & d'Eschine, traduites en françois par M. l'Abbé Auger. *Paris*, Lacombe, 1777, 5 vol. in 8, v. m.

778 Les Œuvres de Jacques de Tourreil, contenant les Philippiques de Démosthene & d'Eschine. *Paris*, Brunet, 1721, 2 vol. in 4, v. m.

779 Isocratis orationes XIV. græcè cum versione latinâ & notis variorum. *Londini*, Whiston, in 8, en feuilles.

Rhéteurs & Orateurs Latins.

780 M. Tullii Ciceronis opera omnia cum casti-

G

gationibus & notis Petri Victorii. *Venetiis*, in officinâ Lucæ Ant. Juntæ, 1537, 5 vol. infol. m. r. Exemplar elegans.

781 Ejufdem Marci Tullii Ciceronis opera omnia. *Lugd. Bat.* ex officinâ Elzeviriana, 1642, 10 vol. in 12, m. r.

782 Ejufdem Marci Tullii Ciceronis opera, cum delectu commentariorum, ex recenfione Jofep. Oliveti. *Parifiis*, Jo. Bapt. Coignard, 1740, 9 vol. in 4, v. m.

783 Ejufdem M. Tullii Ciceronis opera, ex recenfione J. N. Lallemand. *Parifiis*, Barbou, 1768, 14 vol. in 12, v. m.

784 Ejufdem M. Tullii Ciceronis orationes cum notis variorum, ex recenfione J. Georgii Grævii. *Amftelodami*, Blaeu, 1699, 14 vol. in 8, m. r.

785 Ejufdem M. Tullii Ciceronis Epiftolæ ad familiares, cum notis variorum, ex recenfione J. Geor. Grævii. *Amftelodami*, Blaeu, 1693, 4 vol. in 8, m. r.

786 Ejufdem M. Tullii Ciceronis Epiftolæ ad Atticum, cum notis variorum, ex recenfione J. Georgii Grævii. *Amftelodami*, J. Blaeu, 1684, 6 vol. in 8, m. r.

787 Ejufdem M. Tullii Ciceronis de Officiis lib. tres, cum notis variorum, ex recenfione Jo. Georgii Grævii. *Lugd. Bat.* du Vivie, 1710, 3 vol. in 8, m. r.

788 Ejufdem M. Tullii Ciceronis libri de divinatione & de fato, cum notis variorum, ex recenfione Jo. Davifii. *Cantabr.* Corn. Crownfield, 1730, in 8, m. r.

789 Ejufdem M. Tullii Ciceronis Academica,

cum notis variorum, ex recensione J. Davisii.
Cantabrigiæ, Corn. Crownfield, 1736, in 8,
m. r.

790 Ejusdem M. Tullii Ciceronis Tusculana-
rum disputationum libri V, cum notis variorum, ex recensione Jo. Davisii. *Cantabrigiæ*,
Corn. Crownfield, 1738, in 8, m. r.

791 Ejusdem M. Tullii Ciceronis de finibus bonorum & malorum libri quinque, cum notis
variorum, ex recensione J. Davisii. *Cantabrigiæ*, Corn. Crownfield, 1741, in 8, m. r.

792 Ejusdem M. Tullii Ciceronis de Natura deorum libri tres, cum notis variorum, ex recensione J. Davisii. *Cantabrigiæ*, Gul. Thurlbourn,
1744, in 8, m. r.

793 Ejusdem M. Tullii Ciceronis de Legibus
libri tres, cum notis variorum, ex recensione
Jo. Davisii. *Cantabrigiæ*, Gul. Thurlbourn,
1745, in 8, m. r.

794 Ejusdem M. T. Ciceronis Dialogi tres de
Oratore, cum notis variorum *Cantabrigiæ*,
1732, in 8, C. Mag.

795 Traduction du Traité de l'Orateur de Cicéron, avec des notes ; par l'Abbé Colin. *Par.*
Debure l'aîné, 1737, in 12, v. m

796 Les Philippiques de Démosthenes, & les
Catilinaires de Cicéron, trad. par l'Abbé d'O-
livet. *Paris*, Barbou, 1765, in 12, v. m.

797 M. Tullii Ciceronis Epistolæ ad Atticum,
ad M. Brutum & ad Quintum fratrem, cum
notis Manutii. *Antuerpiæ*, Plantin, 1567, in
16, m. r.

798 Lettres de Cicéron à Atticus, avec des remarques & le texte latin de l'édition de Græ-

vius; par l'Abbé Mongault. *Paris*, veuve Delaulne, 1738, 6 vol. in 12, v. m.

3 15 799 M. Tullii Ciceronis de Officiis libri III, &c. *Lugd. Bat.* Elzevier, 1642, in 12, m. r.

4 10 800 M. T. Cicero de Officiis. *Lutetia*, J. Barbou, 1773, in 24, m. r.

801 Les Offices de Cicéron, traduct. nouvelle, avec le latin revu fur les textes les plus corrects, feconde édition; par M. de Barett. *Par.* Barbou, 1768, in 12, v. m.

4 10 802 M. T. Ciceronis de Amicitiâ dialogus, ex recenfione J. G. Grævii. *Paris*, Couftelier, 1749, in 24, m. r.

3 6 803 Ejufdem M. T. Ciceronis Cato Major. *Lutetia*, Jof. Barbou, 1758, in 24, v. m.

804 Académiques de Cicéron, avec le texte latin de l'édition de Cambrige, & des remarques nouvelles, avec le commentaire de Pierre Valentin. *Londres*, Vaillant, 1740, in 8, v.

4 805 Les Queftions Tufculanes de Cicéron, trad. par Eftienne Dolet. *Paris*, Gilles Corrozet, 1544, in 16, v. f.

7 4 806 Tufculanes de Cicéron, trad. par MM. Bouhier & d'Olivet. *Par.* veuve Gandouin, 1747, 3 vol. in 12, v. m.

6 807 Entretiens de Cicéron fur la nature des Dieux, trad. par M. l'Abbé d'Olivet. *Paris*, veuve Gandouin, 1749, 2 vol. in 12, v. m.

4 10 808 Les Penfées de Cicéron, trad. par M. l'Abbé d'Olivet, *Paris*, Barbou, 1771, in 12, v. m.

12 809 Steph. Doleti dialogus, de imitatione Ciceronianâ. *Lugduni*, Seb. Gryphius, 1535, in 4, m. r.

810 M. Fabii Quintiliani opera omnia cum notis variorum. *Lugd. Bat.* Hackius, 1665, 4 vol. in 8, m. viol.

811 Ejufdem Marci Fabii Quintiliani de Oratoriâ inftitutione libri XII. cum notis Claud. Capperonerii. *Parifiis,* Ant. Urb. Couftelier, 1725, in fol. C. Mag. m. b.

812 Ejufdem M. Fabii Quintiliani inftitutionum Oratoriarum libri duodecim, cum notis Caroli Rollin. *Par.* vidua Eftienne, 1741, 2 vol in 12, v. m.

813 Quintilien. De l'inftitution de l'Orateur, traduit en françois par l'Abbé Gedoyn. *Paris,* Gr. Dupuis, 1718, in 4, v. b.

814 Le même. *Paris,* J. Barbou, 1770, 4 tomes en 2 volumes in 12, v. éc.

815 Caii Plinii panegyricus Trajano dictus cum notis variorum. *Lugd. Bat.* Hackius, 1675, in 8, m. r.

816 Panégyrique de Trajan, par Pline le jeune, trad. par M. de Sacy. *Paris,* 1722, in 12, v. m.

817 Le même Panégyrique de Pline à Trajan, en latin & en françois, avec des remarques hiftoriques, critiques & morales : par le Comte Coardi de Quart. *Turin,* Maireffe, 1724, in-fol. v. b.

818 Conciones & orationes ex hiftoricis latinis excerptæ. *Amft.* Elzevier. 1653, in 12, m. cit.

819 Latini Sermonis exemplaria è fcriptoribus probatiffimis, editore Chompré. *Par.* Guérin, 1745, 7 vol. in 12, v.

820 Stephani Doleti Orationes duæ in Tholofam. — Epiftolæ & carmina ejufdem. Abfque anni indicatione. in 8, m. r.

Rhéteurs & Orateurs François.

821 Recueil des Oraisons Funebres , prononcées par M. Jac. Ben. Bossuet. *Paris*, J. Desaint , 1738 , in 12, v. m.

822 Recueil des Oraisons Funebres, prononcées par M. Esprit Fléchier. *Paris* , Jean Desaint , 1744 , in 12 , v. m.

823 Recueil des Oraisons Funebres , prononcées Par M. Jules Mascaron. *Paris* , J. Desaint , 1745 , in 12 , v. m.

POÉTIQUE.

Introduction à la Poësie , ou Traités Généraux & particuliers de Poétique , ou de l'Art de versifier.

824 Aristotelis de Poeticâ liber , gr. & lat. *Oxonii* , Typ. Clarendonianis , 1760 , in 8. v. f.

825 Poetica d'Aristotele vulgarizata , & sposta per Lodovico Castelvetro. *Stampata in Vienna d'Austria* , per Gasp. Stainhofer , 1570 , in 4. m. r. lav. régl. Editio optima & rarissima.

826 Les quatre Poétiques d'Aristote , d'Horace , de Vida , de Despréaux , avec les traductions & des remarques , par l'Abbé Batteux. *Paris* , Saillant & Nyon , 1771 , 2 vol. in 8. Gr. Pap. m. r.

827 Réflexions critiques sur la Poésie & la Peinture , par l'Abbé du Bos. *Paris* , P. J. Mariette , 1740 , 3 vol. in 12 , v. m.

828 Traité du Poëme Epique , par le Pere le Bossu. *Paris* , P. alard , 1677 , in 12 , v. b.

829 Essays on Poetry and music by James Beat-

tie. *Edinburgh*, Cruch., 1778, in 8, v. f.
d. f. t.

Poëtes Anciens, Grecs & Latins.

Collections & extraits des Poëtes Grecs Anciens.

830 Carminum Poetarum novem, lyricæ poeseos principum fragmenta, scilicet Alcæi, Sapphus, Stesichori, Ibyci, Anacreontis, Bacchylidis, Simonidis, Alcmannis, Pindari & aliorum, græcè & latinè, *Parisiis*, Henr. Stephanus, 1566, in 16, v. m.

831 Carminum Poetarum novem, lyricæ poeseos principum fragmenta, græcè & latinè. Apud Commelinum, 1608, in 8. v. f.

832 Sapphus Fragmenta & Elogia, cum notis variorum, curâ Jo. Christiani Wolfii. *Londini*, Vandenhouk, 1733, in 4. m. r.

833 Poetriarum octo Fragmenta & Elogia, cum notis variorum, curâ Jo. Christiani Wolfii. *Hamburgi*, Vandenhouk, 1734 in 4, m. r.

834 Mulierum Græcarum quæ oratione prosâ usæ sunt Fragmenta & Elogia, gr. & lat. cum notis variorum. *Gottingæ*, 1739, in 4, v. m., d. f. t.

835 Miscellanea græcorum aliquot scriptorum Carmina, gr. & lat. *Londini*, Gul. Bowyer, 1722, in 4, C. Mag. vel.

836 Analecta veterum Poetarum Græcorum, editore Rich. Fr. Phil. Brunck. *Argentorati*, 1772, 3 vol. in 4, C. Mag. v. f. d f. tr.

837 Le Théâtre des Grecs, par le Pere Brumoy. *Paris*, Rollin, 1730, 3 vol. in 4, v. m.

Ouvrages des Poëtes Grecs.

838 Homeri Ilias & Odyssea , græcè & latinè , studio Jos. Barnes. *Cantabrigiæ* , Corn. Crownfield , 1711 , 2 vol. in 4. m. b.

839 Ejusdem Homeri Opera , gr. & lat. ed. Jo. Aug. Ernesti. *Lipsiæ* , Saalbach , 1759 , 5 vol. in 8 v. f.

840 L'Iliade & l'Odyssée d'Homere , trad. en François , avec des remarques , par Me. Dacier. *Paris* , Rigaud , 1711 , 6 vol. in 12 , m. r. fig. de B. Picart.

841 L'Iliade d'Homere , trad. en vers , par M. de Rochefort. *Paris* , Saillant & Nyon , 1772 , 3 vol. in 8. Gr. pap. v. m.

842 L'Odyssée d'Homere , traduite en vers , avec des remarques , par M. de Rochefort. *Paris* , Brunet , 1777 , 2 vol. in 8 , Gr. Pap. v. m.

843 Batrachomiomachia , græcè , edente Mic. Maittaire. *Londini* , 1721 , in 8 , C. Mag. v. b.

844 Eadem. *Londini* , 1721 , in 8 , C. Mag. m. r. dent. l. r.

845 Quinti Calabri prætermissorum ab Homero libri XIV , græcè & latinè , cum notis variorum , curante Jo. Corn. de Paw. *Lugd. Bat.* 1734 , 2 vol. in 8 , m. r.

846 Incerti auctoris græci Fabulæ aliquot Homericæ , de Ulyssis erroribus , gr. & lat. ed. Jo. Columbo. *Lugd. Bat.* 1745 , in 8 , v. f.

847 Hesiodi Ascræi Opera , græcè , cum notis, J. Spondani. *Rupellæ* , Hi. Haultinus , 1592 , in 8 , v. f.

848 Ejufdem Hefiodi Opera, græcè & latinè.
Apud Commelinum, 1608, in 8, v. m.

849 Ejufdem Hefiodi Afcræi quæ exftant, ex recenfione Grævii cum notis Scaligeri & Guieti.
Amft. Elzevier, 1667, in 8, v. f.

850 Ejufdem Hefiodi Afcræi Opera, græcè &
latinè, cum notis variorum, ex recenfione
Jo. Clerici. *Amftelodami*, G. Gallet, 1701,
2 vol. in 8, m. r.

851 Ejufdem Hefiodi Afcræi opera, gr. & lat.
cum notis variorum, edente Tho. Robinfon.
Oxonii, è Theatro Sheldoniano, 1737, in
4. m. cit.

852 Apollonii Rhodii Argonauticorum libri IV.
græce & latinè, cum notis variorum. *Lugd.
Bat.* ex officinâ Elzevirianâ, 1641, in 8,
m. r.

853 Orphœi Argonautica, gr. & lat. ed. Georg.
Hambergero. *Lipfiæ*, Fritsch, 1764, in 8,
v. f.

854 Anacreontis Teii Odæ & Fragmenta, græcè & latinè, cum notis Jofuæ Barnes. *Cantabrigiæ*, 1705, in 8, m. r.

855 Les Poéfies d'Anacréon & de Sapho, trad.
en François, par Madame Dacier. *Amfterd.*
Paul Marret, 1699, in 12, v. b.

856 Anacreon, Sapho, Bion & Mofchus, trad.
en profe, par M. C. *Paris.* Le Boucher, 1773,
in 8, Gr. Pap. fig. m. r.

857 Æfchyli Tragœdiæ feptem, græcè & latinè,
cum fcholiis græcis, verfione & commentario Thomæ Stanleii. *Londini*, Jacob Flesher,
1663, in fol. m. r.

858 Ejufdem Æfchyli Tragœdiæ, græcè & la-

tinè. *Glafguæ*, Rob. Foulis, 1746, 2 vol. in-12, v. m.

859 Tragédies d'Efchyle, trad. en françois. *Par.* Saillant, 1770, in 8, v.

860 Chreftomathia Tragica tres integras tragœdias continens Æfchyli Prometheum, Sophoclis Ajacem, Euripidis Phoeniffas. *Gottingæ*, 1762, in 8, v. f. d. f. tr.

861 Sophoclis Tragœdiæ feptem, gr. & lat. cum annotationibus Henr. Stephani. *Parifiis*, 1568, in 4, m. r.

862 Ejufdem Sophoclis Tragœdiæ, græcè & lat. *Londini*, Tonfon, 1722, 2 vol. in 8, v. f.

863 Ejufdem Sophoclis Tragœdiæ, græcè & lat. ed. Th. Johnfon. *Londini*, 1758, 2 vol. in 8. v. éc.

864 L'Œdipe & l'Électre de Sophocle, trad. en françois. *Paris*, Barbin, 1692, in 12, v. b.

865 Œdipe, Tragédie de Sophocle, & les Oifeaux, Comédie d'Ariftophane, trad. par M. Boivin. *Paris*, Didot, 1729, in 12, v. b.

866 Euripidis Tragœdiæ, gr. & latinè, cum animadverfionibus & notis Jofuæ Barnes. *Cantabrigiæ*, Jo. Hayes, 1694, in fol. m. r.

867 Ejufdem Euripidis quæ extant omnia, ex recenfione & cum notis Samuelis Mufgrave. *Oxonii*, è Typ. Clarendoniano, 1778, 4 vol. in 4, v. f. d. f. tr.

868 Menandri & Philemonis reliquiæ, græcè & latinè, cum notis Jo. Clerici & variorum. *Amftelodami*, Pet. Humbert, 1712, in 8, m. r.

869 Philargirii emendationes in Menandri & Philemonis reliquias, ex nuperâ editione Jo. Clerici. *Amftelodami*, Schelte, 1711, in 8. v.

870 Phileleuteri Lipf. emendationes in Menandri & Philemonis reliquias. *Cantabrigiæ*, 1713,
in 8. v.

871 Theocriti opera græcè & latinè, cum notis
variorum. *Oxoniæ*, è Theatro Sheldoniano,
1699, in 8, m. bl.

872 Ejufdem Theocriti quæ fuperfunt, cum Scholiis græcis, edit. Jo. Toupio. *Oxonii*, 1770,
2 vol. in 4, v. f. d. f. tr.

873 Bionis & Mofchi Idyllia gr. lat. & italice,
ex recenf. Nic. Schwebelii. *Venetiis*, Pafchali,
1746, in 8, v. éc.

874 Ejufdem Bionis & Mofchi Idyllia, gr. &
lat. cum notis Jo. Hiskin. *Oxonii*, è Typ. Clarend. 1748, in 8, v.

875 Les Idylles de Bion & Mofchus, trad. en
vers françois. *Amfterdam*, Desbordes, 1688,
in 12, v. b.

876 Callimachi hymni, epigrammata, & fragmenta græcè & latinè, cum notis variorum ex
recenfione Ezechielis Spanhemii. *Ultrajecti*,
Franc. Halma, 1697, 4 vol. in 8, m. viol.

877 Ejufdem Callimachi hymni, epigrammata
& fragmenta ex recenfione Grævii & cum notis
variorum. *Ultrajecti*, Halma, 1697, 2 vol. in 8.
C. Mag. velin.

878 Lycophronis Alexandra, cum græcis Ifaaci
Tzetzis commentariis, & notis Jo. Potteri.
Oxonii, è Theatro Sheldoniano, 1697, in fol.
m. b.

879 Nonni Panopolitæ Dionyfiaca gr. & lat. ed.
Petro Cunæo. *Hanoviæ*, Wechel, 1610,
in 8. v. f.

880 Ariftophanis Comœdiæ, Græcè, cum Scholiis

græcis. *Venetiis*, apud Aldum, 1498, in fol. m. b. edit. princeps.

881 Ejufdem Ariftophanis Comœdiæ XI, græcè & latinè, edente Ludolpho Kuftero. *Amft.* Fritfch, 1710, in fol. C. Mag.

882 Le Plutus & les Nuées d'Ariftophanes, trad. en françois par Mlle. le Fevre. *Paris*, Denys Thierry, 1684, in 12, v. b.

883 Pindari opera omnia, græcè & latinè, cum notis Nicolai Sudorii. *Oxonii*, è Theatro Sheldoniano, 1698, in fol. m. r.

884 Ejufdem Pindari opera, græcè & latinè. *Glafguæ*, Rob. Foulis, 1744, in 8, v. éc.

885 Ejufdem Pindari opera, græcè. *Glafguæ*, Rob. Foulis, 1754, in 24, m. viol.

886 Mufæi Grammatici de Herone & Leandro Poema, gr. & lat. ed. Jo. Henrico Kromayero. *Halæ Magdeburgicæ*, 1721, 2 vol. in 8, m. bl.

887 Mufæus de Herone & Leandro, carmen, gr. & lat. ed. Matt. Rover. *Lugd. Bat.* Haak, 1737, in 8, v. f.

888 Hero & Leandre, poëme de Mufée, trad. en françois. *Paris*, le Boucher, 1774, in 4, m. r.

889 Coluthi Raptus Helenæ, editore Joan. Dan. à Lennep, cum ejufdem notis. *Leovardiæ*, 1747, in 8, m. r.

890 Oppianus, gr. & lat. ed. Conr. Ritterhufio. *Lugd. Bat.* 1597, in 8, vel.

Collections & extraits des anciens Poëtes Latins.

891 Poetæ latini minores, curante Petro Bur-

manno. *Leydæ*, Wishoff, 1731, 2 vol. in 4.
C. Mag. vel.

892 Petri Scriverii Collectanea veterum tragi-
corum, *Lugd. Bat.* Jo. Maire, 1620, in 8,
v. f.

Ouvrages des anciens Poëtes Latins.

893 Q. Ennii fragmenta quæ superfunt ab Hie-
ronymo Columna conquifita, accurante Fr.
Hefelio, cum notis diverforum. *Amftelodami*,
Wetftein, 1707, in 4. v. br.

894 M. Acci Plauti Comœdiæ, cum notis variorum, ex recenfione Jo. Fred. Gronovii.
Amftelodami, Blaeu, 1684, 4 vol. in 8,
m. r.

895 Ejufdem Marci Accii Plauti Comœdiæ quæ
superfunt. *Parifiis*, J. Barbou, 1759, 3 vol.
in 12, v. m.

896 Comédies de Plaute, trad. en françois,
Par Mlle le Fevre. *Paris*, Thierry, 1683, 3
vol. in 12, v. b.

897 De latinitate falsò fufpectâ, expoftulatio
Henrici Stephani. Ejufdem de Plauti latinitate differtatio. *Genevæ*, Henr. Stephanus, 1576,
in 8, v. f.

898 Publii Terentii comœdiæ fex, ex recenfione Heinfianâ. *Lugd. Bat.* ex officinâ Elzevirianâ, 1635, in 12, m. r. lav. régl. editio
optima.

899 Ejufdem Publii Terentii Comœdiæ fex, cum
notis variorum. *Amftelodami*, Abr. Wolfgang, 1686, 2 vol. in 8. m. r.

900 Ejufdem Publii Terentii Comœdiæ, italicis verfibus redditæ cum perfonarum figuris.

Urbini, Hieron. Mainardus , 1756 , in fol. m. r.

901 Ejufdem Publii Terentii Afri Comœdiæ. *Glafguæ* , Rob. Foulis , 1742 , in 8 , m. r.

902 Ejufdem Publii Terentii Comœdiæ fex. *Lutetiæ Parifiorum* , Nat. le Loup , 1753 , 2 vol. in 12 , v. m.

903 Ejufdem Publii Terentii Afri Comœdiæ. *Birminghamiæ* , Typis Jo. Baskeiville , 1772 , in 4 , m. r.

904 Ejufdem Publii Terentii Afri Comœdiæ. *Birminghamiæ* , Joannes Baskerville , 1772 , in 12 , m. b.

905 Les Comédies de Térence , avec la trad. & les rem. par Madame Dacier. *Rotterdam* , Gafp. Fritsh , 1717 , 3 vol. in 8 , fig. v. m.

906 Les mêmes Comedies de Térence , avec la traduction & les remarques, par Madame Dacier. *Rotterdam* , Gafp. Fritsh , 1717 , 3 vol. in 8 , Gr. Pap. m. r. fig. très rare.

907 Les Comédies de Térence , trad. nouvelle avec le texte à côté , & des notes , par l'Abbé le Monnier. *Paris* , Jombert , 1771 , 3 vol. in 8 , v. éc.

908 Les mêmes Comédies de Térence , traduction nouvelle , avec le texte latin , à côté & des notes , par l'Abbé le Monnier. *Paris* , Ch. Ant. Jombert , 1771 , 3 vol. in 8 , fig. G. Pap. m. r.

909 Titi Lucretii Cari de rerum naturâ libri fex , cum notis & interpretatione Thomæ Creech. *Oxonii* , è Theatro Sheldoniano , 1695 , in 8 , m. r.

910 Ejufdem Titi Lucretii Cari de rerum na-

turâ libri sex. *Londini*, Jac. Tonson, 1713,
in 8, C. Mag. m. n.

911 Ejufdem Titi Lucretii Cari de rerum naturâ libri VI. *Parifiis*, Ant. Couftelier,
1744, in 12, v. m.

912 Ejufdem Titi Lucretii Cari de rerum na-
turâ libri fex, ex editione Thomæ Creech.
Glafguæ, in ædibus academicis, Rob. & And.
Foulis, 1759, in 4, v. f.

913 Ejufdem Titi Lucretii Cari de rerum naturâ libri fex. *Birminghamiæ*, Typis Jo. Baskerville, 1772, in 4, m. r.

914 Ejufdem Titi Lucretii Cari de rerum natura libri fex. *Birminghamiæ*, Joannes Baskerville, 1773, in 12, m. b.

915 Lucrece, de la nature des chofes, traduit
en françois, par M. de la Grange. *Paris*,
Bleuet, 1768, 2 vol. in 8, fig. Gr. Pap. v. f.

916 Anti-Lucretius, five de deo & naturâ, libri novem, auctore Melchiore de Polignac.
Parifiis, Hip. Lud. Guerin, 1747, 2 vol. in
8, v. m.

917 L'Anti-Lucrece, poëme fur la religion naturelle, compofé par M. le Cardinal de Polignac, trad. par M. de Bougainville. *Paris*,
Hip. Lo. Guerin, 1749, 2 vol. in 8 ; v. m.

918 Catullus, Tibullus & Propertius, cum notis variorum, ex recenfione Jo. Geor. Grævii.
Trajecti ad Rhenum, Rud. à Zyll, 1680, 4
vol. in 8, m. r.

919 C. Valerius Catullus, cum notis Ifaaci Voffii. *Londini*, 1684, in 4.

920 Eorumdem Catulli, Tibulli, & Propertii
Opera. *Londini*, Jac. Tonson, 1715, in 8,
C. M. m. r.

4   921 Catullus, Tibullus & Propertius. accedunt fragmenta Cornelio Gallo inscripta. *Lugduni Batavorum*, 1743, in 12, v. m.

37   922 Eorumdem Catulli, Tibulli & Propertii opera. *Birminghamiæ*, Typis Jo. Baskerville, 1772, in 4, m. r.

7   923 Eorumdem Catulli, Tibulli & Propertii Opera. *Birminghamiæ*, Joannes Baskerville, 1772, in 12, m. b.

15 18 924 P. Virgilii Maronis Opera. *Sedani*, Typis Jo. Jannoni, 1625, in 24, m. r.

22   925 Ejusdem P. Virgilii Maronis opera. *Lugd. Bat.* Elzevier, 1636, in 12, m. r. Editio optima.

48   926 Ejusdem P. Virgilii Maronis Opera. *Amst.* ex officinâ Elzevirianâ, 1676, in 12, C. M. velin.

927 Ejusdem Pub. Virgilii Maronis Opera, cum notis variorum, ex recensione Jacobi Emmenessii. *Lugd. Bat.* Jac. Hackius, 1680, 6 vol. in 8, m. r.

9   928 Ejusdem Publii Virgilii Maronis Opera. *Londini*, Jac. Tonson, 1715, in 8, C. Mag. m. n.

54   929 Ejusdem P. Virgilii Maronis Opera, ex recensione Pancratii Masvicii. *Leovardiæ*, Franc. Halma, 1717, 2 vol. in 4, C. Mag. v. br.

7   930 Ejusdem Pub. Virgilii Maronis Opera, accurante St. And. Philippe. *Parisiis*, Urb. Coustelier, 1745, 3 vol. in 12, fig. v. m.

931 P. Virgilii Maronis Opera, ex antiquis monimentis illustrata, curâ, studio & sumptibus
54   H. Justice. 5 vol. in 8, m. r.

932 Ejusdem Publii Virgilii Maronis Bucolica, Georgica

Georgica & Æneis. *Birminghamiæ*, Typis Jo. Baskerville, 1757, in 4.

933 Ejufdem P. Virgilii Maronis Opera. *Birminghamiæ*, Baskerville, 1757, in 4, m. r. — On a joint à cet Exemplaire les figures d'Ogilvi, des plus belles épreuves, tirées de la premiere édition Angloife.

934 Ejufdem P. Virgilii Maronis Opera. *Birminghamiæ*, Typis Joan. Baskerville, 1766, in 8, v. éc.

935 Ejufdem Publii Virgilii Maronis Opera. *Birminghamiæ*, Joannes Baskerville, 1766, in 8, m. b. avec les figures de Cochin.

936 Ejufdem P. Virgilii Maronis Opera. *Londini*, edidit, ærique tabulas incidit Jo. Pine, 1755, in 8, fig. m. r.

937 Sibylla Capitolina, Pub. Virgilii Maronis poematiod, interpretatione & notis illuftratum à S. L. *Oxonii*, è Theatro Sheldoniano, 1726, in 8, v. f.

938 Les Georgiques de Virgile, traduction nouvelle en vers françois, enrichie de notes & de figures, par M. Delille. *Paris*, Bleuet, 1770, in 8, v. éc.

939 Obfervations critiques fur la nouvelle traduction en vers françois des Géorgiques de Virgile, & fur les poëmes des Saifons, de la Déclamation & de la Peinture, par M. Clément. *Geneve*, 1771, in 8, v. m.

940 Virgilius collatione fcriptorum Græcorum illuftratus, operâ & induftriâ Fulvii Urfini, cum opufculis Ludo. Gafp. Valkenari. *Leovardiæ*, 1747, 2 vol. in 8, m. r.

H

941 Quinti Horatii Flacci Poemata. *Lugduni*, Gryphius, 1551, in 8, rel. en velours.

942 Ejufdem Horatii Flacci Opera. *Sedani*, 1627, in 32, m. r.

943 Idem Quintus Horatius Flaccus ; accedunt Danielis Heinfii de fatyrâ Horatianâ libri duo. *Lugd. Bat.* ex officinâ Elzevirianâ, 1629, 3 tomes en 1 vol. in 12, m. r. lav. rég.

944 Idem Quintus Horatius Flaccus, cum notis variorum, ex recenfione C. Schrevelii. *Lugd. Bat.* Franc. Hackius, 1668, 2 vol. in 8, m. r.

945 Ejufdem Q. Horatii Flacci Poemata, cum comment. Joannis Bond. *Amftelodami*, Dan. Elzevirius, 1676, in 12, m. r.

946 Ejufdem Q. Horatii Flacci Opera. *Londini*, Jac. Tonfon, 1715, in 8, C. Mag. m. n.

947 Ejufdem Q. Horatii Flacci Opera. *Parifiis*, è Typographiâ Regiâ, 1733, in 16, C. Mag. m. viol.

948 Ejufdem Quinti Horatii Flacci Opera. *Londini*, Æneis tabulis incidit Jo. Pine, 1733, 2 vol. in 8, m. r.

949 Ejufdem Q. Horatii Flacci carmina, accurante Step. And. Philippe. *Parifiis*, Ant. Urb. Couftelier, 1746, in 12, v. m.

950 Quintus Horatius Flaccus. *Birminghamiæ*, Joannes Baskerville, 1762, in 12, m. b.

951 Eadem Q. Horatii Flacci carmina. *Parifiis*, J. Barbou, 1763, in 12, m. b.

952 Ejufdem Q. Horatii Flacci Poemata, cum commentariis Joan. Bond. *Aurelianis*, Couret de Villeneuve, 1767, in 12, v. éc.

953 Idem Quintus Horatius Flaccus. *Birmin-*

ghamiæ, Typis Jo. Baskerville, 1770, in 4,
m. r.

954 Q. Horatii Flacci Ars Poetica, cum annotationibus Glareani. *Lugduni*, Vincentius,
1621, in 8, v. f.

955 Œuvres d'Horace en latin & en françois,
avec des remarques critiques & historiques,
par Dacier. *Paris*, Ballard, 1709, 10 vol.
in 12, Gr. Pap. m. r.

956 Les Poéfies d'Horace, traduites en françois,
avec des remarques, par le P. Sanadon. *Paris*, Chaubert, 1728, 2 vol. in 4, Gr. Pap.
v. m.

957 Carmina & Fragmenta Carminum Familiæ
Cæfareæ, cum notis variorum. *Coburgi*, 1715,
in 8, m. r.

958 C. Pedonis Albinovani Elegiæ, cum notis
variorum. *Amftelodami*, Dav. Mortier, 1715,
in 8, m. r.

959 P. Cornelii Severi Ætna & fragmenta, cum
notis variorum. *Amftelodami*, Dav. Mortier,
1715, in 8, m. r.

960 P. Ovidii Nafonis opera, ex recenfione Danielis Heinfii. *Lugd. Bat.* ex officinâ Elzevirianâ, 1629, 3 vol. in 12, m. r.

961 Nic. Heinfii Notæ in Ovidium. *Amftelodami*, ex officinâ Elzevirianâ, 1661, 3 tomes
en 2 vol. in 12, vel.

962 Ejufdem Pub. Ovidii Nafonis opera, cum
notis variorum, ex recenfione Corn. Schrevelii. *Lugd. Bat.* Pet. Leffen, 1662, 6 vol. in
8, m. viol.

563 Ejufdem Publii Ovidii Nafonis opera. *Lon-*

dini, Jac. Tonſon, 1715, 3 vol. in 8, C. Mag. m. n.

964 Ejuſdem Pub. Ovidii Naſonis opera. *Pariſiis*, J. Barbou, 1762, 3 volumes in 12, v. m.

965 Les Métamorphoſes d'Ovide, en latin & en françois, avec des remarques & des explications hiſtoriques, par M. l'Abbé Banier. *Amſterdam*, R. Vetſtein, 1732, in fol. m. r. fig. de Picart.

966 Les Métamorphoſes d'Ovide, de la traduction de M. l'Abbé Banier, avec des explications hiſtoriques, & avec les figures de Meſſieurs le Mire & Baſan. *Paris*, Panckoucke, 1768, 4 vol. in 4, m. r.

967 Commentaires ſur les Epîtres d'Ovide, par le ſieur Bachet de Meziriac. *La Haye*, 1716, 2 vol. in 8, Gr. Pap. m. r.

968 Le Metamorfoſi di Ovidio ridotte in ottava rima, da Giovani Andrea, dell' Anguillara. *In Venetia*, Giunti, 1584, in 4, fig. v. b. Editio optima.

969 Phædri Auguſti Liberti Fabularum Æſopiarum libri V, cum notis Joan. Laurentii. *Amſt.* Jo. Janſ. à Waesberge, 1667, in 8, fig. m. r.

970 Ejuſdem Phædri Fabulæ, cum notis variorum, ex recenſione Pet. Burmanni. *Amſtelodami*, Henr. Werſtein, 1698, in 8, m. r.

971 Ejuſdem Phædri Auguſti Liberti Fabularum Æſopiarum libri V, in uſum Principis Naſſavii, cum notis Davidis Hoogſtratani. *Amſtelodami*, Franc. Halma, 1701, in 4, fig. C. Mag. m. b.

972 Ejuſdem Phædri Fabulæ, & Publii Syri Sen-

tentiæ. *Parisiis*, ex Typographiâ regiâ, 1729, in 16, C. Mag. m. viol.

973 Ejufdem Phædri Augufti Liberti Fabulæ, accurante Step. And. Philippe. *Parisiis*, J. Aug. Grangé, 1748, in 12, v. m.   4   5

974 Flavii Aviani Fabulæ, cum notis variorum, ed. Henrico Cannegietero. *Amstelodami*, Schagen, 1731, in 8, v. f.

975 Luc. Annæi Senecæ Tragœdiæ, cum notis variorum, ex recensioue Jo. Fred. Gronovii. *Amstelodami*, Jud. Plumier, 1662, 2 vol. in 8, m. r.

976 Ejufdem Senecæ Tragœdiæ, cum notis Th. Farnabii. *Amst.* Elzevier, 1678, in 12, m. r.   3   15

977 L. Annæi Senecæ & P. Syri Mimi fingulares Sententiæ, cum notis variorum. *Lugd. Bat.* Joan. Duvivier, 1708, in 8, m. r.

978 M. Annæi Lucani Pharfalia, cum notis variorum, accurante Corn. Shrevelio. *Lugd Bat.* Hackius, 1669, 2 vol. in 8, m. r.

979 Ejufdem M. Annæi Lucani Pharfalia. *Londini*, Jac. Tonfon, 1719, in 8, C. Mag. m. n.   12   13

980 Ejufdem M. Annæi Lucani Pharfalia, cum notis Hugonis Grotii & Richardi Bentleii. *Strawberry-Hill*, 1760, in 4, m. r.   24

981 Ejufdem Marci Annæi Lucani Pharfalia, cum fupplemento Tho. Maii. *Parisiis*, J. Barbou, 1767, in 12, v. m.   3   15

982 La Pharfale de Lucain, par M. de Brebeuf. *Leyde*, Elzevier, 1658, in 12, v. f.   12   17

983 La Pharfale de Lucain, trad. en françois par M. de Marmontel. *Paris*, Merlin, 1766, 2 vol. in 8, v. m.   10   12

H iij

984 Pub. Papinii Statii Poemata , cum notis variorum , accurante Joan. Veenhufen. *Lugd.
Bat.* Hackius , 1671 , 2 vol. in 8 , m. r.

985 C. Valerii Flacci Argonauticon libri octo ,
cum notis variorum , curante Petr. Burmanno.
Leidæ , Sam. Luchtmans , 1724 , 2 vol. in 4 ,
C. Mag. v. f.

986 M. Valerii Martialis Epigrammata , cum
notis variorum , accurante Corn. Schrevelio.
Lugd. Bat. Hackius , 1670 , 2 vol. in 8 ,
m. r.

987 Ejufdem Martialis Epigrammata , cum notis variorum , & in ufum Delphini cum interpretatione Vinc. Coleffo. *Amftelodami* , G.
Gallet , 1701 , 2 vol. in 8 , fig. m. r.

988 Ejufdem Marci Valerii Martialis Epigrammata. *Londini*, Jac. Tonfon , 1716 , in 8 , C.
Mag. m. n.

989 Ejufdem M. Valerii Martialis Epigrammata,
Parifiis , Car. Robuftel , 1754 , 2 vol, in 12 ,
v. m.

990 D. Junii Juvenalis & Auli Perfii Flacci Satyræ , cum notis variorum. *Amftelod.* Henr.
Wetftein , 1684 , 2 vol. in 8 , m. r.

991 Eorumdem Decii Junii Juvenalis & Auli
Perfii Flacci Satyræ *Londini* , Jac. Tonfon ,
1716 , in 8 , C. Mag. m. n.

992 Decii Junii Juvenalis Satyræ , ex recognitione Step. And. Philippe , *Lutetiæ Parifiorum* ,
Ant. Urb. Couftelier , 1746 , in 12 , v. m.

993 Eorumdem D. Junii Juvenalis & Auli Perfii Flacci Satyræ. *Birminghamiæ* , Typis Jo.
Baskerville , 1761 , in 4 , m. r.

994 Satyres de Juvénal , traduites par M. Du-

faulx. *Paris*, Lambert, 1770, in 8, v. f.

995 Auli Persii Flacci Satyræ, ex recensione Geor. Frid. Sebaldi. Tabulis Æneis incidit Jo. Mic. Schmidius. *Norimbergæ*, Schmidius, 1765, in 8, m. r.

996 Persius Enucleatus, sive commentarius in Persium, studio Davidis Wedderburni. *Amst.* Dan. Elzevirius, 1664, in 12, m. r.

997 Satyres de Perse, trad. en françois par l'Abbé le Monnier. *Paris*, Ch. Ant. Jombert, 1771, in 8, pap. d'Holl. m. r.

998 Cl. Claudiani quæ extant, ex recensione Dan. Heinsii *Lugd. Bat.* ex officinâ Elzeviriana, 1650, in 12, m. r.

999 Ejusdem Cl. Claudiani opera, cum notis variorum, ex recensione Corn. Schrevelii. *Amstelodami*, ex officinâ Elzeviriana, 1665, 3 vol. in 8, m. r.

1000 D. Magni Ausonii opera, cum notis variorum. *Amstelodami*, Blaeu, 1671, 2 vol. in 8, m. r.

1001 Ejusdem Ausonii opera, cum notis Jul. Floridi in usum Delphini. *Par.* Jacob. Guerin, 1730, in 4. C. Mag. v. f.

1002 Aurelii Prudentii Clementis quæ extant, ex recensione Nic. Heinsii *Amstelodami*, Dan. Elzevirius, 1667, in 12, m. r. lav. regl.

1003 Pervigilium Veneris, cum notis variorum. *Hagæ Comitum*, Henr. Scheurleer, 1712, in 8, m. r.

Poëtes Latins, modernes.

1004 Varia Doctorum piorumque virorum, de de corrupto Ecclesiæ statu poemata, cum præfatione Mat. Flacci Illyrici. *Bafileæ*, Lucius, 1557, in 8, v. m.

4 1005 Poetarum ex academiâ gallicâ, qui latine aut græce fcripferunt Carmina. *Parifiis*, Ant. Boudet, 1738, in 12, v. f.

1006 Actii Sinceri Sannazarii opera, cum notis variorum. *Amftelodami*, 1728, 2 vol. in 8, m. r.

1007 Ejufdem Sannazarii opera. *Amftelodami*, 1728, in 8, C. Mag.

1008 Marci Hieronymi Vidæ opera poetica. *Oxonii*, 1723, 3 volumes in 8, C. Mag. m. r.

1009 Q. Sectani Satyræ, ed. Pet. Antoniano. *Amftelodami*, Elzevier, 1700, 2 volumes in 8, v.

1010 L. Sectani de totâ Græculorum hujus ætatis litteraturâ fermones IV. *Hagæ Comitum*, Pet. Dehondt, 1752, in 8, v. f.

1011 Mic. Hofpitalii Galliarum Cancellarii carmina, ed. Petro Ulamingio. *Amftelodami*, Lakeman, 1732, in 8, v.

1012 Stephani Doleti Galli Aurelii carminum libri IV. *Lugduni*, 1538, in 4, m. r.

24 2 1013 L'avant-Naiſſance de Claude Dolet, fils d'Eftienne Dolet, trad. en françois. *Lyon*, Eftienne Dolet, 1539, in 4. m. b.

15 12 1014 Theodori Bezæ Vezelii poemata. *Lugduni Batavorum*, 1757, in 12, v. m.

3 1015 Calvidii Læti (Claudii Quilletii) Callipædia, feu de pulchræ prolis habendæ ratione poema. *Lugd. Bat.* 1655, in 4, v. f.

15 1016 La Callipédie de Claude Quillet, trad. en françois. *Paris*, Durand, 1749, in 8, m. b.

1017 Ægidii Menagii Poemata. *Amstelodami*, ex officinâ Elzevirianâ, 1663, in 12, baf.

1018 Renati Rapini Poemata. *Parisiis*. Barbou, 1723, 3 vol. in 12, v. m.

1019 Jo. Bapt. Santolii opera poetica. *Parisiis*, Dionysius Thierry, 1694, in 12, v. b.

1020 Ejufdem Joan. Bapt. Santolii opera poetica. *Parisiis*, Barbou, 1729, 3 volumes in 12, baf.

1021 Ejufdem Santolii hymni facri. *Parisiis*, Thierry, 1689, in 12, m. r.

1022 Caroli Coffin hymni facri. *Parisiis*, 1736, in 12, m. r.

1023 Francifci Jofephi Desbillons, Fabularum Æfopiarum libri quinque priores. *Parisiis*, J. Barbou, 1759, in 12, v. m.

1024 Ejufdem Francifci Jofephi Desbillons Fabulæ Æfopicæ. *Manheim*, Typ. Academicis, 1768, 2 vol. in 8, v. f. fig.

1025 Petri de Blarrorivo opus Nanceidos, feu de Bello Nanceiano libri VI, cum figuris. Impreffum in *Pago Sti Nicolai de Portu*, anno 1518, in fol. m. r.

1026 Jacobi Mafenii Sarcotis Carmen, curâ J. Dinouart. *Parisiis*, J. Barbou, 1757, in 12, v. m.

1027 Matthiæ Cafimiri Sarbievii Carmina. *Parisiis*, J. Barbou, 1759, in 12, v. m.

1028 Geor. Buchanani Scoti poemata quæ extant. *Lugd. Bat.* Elzevier, 1628, in 24, m. r.

1029 Ejufdem Georgii Buchanani opera omnia, curante Thomâ Rudimanno. *Lugd. Bat.* Laugerak, 1725, 2 vol. in 4. baf.

1030 Joannis Oweni Epigrammata. *Amſtelodami*, Lud. Elzevirius, 1647, in 16, m. r.

*Poëtes Latins modernes , facétieux , vulgairement
appellés Macaroniques.*

1031 Merlini Cocaii Poemata Macaronica. *Tuſculani*, apud Lacum Benacenſem, 1521, in 12, m. r. editio optima.

1032 Ejuſdem Merlini Cocaii Poemata Macaronica. *Amſtelodami*, Abrahamus à Someren, 1692, in 8, fig. m. r.

1033 Hiſtoire Macaronique de Merlin Coccaie, prototype de Rabelais, avec l'horrible bataille des mouches & des fourmis. 1739, 2 vol. in 12, v. b.

1034 Meygra Entrepriſa Catoliqui Imperatoris quando de anno 1536 veniebat per Provenſam bene coroſlatus in poſtam prendere Franſam cum villis de Provenſa, per Ant. Arenam Baſtifauſata. *Lugduni*, 1760, in 8, v. éc.

1035 Antonius, de arenâ, &c. *Londini*, 1758, in 12, v. éc.

Poéſie Françoiſe, ancienne & moderne.

1036 Fabliaux & Contes du XII & du XIII ſiecles, publiés par M. le Grand. *Paris*, Onfroy, 1779, 3 vol. in 8, v. f. pap. d'Holl.

Il n'y a eu que deux exemplaires de tirés ſur ce papier.

1037 Le Cabinet des Muſes, ou recueil des plus beaux vers de ce temps. *Rouen*, 1619, in 12, v. f.

1038 Le Tréſor du Parnaſſe, ou le plus joli des

recueils. *Londres*, 1762 , 6 volumes in 12 ,
m. r.

1039 Etrennes du Parnasse. *Paris* , Fetil , 1770 ,
5 vol. in 12 , v. m.

1040 Almanach des Muses. années 1765 , jufques & compris 1774. *Paris*, Delalain , 1774,
10 vol. in 12 , v. f.

1041 Recueil des Epigrammatiftes François , anciens & modernes , par Bruzen la Martiniere.
Amsterdam , Wetftein , 1720 , 2 vol. in 12 ,
v. b.

1042 Le Chanfonnier François. 16 tomes en 8
vol. in 12 , v. br.

1043 Nouveau Recueil de chanfons choifies. *La
Haye* , Goffe , 1731 , 8 vol. in 12 , v. br.

1044 Amufement des Compagnies , ou nouveau
recueil de chanfons choifies. *La Haye* , Goffe ,
1761 , 2 vol. in 12 , v. m.

1045 Anthologie Françoife , ou chanfons choifies. 1765 , 3 vol. in 8 , v. m.

1046 Le Roman de la Rofe , par Guill. de Lor-
ris & Jean de Meung , dit Clopinel. *Paris*,
Galliot Dupré , 1529 , in 8 , m. b.

1047 Le même Roman de la Rofe , revu par
l'Abbé Lenglet Dufrefnoy. *Amsterdam* , Fred.
Bernard , 1735 , 4 vol. in 12 , v. f.

1048 Les Poéfies du Roi de Navarre , avec des
notes & un gloffaire. *Paris* , Hip. L. Guerin,
1742 , 2 vol. in 12 , v. b.

1049 Les Poéfies de Guillaume Coquillart , Of-
ficial de l'Eglife de Rheims. *Paris* , Couftelier , 1723 , in 8 , m. b.

1050 La Farce de Maître Pierre Pathelin , avec
1051
1052
1053
1054
1055

fon teftament à quatre perfonnages. *Paris*, Couftelier, 1723, in 8, m. b.

1051 Les Œuvres de François Villon. *Paris*, Couftelier, 1723, in 8, m. b.

1052 Les Poéfies de Martial de Paris, dit d'Auvergne. *Paris*, Couftelier, 1724, 2 vol. in 8, m. b.

1053 La Légende de Maître Pierre Faifeu, mife en vers par Charles Bourdigné. *Paris*, Couftelier, 1723, in 8, m. b.

1054 Les Poéfies de Guillaume Cretin. *Paris*, Couftelier, 1723, in 8, m. b.

1055 Les Œuvres de Jean Marot. *Paris*, Couftelier, 1723, in 8, m. b.

1056 Les Œuvres de Clément Marot. *Lyon*, Eftienne Dolet, 1543, in 8, m. r.

1057 Les mêmes Œuvres de Clément Marot. *La Hayé*, Ad. Moetjens, 1700, 2 vol. in 12, lav. régl. m. r.

1058 Les Œuvres Poétiques de Phil. des Portes. *Anvers*, Ar. Coninx, 1596, in 12, m. cit.

1059 Œuvres poétiques de Mellin de St. Gelais. *Paris*, 1719, in 12, v. m.

1060 La Henriade & la Loyffée, de Sebaftien Garnier. *Paris*, Mufier, 1770, in 8, v. m.

1061 Les Satyres & autres Œuvres du fieur Regnier. *Leyden*, Jean Elzevier, 1652, in 12, v. f.

1062 Les mêmes Satyres & autres Œuvres de Math. Regnier, accompagnées des remarques hiftoriques. *Londres*, Jac. Tonfon, 1733, in 4, v. m.

1063 Les Poéfies de Malherbe, rangées par or-

dre chronologique. *Paris*, Jof. Barbou, 1757,
in 8 , pap. d'Holl. v. éc.

1064 Les mêmes Poéfies de Malherbe. *Paris*, J.
Barbou , 1764 , in 8 , v. éc.

1065 Les Œuvres de M. Honorat de Beuil , Seigneur de Racan. *Paris*, Couftelier , 1724, 2
vol. in 8 , m. b.

1066 Les Chevilles de Maitre Adam , Menui-
fier de Nevers. *Paris* , T. Quinet , 1644 , in
4. v. m.

1067 Le Vilebrequin de Maître Adam , Me-
nuifier de Nevers. *Paris* , de Luyne , 1663 ,
in 12 , baf.

1068 Moyfe fauvé , idylle héroique du fieur de
Saint Amant. *Leyde* , Sambix , 1654, in 12,
m. r.

1069 Recueil de pieces galantes, en profe & en
vers , de Madame de la Suze , & de Peliffon.
Trévoux , 1741, 5 vol. in 12 , v. f.

1070 Œuvres de Me & de Mlle Deshoullie-
res. *Paris*, David , 1747 , 2 volumes in 12,
v. b.

1071 Œuvres diverfes de M. de la Fontaine.
Paris, Nyon, 1758 , 4 vol. in 12 , v. m.

1072 Fables choifies , mifes en vers , par le même. *Anvers* , Henri Vandunewhat , 1688 , 2
vol. in 8 , m. b.

1073 Fables choifies , mifes en vers par le même.
Paris , Defaint & Saillant , 1755 , 4 vol. in
fol. m. r. pap. d'Holl.

1074 Fables Caufides de la Fontaine , en bers
gafcouns. *Bayonne* , Fauvet Duhard , 1776 ,
in 8 , m. r.

1075 Nouvelles en vers, par le même. *Amster-*

dam, H. Desbordes, 1685, 2 tomes en 1 vol. in 8, fig. m. b. lav. régl.

1076 Les mêmes. *Amsterdam*, 1762, 2 vol. in 8, fig. m. r.

1077 Œuvres d'Estienne Pavillon. *Amsterdam*, Chatelain, 1750, 2 vol. in 12, v. f.

1078 Œuvres de Nicolas Boileau Despreaux, avec des éclaircissements historiques donnés par lui même. *Amsterdam*, David Mortier, 1718, 2 vol. in fol. v. b. fig. de B. Picart.

1079 Les mêmes Œuvres de Nicolas Boileau Despreaux. *La Haye*, Vaillant, 1722, 4 vol. in 12, m. r. fig. de Picart.

1080 Les mêmes Œuvres de Boileau Despreaux, avec fig. de B. Picart. *La Haye*, Gosse, 1729, 2 vol. in fol. Gr. Pap. m. r.

1081 Les mêmes Œuvres de Boileau Despréaux, avec les remarques de Mrs. Brossette & de St. Marc. *Paris*, David, 1747, 5 vol. in 8, v. éc. fig. de Cochin.

1082 Poésies diverses de Furetiere. *Paris*, Guil. de Luynes, 1655, in 4, m. cit. doublé de m. viol. l. r.

1083 Poésies de l'Abbé Regnier Desmarais. *Amst.* 1753, 2 vol. in 12, v. m.

1084 Œuvres de l'Abbé de Chaulieu, avec les remarques de M. de Saint Marc. *Paris*, David, 1750, 2 vol. in 12, v. m.

1085 Poésies de M. le Marquis de la Farre. *Amsterdam*, Bernard, 1755, 2 volumes in 12, v. m.

1086 Œuvres de Vergier. *Lausanne*, Briaconnet, 1752, 2 vol. in 12, v. m.

1087 Œuvres de Jean Bapt. Rousseau, édition

revue par l'Abbé Seguy. *Bruxelles*, 1743, 3 vol. in 4, m. r.

1088 Œuvres de M. Houdar de la Motte *Paris*, Prault, 1754, 11 vol. in 12, v. m.

1089 Les mêmes Œuvres de M. Houdar de la Motte. *Paris*, Prault, 1754, 11 vol. in 12, v. m. G. P.

1090 Œuvres de Gresset. *Londres*, 1748, 2 vol. in 12, v. m.

1091 La Henriade, Poëme par M. de Voltaire. *Londres*, 1728, in 4, fig. v. m.

1092 La Henriade, Poëme par Voltaire. *Paris*, veuve Duchesne, 2 vol. in 8, fig. m. r.

1093 Commentaire sur la Henriade, par M. de la Beaumelle, revu & corrigé par M. Freron. *Berlin*, (Paris) le Jay, 1775, in 4.

1094 Œuvres complettes de M. le Cardinal de Bernis. *Londres (Orléans)*, 1767, 2 tomes en 1 vol. in 8, v. m.

1095 Les Saisons, Poëme, par M. de Saint-Lambert. *Amsterdam*, 1769, in 8. v. m.

1096 Narcisse dans l'Isle de Vénus, Poëme. *Par.* le Jay, in 8. v. m.

1097 Lettre d'Alcibiade à Glicere, suivie d'une Lettre de Vénus à Paris. *Paris*, Jorri 1764. — Lettre du Comte de Comminge à sa mere. *Paris*, Jorry, 1764. — Lettre de Barnevelt, dans sa prison, à Truman son ami. *Paris*, Jorry, 1764. — Lettre de Zeyla à Valcourt. *Paris*, Jorry, 1764. — Lettre de Caïn, après son crime, à Mehala son épouse. *Paris*, Jorry, 1765. — Lettre de l'Abbé de Rancé à un ami, par M. Barthe. *Paris*, Duchesne, 1765. — Lettre du Lord Velford à Milord Dirton.

Paris, Lesclapart, 1765. — Le PotPourri, Epî tre à qui l'on voudra. *Paris*, Jorry, 1764, in 8. v. m.

1098 Régulus, Tragédie, *Paris*, Jorry, 1765. — Zélis au bain, Poëme. *Geneve*. — Les De-virgineurs, & Combabus, Contes en vers. *Amsterdam*, 1765. — L'Hôpital des Fous. *Paris*, Jorry, 1765, in 8. v. m.

1099 Lettre de Biblis à Caunus son frere, par M. Blin de Sainmore. *Paris*, Jorry, 1765. ═ Epître à l'Impératrice de Russie. *Paris*, Jorry, 1765. ═ Réponse de Valcourt à Zeyla. *Paris*, Jorry, 1766. ═ Lettre de Pétrarque à Laure. *Paris*, Jorry, 1765. ═ Lettre de Gabrielle d'Estrées à Henri IV. ═ Lettre de Caton d'Utique à César. 1766, in 8. v. m.

1100 Les Tourterelles de Zelmis, Poëme. — Les Sens, Poëme. *Londres*, 1766, in 8, v. m.

1101 Fanni, ou la nouvelle Pamela, par M. Darnaud. *Paris*, Lesclapart, 1767. in 8. v. m. — Les Quatre parties du jour, Poëme, trad. de l'Allemand de Zacharie. *Paris*, Musier, 1769, in 8. v. m.

1102 L'Agriculture, Poëme, par M. le Président de Rosset. *Paris*, de l'Imprim. Royale, 1774, in 4. Gr. Pap. d'Hol. fig. m. r.

1103 Noei Bourguignon de Gui Barozai (la Monnoye), *ai Dioni*, 1720, in 8. v. b.

Poésie Françoise Dramatique.

1104 Dictionnaire des Théatres de Paris. *Paris*, Lambert, 1756, 7 vol. in 8. v. m.

1105 Le très-excellent & saint Myftere du Vieux Teftament, en ryme & par perfonnages. Paris, Symon Colinet, 1542, in fol. m. r.

1106 Le Myftere des Actes des Apôtres, en ryme françoife, & joué par perfonnages. = Le Myftere de l'Apocalypfe Saint Jehan, en ryme, & joué par perfonnages. Paris, les Angeliers, 1541, 3 tomes en un vol. in fol. m. r. Cette édition eft la plus complete & la plus recherchée.

1107 Le Théatre de P. & T. Corneille. Paris, Martin, 1738, 11 vol. in 12, v. m.

1108 Le même Théatre de P. & T. Corneille. Paris, David, 1747, 11 vol. in 12. Gr. Pap. m. cit.

1109 Théatre de Pierre Corneille, avec des Commentaires, par M. de Voltaire. Geneve, 1764, 12 vol. in 8, vel.

1110 Le même. Geneve, 1774, 8 vol. in 4, fig. v. br. dor. fur tr.

1111 Les Chef-d'œuvres de Pierre Corneille. Oxford, Jac. Fletcher, 1746, in 8. Gr. Pap. m. r.

1112 Le Théatre de Quinault. Paris, 1739, 5 vol. in 12, fig. v. m.

1113 Les Œuvres de Moliere. Paris, Thierry, 1697, 8 vol. in 12, v. b.

1114 Les mêmes Œuvres de J. Bapt. Pocquelin de Moliere. Paris, 1734, 6 vol. in 4, fig. v. m. Premiere édition.

1115 Les mêmes Œuvres de Moliere, avec des notes grammaticales, par M. Bret. Paris, 1773, 6 vol. in 8, fig. m. r.

1116 Œuvres de Jean Racine. Londres, Tonfon,

1723, 2 vol. in 4, fig. v. m.

1117 Les mêmes Œuvres de Racine. *Paris*, 1760, 3 vol. in 4, fig. m. r.

1118 Les mêmes Œuvres de Jean Racine, avec des Commentaires, par M. Luneau de Bois-jermain. *Paris*, L. Cellot, 1768, 7 vol. in 8, v. m.

1119 Remarques sur les Tragédies de Jean Ra-cine, par Louis Racine. *Paris*, Desaint, 1752, 3 vol. in 12, v. m.

1120 Théatre de Boursault. *Paris*, F. Lebreton, 1725, 3 vol. in 12, v. m.

1121 Théatre de Hauteroche. *Paris*, Ribou, 1736, 3 vol. in 12, v. m.

1122 Œuvres de Lafosse. *Paris*, 1747, 2 vol. in 12, v. m.

1123 Œuvres de Regnard. *Paris*, Prault, 1750, 4 vol. in 12, v. m.

1124 Œuvres de Campistron. *Paris*, 1750, 3 vol. in 12, v. m.

1125 Les Œuvres de Champmeslé. *Paris*, 1742, 2 vol. in 12, v. m.

1126 Le Théatre de Brueys. *Paris*, Briasson, 1735, 3 vol. in 12, v. m.

1127 Les Œuvres de Palaprat. *Paris*, Briasson, 1735, in 12, v. m.

1128 Œuvres de M. Autreau. *Paris*, Briasson, 1749, 4 vol. in 12, v. m.

1129 Œuvres de M. Riviere du Fresny. *Paris*, Briasson, 1747, 4 vol. in 12, v. m.

1130 Théatre de Dancourt. *Paris*, 1742, 8 vol. in 12, v. m.

1131 Le Théatre de Baron. *Paris*, P. J. Ribou, 1736, 2 vol. in 12, v. m.

1132 Œuvres Dramatiques de Néricault Des-touches. *Paris*, de l'Imprim. Royale, 1757, 4 vol. in 4, v. éc.

1133 Théatre de M. de Boiſſy. *Paris*, Prault, 1738. 8 vol. in 8, v. m.

1134 Œuvres de Lagrange Chancel. *Paris*, 1742, 3 vol. in 12, v. m.

1135 Œuvres de M. de Crébillon. *Paris*, de l'Imprim. Royale, 1750, 2 vol. in 4, m. cit.

1136 Œuvres d'Alexis Piron. *Paris*, N. B. Du-cheſne, 1758, 3 vol. in 12, fig. v. m.

1137 Pieces de Théatre en vers & en proſe, par M. le Préſident Henault. 1770, in 8, v. m.

1138 Théatre de M. Diderot. *Amſter.* 1759, 2 tomes en un vol. in 12, v. m.

1139 Théatre de Société. *Paris*, P. Fr. Gueffier, 1768, 2 tomes en un vol. in 8, v. m.

1140 Théatre de Société. *Paris*, Gueffier, 1777, 3 vol. in 12, v. m.

1141 Œuvres de M. Vadé. *Paris*, N. B. Du-cheſne, 1758, 4 vol. in 8. v. m.

1142 Proverbes Dramatiques. *Paris*, le Jai, 1773, 6 vol. in 8, v. m.

POÉSIE ITALIENNE.

Poëtes Italiens, rangés ſelon l'ordre des temps auxquels ils ont vécu.

1143 Tutti i trionfi carri, maſcherate o canti carnaſcialeschi andati per Firenze del tempo del magnifico Lorenzo de Medici. *In Coſmo-poli*, 1750, 2 vol. in 8, fig. Ch. Mag. vel.

1144 Le rime del Petrarcha brevemente ſpoſte per le

Lodovico Caftelvetro. *In Bafilea*, 1582, in 4, v. f.

36   1145 Orlando innamorato compofto dal Matteo Maria Boiardo & rifatto tutto di nuovo da M Franc. Berni. *In Venetia*, per li heredi di Lucantonio Giunta, 1545, in 4, m. b. Editio optima & rara.

7 16 1146 Roland l'amoureux, traduit de l'Italien, di Matteo Maria Boaardo. *La Haye*, Goffe, 1746, 2 vol. in 12, v. m.

100   1147 Orlando furiofo di Lodovico Ariofto, adornato di figure di rame da Girolamo Porro. *In Venetia*, franc. de Francefchi, 1584, in 4, fig. m. r. Effemplar e compito e rariffimo.

270   1148 Il medefimo Orlando furiofo di Lodovico Ariofto. *Birmingham*, Bafkerville, 1773, 4 vol. in 4. Pap. d'Holl. fig. m. v.

9 4 1149 Roland furieux, Poëme Héroïque de l'Ariofte, traduit par M. de Mirabeau. *La Haye*, Goffe, 1741, 4 vol. in 12, v. m.

28   1150 La Italia liberata da Gotthi, Poëma del Triffino. *In Roma*, per Valerio e Luigi Darici, 1547, 3 vol. in 8, m. r. editio optima.

40 2 1151 La Gierufalemme liberata di Torquato Taffo, con le figure di Bernardo Caftello; e le annotationni di Scipio Gentili. *In Genova*, 1590, in fol. m. b. Editio optima.

8 3 1152 Il Goffredo overo Gierufalemme liberata, Poema Heroico, del Signor Torquato Taffo. *Amft.* Elzevier, 1678, 2 vol. in 24, fig.

58   1153 La Gierufalemme liberata di Torquato Taffo, con le figure di Giambatifta Piazzetta. *In Venezia*, Albrizzi, 1745, in fol. m. r.

1154 La Gierusalemme liberata di Torquato Tasso. *Parigi*. 1771 , in 4 , 2 vol. m. r. fig. 39   5

1155 Jérusalem délivrée , Poëme Héroïque du Tasse , traduit en françois , par M. de Mirabeau. *Paris*, Jac. Barrois, 1735 , 2 vol. in 12 , v. m.   4   12

1156 Aminta , Favola Boscarecia , di Torquato Tasso. *Amst.* Elzevier , 1678 , in 24 , avec fig.   5   15

1157 L'Adone , Poema Heroico del C. Marino. *Amst.* Elzevier. 1678 , 4 vol. in 24 , avec fig. 16   12

1158 Il Pastor fido del Signor Cavalier Battista Guarini. *Leida* , Elzevier , 1659 , m. v. in 12.   8

1159 Filli di Sciro , favola Pastorale del Conte di Guidubaldo del Bonarelli. *Amst.* Elzevier , 1678 , in 24 , avec fig.   5

1160 La Secchia rapita Poema , di Aless. Tassoni. *In Modena* , 1744 , in 4 , m. r. 16

1161 La Secchia rapita , Poema Eroicomico , di Alessandro Tassoni. *In Parigi*, Lorenzo Prault, 1766 , 2 vol. in 8 , v. ecc.   7   4

1162 Poesie del Signor Abate Pietro Metastasio. *Parigi* , la Vedova Quillau , 1755 , 9 vol. in 8 , v. m.   2

1163 Tragédies-Opéra , de l'Abbé Métastasio , trad. en françois. *Vienne* , 1750, 3 vol. in 12, v. m.   6

Poésie Espagnole , Portugaise , Angloise , Allemande , &c.

1164 Théatre Espagnol. *Paris* , de Hansy, 1770, 4 vol. in 12 , v. f. d. s. tr.

1165 La Lusiade du Camoens, Poëme Héroïque, traduit par M. Duperron de Castera. *Paris* , Huart , 1735 , 3 vol. in 12 , fig. v. m.   6

1166 La Lusiade de Louis Camoens , Poeme Héroïque , traduit du Portugais. *Paris* , Nyon , 1776 , 3 vol. in 12 , bro.

1167 Paradise lost , a Poem , by John Milton. *Birmingham* , John Baskerville , 1759 , in 4. m. r. — Paradise regain'd , and Poems , upon several occasions , by Milton. *Birmingham* , Baskerville 1759 , in 4 , v. f.

1168 Paradise lost , a Poem , by John Milton. *Birmingham* , John Baskerville , 1760 , 2 vol. in 8 , v. éc.

1169 Le Paradis perdu de Milton , poëme héroïque , trad. de l'Anglois , ave les remarques de M. Addisson. *Paris* , Ganeau , 1743 , 3 vol. in 12 , v. m.

1170 Hudibras , Poëme , écrit dans le temps des troubles d'Angleterre , traduit en vers françois. *Londres* , 1757 , 3 vol. in 12 , fig. v. m.

1171 The Works of William Congreve. *Birmingham* , John Basherville , 1761 , 3 vol. in 8. v. éc.

1172 Poems on several occasions , by John Pomfret. *Glasgow* , Robert Foulis , 1751 , in 12 , v. f.

1173 Poems on several occasions , by Joseph Addison. *Glasgow* , Robert Foulis , 1751 , in 12. v. f.

1174 Essai sur l'Homme , Poeme , par Alexandre Pope , traduit en François , par M. de Silhouette. *Lausanne* , Marc-Mic. Bousquet , 1745 , in 4 , v. m.

1175 Les Nuits d'Young , traduites de l'Anglois ,

par M. le Tourneur. *Paris*, le Jay, 1769, 4 vol. in 8, v. m.

1176 Les Amans réservés, Comédie, par Steele. *Paris*, Ruault, 1778, in 8, v. f. d. f. tr.

1177 Le Joueur, Tragédie Bourgeoise, traduit de l'Anglois. *Paris*, Deffain Junior, 1762, in 12, bro.

1178 Satyres du Prince Cantemir, traduites en françois. *Londres*, Jean Nourse, 1750, in 12, v. m.

1179 Eloge de la ville de Moukden & de ses environs, Poeme, composé par Kien-Long, Empereur de la Chine, traduit par le Pere Amiot. *Paris*, N. M. Tilliard, 1770, in 8, v. m.

MYTHOLOGIE.

Mythologistes anciens & modernes.

1180 Historiæ Poeticæ scriptores antiqui, scilicet Apollodorus, Conon, Ptolomæus, & Parthenius, græcè & latinè cum notis variorum accurante Thom. Gale. *Parisiis*, Muguet, 1675, 2 vol. in 8, m. r.

1181 Opuscula Mythologica, Physica & Ethica, græcè & latinè cum notis variorum. *Amstel.* Henr. Vetstein, 1688, in 8, m. r.

1182 Eadem Opuscula Mythologica, Physica & Ethica, græcè & latinè, ed. Thomâ Gale. *Amstel.* Wetstein, 1688, in 8, v. f.

1183 Apollodori Atheniensis bibliotheca sive de Deorum origine, gr. & lat. ed. Ben. Ægio

Spalatino. *Roma*, Bladus, 1555, in 8, m. r. editio optima & rara.

1184 Antonini liberalis transformationum congeries, interprete Gulielmo Xylandro, cum Thomæ Munckeri & Henrici Verhiyll notis. *Lugd. Bat.* 1774, in 8, v. f. d. f. t.

1185 Mythographi Latini, scilicet, C. Jul. Hyginus, Fab. Planciades Fulgentius, Lactantius Placidus, Albricus philosophus, cum notis variorum. *Amstel.* Jo. a Someren, 1681, 2 vol. in 8. m. r.

1186 Auctores Mythographi Latini cum notis variorum, curante Aug. Van Staveren. *Lugd. Bat.* Sam. Luchtmans, 1742, 2 vol. in 4, C. mag. m. r.

1187 Hygini fabulæ cum notis variorum, ed. Th. Munckero. *Hamburgi*, 1674, in 8. v.

1188 Tableaux du Temple des Muses, par Michel de Marolles, avec les figures de Bloemaert. *Paris*, Langlois, 1655, in fol. Gr. P. v. b. Cette édition, qui est l'originale, est très recherchée ; les amateurs d'estampes la préferent à celle de B. Picart.

1189 Les Tableaux du Temple des Muses, où sont représentés les événemens les plus remarquables de l'antiquité fabuleuse, en soixante tableaux, gravés par B. Picart. *Amsterdam*, Chatelain, 1733, in fol. m. r.

1190 Dictionnaire portatif de Mythologie. *Par.* Briasson, 1765, 2 vol. in 8. v.

1191 La Mythologie & les Fables expliquées par l'histoire, par l'Abbé Banier. *Paris*, Briasson, 1738, 3 vol. in 4, v. m.

1192 La même. *Paris*, Briasson, 1764, 8 vol. in 12.

1193 Plutarchi de Iside & Osiride liber, græcè & anglicè. *Cantabrigiæ*, Typis Academicis, in 8, C. Mag. m. r. Dentelle, lav. régl.

Fables, Apologues, &c.

1194 Les Fables d'Esope, avec les figures de Sadeler, trad. en françois. *Paris*, Pierre Aubouyn, 1689, in 4, v. f.

1195 Novus Fabellarum historiarumque delectus, gr. & lat. *Londini*, Smith, 1701, in 8, v.

1196 Gabrielis Faerni Fabulæ centum ex antiquis auctoribus delectæ. *Romæ*, Vinc. Luchinus, 1564, in 4, fig. m. b. editio optima & rara.

1197 Recueil de diverses fables, dessinées & gravées par Georges Fossati. *Venise*, Charles Pecora, 1744, 3 vol. in 4, m. r.

1198 Fables nouvelles, par M. Dorat. *Paris*, Delalain, 1773, in 8, m. r. Gr. Pap. d'Holl. fig.

1199 Fables par M. Boisard. 1777, 2 vol. in 8, Gr. Pap. d'Holl. fig. m. r.

POESIE PROSAÏQUE.

Facéties, Plaisanteries, Histoires comiques, plaisantes & récréatives, Latines, Françoises, &c.

1200 Lucii Apuläii Metamorphoseos libri XI, cum notis variorum, accurante Jo. Pricæo. *Gouda*, Vander Hoeve, 1650, in 8, m. r.

1201 Les Métamorphoses, ou l'Ane d'or de L. Apulée, trad. en françois. *Paris*, S. Thibout, 1623, in 8, fi. m. r.

1202 L'Ane d'or d'Apulée, avec le démon de Socrate, trad. en françois. *Paris*, Michel Brunet, 1736, 2 vol. in 12, fig. v. m.

1203 Differtationum ludicrarum & amœnitarum Scriptores varii. *Lugd. Bat.* Franc. Hegerus, 1644, in 12, m. b.

1204 Sermonum convivialium libri X. *Bafilea*, 1559, in 8, m. v.

1205 Les Œuvres de Maître François Rabelais. *Leyde*, Elzevier, 1663, 2 vol. in 12, v. f.

1206 Les mêmes Œuvres de Maître François Rabelais. *Leyde*, Elzevier, (1663) 2 vol. in 12, m. r.

1207 Les mêmes Œuvres de Maître François Rabelais, avec des remarques hiftoriques & critiques de M. le Duchat. *Amfterdam*, J. F. Bernard, 1741, 3 vol. in 4. v, éc. fig. de B. Picart.

1208 L'Art de défopiler la rate. 1756, in 12, v. m.

Contes & Nouvelles.

1209 Il Decamerone di Meffer Giovanni Boccaccio. *In Lione*, Gulielmo Rovillio, 1555, in 16, m. cit.

1210 Il Medefimo Decamerone. *In Amfterdamo*, Elzevier, 1665, in 12, m. r.

1211 Contes & Nouvelles de Bocace, trad. en françois. *Amfterdam*, Georges Gallet, 1699, 2 vol. in 8, fig. m. b.

1212 Les cent Nouvelles nouvelles. *Cologne*,

P. Gaillard, 1701, 2 vol. in 8, m. b. figures détachées.

1213 L'Heptameron, ou Histoire des amants fortunés, tirée des nouvelles de Marguerite de Valois, Reine de Navarre, par Claude Gruget. *Paris*, 1698, 2 vol. in 12, v. m.

1214 Contes & Nouvelles de Marguerite de Valois, Reine de Navarre. *Amsterdam*, George Gallet, 1708, 2 vol. in 8, m. b. fig.

1215 Les Contes, ou les nouvelles récréations & joyeux devis de Bonaventure Despériers, avec des notes de M. de la Monnoye. *Amst.* Z. Chatelain, 1735, 3 vol. in 12, v. f.

1216 Novelas Exemplares de Miguel de Cervantes Saavedra, con estampas. *En Haya*, J. Neaulme, 1739, 2 vol. in 8, v. m.

1217 Les Nouvelles de Michel de Cervantes Saavedra, trad. par l'Abbé St. Martin de Chassonville. *Lausanne*, Marc. Mic. Bousquet, 1744, 2 vol. in 12, fig. v. m.

1218 Contes Moraux, par M. Marmontel. *Paris*, Merlin, 1765, 3 vol. in 8, fig. v. m.

Romans d'amour, moraux, allégoriques, comiques & amusants.

1219 Bibliotheque universelle des Romans, complette. *Paris*, 1775, 38 vol. in 12, v. m. & 5 broc.

1220 Longi Pastoralium de Daphnide & Chloë libri IV, græcè & latinè, cum fig. B. Audran. *Lutetiæ Parisiorum*, 1754, in 4. v. f.

1221 Ejusdem Longi Pastoralium de Daphnide

& Chloë libri IV, græcè, ex recensione Lud. Dutens. *Parisiis*, Didot, 1776, in 12, v.

1222 Ejusdem Longi Pastoralium de Daphnide & Chloë libri IV, gr. & lat. ex recensione Jo. Bapt. Casp. d'Ansse de Villoison. *Par.* Guill. De Bure, 1778, 2 vol. in 8, C. Mag. m. r. Editio præstans. On a joint les figures dessinées par M. le Duc d'Orléans, Régent, & gravées par B. Audran.

1223 Les Amours Pastorales de Daphnis & Chloë. *Paris*, 1718, in 8, m. r. avec des figures dessinées par M. le Duc d'Orléans, Régent, & gravées par B. Audran. Edition originale.

1224 Les amours de Théagenes & Chariclée, trad. en françois. *Paris*, Coustelier, 1743, 2 vol. in 12, fig. v. m.

1225 Xenophontis Ephesiacorum libri V, de amoribus Anthiæ & Abrocomæ, gr. & lat. ed. Ant. Cocchio. *Lond.* Bowier, 1726, in 4, v. f.

1226 Achillis Tatii de Clitophontis & Leucippes amoribus libri VIII, gr. & lat. *ex officinâ Commeliniana*, 1601, in 8, v. f.

1227 Charitonis Aphrodisiensis de Chæreâ & Callirrhoe Amatoriarum Narrationum libri VIII, gr. & lat. edente Jac. Phil. d'Orville. *Amst.* Mortier, 1750, in 4. 2 vol. v. f. d. s. t.

1228 Histoire des Amours de Chereas & de Callirrhoé, trad. du grec, avec des remarques. *Paris*, Ganeau, 1763, 2 tomes en 1 vol. in 12, v. f. d. s. tr.

1229 Parthenii Nicænsis de amatoriis affectionibus liber, gr. & lat. ed. Jano Cornario. *Basilea*, Froben, 1531, in 8, v. f.

1230 Les Amours d'Ismene & d'Isménias, trad.
en françois. *La Haye*, 1743, in 12, v. m.

1231 Jo. Barclaii Argenis, cum notis variorum.
Lugd. Bat. Hackius, 1664, 4 volumes in 8,
m. viol.

1232 Ejusdem Jo. Barclaii Argenis cum clave.
Lugd. Bat. Elzevier, 1630, in 12, peau de truie.

1233 Ejusdem Barclaii Argenis cum clave. *Lugd.
Bat.* Elzevier, 1630, in 12, vel.

1234 Tarsis & Zélie (par M. le Vayer de Bou-
tigni.) *Paris*, Musier, 1774, 3 vol. in 8,
v. m. Pap. de Holl. fig.

1235 Les Aventures de Télémaque, fils d'U-
lysse, par M. de Fénelon, avec des remarques
pour l'intelligence de ce poëme allégorique.
Rotterdam, Jean Hofhout, 1725, in 12,
fig. v. m.

1236 Les mêmes Aventures de Télémaque, fils
d'Ulysse, par M. de Fénelon. *Paris*, Jac.
Estienne, 1730, in 4. fig. v. f.

1237 Les mêmes Aventures de Télémaque, fils
d'Ulysse, par Franc. de Salignac de la Mothe
Fénelon. *Amsterdam*, Wetstein, 1734, in fol.
m. b. fig. de B. Picart. Premiere édition.

1238 Les mêmes Aventures de Télémaque, par
M. de Fénelon. *Londres*, 1738, 2 vol. in 8,
fig. Edition rare & très recherchée. Les figures sont gravées d'après celles de Picart qui
sont dans l'in-folio.

1239 Les Incas, ou la destruction de l'Empire
du Pérou, par M. Marmontel. *Par.* Lacombe,
1777, 2 vol. in 8, v. f. d. s. tr.

1240 Le Temple de Gnide, par M. de Montesquieu. *Paris*, 1772, in 4, fig. m. r.

1241 Il Tempio de Gnido. *in Londra*, in 8,
v. m.

1242 La Nouvelle Héloïse, ou lettres de deux
amants, habitants d'une petite ville au pied
des Alpes, par J. J. Rousseau. *Amsterdam*,
M. M. Rey, 1761, 4 vol. in 12, fig. v. f.

1243 La Rose, ou la fête de Salency. *Paris*,
Delalain, 1768. — L'Isle d'Oueslant. — Histoire amoureuse de Pierre Lelong & de sa
très-honorée Dame Blanche Bazu, par M. de
Sauvigny. *Londres*, 1768, in 8, v. m.

Romans de Chevalerie, ou de la table ronde.

1244 Amadis de Gaule, mis en françois par
Nicolas de Herberay, Seigneur des Essarts.
Lyon, Benoît Rigaud, 1575, 24 vol. in 16,
& in 8, m. viol. superbe exemplaire.

1245 Trésor de tous les livres d'Amadis de Gaule. *Lyon*, J. Ant. Huguetan, 1606, 2 vol. in
16, m. viol.

1246 Histoire du vaillant Chevalier Tiran le
Blanc. *Londres*, 2 vol. in 12, v. m.

1247 Vida y Hechos del ingenioso Hidalgo
Don Quixote de la Mancha, compuesta per
Miguel de Cervantes Saavedra, con estampas
de Coypel. *En Haya*, P. Gosse, 1744, 4 vol.
in 8, v. m.

1248 Vida y Hechos del ingenioso Hidalgo
Don Quixote de la Mancha, compuesta per
Miguel de Cervantes Saavedra, en quatro to-
mos. *En Londres*, Tonson, 1738, 4 vol. in
4. fig. m. r.

1249 Histoire de l'admirable Don-Quichotte de

la Manche, trad. de l'Espagnol de Michel de Cervantes. *Amsterdam*, Arkstée, 1768, 6 volumes in 12, avec de très-belles figures v. m.

1250 Les principales Aventures de Don-Quichotte, représentées en figures, par Coypel, Picart & autres, tirées de l'original Espagnol de Michel de Cervantes. *La Haye*, P. de Hondt, 1746, in fol. m. r.

Romans Historiques.

1251 Mémoires du Comte de Grammont, par le Comte Antoine Hamilton. 1749, 2 vol. in 12, v. m.

1252 Zayde, Histoire Espagnole, par M. de Segrais, avec un traité de l'origine des Romans, par M. Huet. *Paris*, 1725, 2 volumes in 12, v. m.

Romans fabuleux & imaginaires, Contes des Fées, &c.

1253 Acajou & Zirphile, Conte, par M. Duclos. *Minutie*, 1744, in 4, fig. v. m.

PHILOLOGIE.

Critique.

Traités Généraux & singuliers de Critique.

1254 Traité du Beau, par J. P. Croufaz. *Amsterdam*, l'Honoré, 1724, 2 vol. in 12, v. m.

1255 La maniere de bien penser dans les ouvrages d'esprit, par le P. Dom. Bouhours. *Paris*, Seb. Mabre Cramoify, 1687, in 4, v. f.

5. 1256 Tableau des révolutions de la littérature ancienne & moderne, par Charles Deniha. *Paris*, Desventes de Ladoué, 1767, in 12, v. m.

1257 Les trois siecles de la Littérature Françoise, par M. l'Abbé Sabathier. *La Haye*, Moutard, 1776, 4 vol. in 12, v. b.

Critiques anciens & modernes.

1258 Auli Gellii Noctes Atticæ. *Lugd. Bat.* de Vogel, 1644, in 18, v.

1259 Ejusdem Auli Gellii Noctes Atticæ, cum notis variorum, ex recensione Jac. Oiseli. *Lugd. Bat.* Pet. Leffen, 1666, 3 vol. in 8, m. r.

1260 Ejusdem Auli Gellii Noctes Atticæ, cum notis Longolii. *Curiæ Regnitianæ*, Vierlingius, 1741, in 8, v. f.

1261 Ejusdem Auli Gellii Noctes Atticæ, ed. Jo. Lud. Conradi. *Lipsiæ*, George, 1762, 2 vol. in 8, v. f.

1262 Aurelii Theodosii Macrobii opera, cum notis variorum. *Lugd. Bat.* Arnoldus Doude, 1670, 2 vol. in 8, m. r.

1263 Ejusdem Aurelii Theodosii Macrobii opera, cum notis variorum. *Londini*, 1694, in 8.

1264 Alexandri ab Alexandro Genialium dierum libri sex, cum notis variorum. *Lugd. Bat.* Hackius, 1673, 4 vol. in 8, m. r.

1265 Jo. Harduini ad censuram scriptorum veterum Prolegomena. *Londini*, Vaillant, 1766, in 8, v m.

1266 Jo. Burch. Menckenii de Charlataneriâ eruditorum

eruditorum declamationes duæ , cum notis variorum. *Amstelodami*, 1716 , in 8 , m. r. *avec les Variorum.*

1267 Le Chef-d'œuvre d'un Inconnu , par Thémiseul de S. Hyacinte. *La Haye*, P. Husson , 1745 , 2 vol. in 12 , v. m.   3   15

1268 Essais de critique sur les écrits de M. Rollin , sur les traductions d'Hérodote , & sur le Dictionnaire Géographique de la Martiniere. *Amsterdam* , Franc. l'Honoré , 1740 , 2 vol. in 12 , v. m.   2   15

Satyres , Invectives , Défenses , Apologies , &c.

1269 Petronii Arbitri Satyricon. *Lutetia* , Mamertus Patissonius , 1587 , in 12 , m. r.   3

1270 Ejusdem Titi Petronii Arbitri Satyricon , cum notis variorum. *Amstelodami* , Blaeu , 1669 , 2 vol. in 8 , m. r.   *avec les variorum.*

1271 Ejusdem Titi Petronii Satyricon , cum notis variorum , curante Pet. Burmanno. *Amstelodami* , Waesbergius , 1743 , 2 vol. in 4 , C. Mag. v. f.   36

1272 Petrone latin & françois , traduction entiere , suivant le Manuscrit trouvé à Bellegrade , en 1688 , par Nodot. 1698 , 2 volumes in 8 , v. b.

1273 Pasquillorum tomi duo. *Eleutheropoli* , 1544 , in 8 , m. r. Rarissimus.   72

1274 Cœlii Secundi Curionis Pasquillus Extaticus , cum aliis lepidis dialogis. in 8 , m. b.   70   4

1275 Cœlii Secundi curionis Pasquillus Extaticus , non ille prior , sed totus planè alter auctus & expolitus. *Geneva* , per Joannem Girardum , 1544 , in 8 , m. r.   30

K

1276 Euphormionis Lusinini , sive Joannis Barclaii Satyricon , cum notis variorum. *Hagæ Comitis* , 1707 , 2 vol. in 8 , m. r.

1277 Elegantiores præstantium virorum Satyræ. *Lugd. Bat.* Maire , 1655 , 2 vol. in 12 , v. f.

1278 Histoire de Pierre de Montmaur , par Sallengre. *La Haye* , Chr. Van Lom , 1715 , 2 vol. in 8 , v. b.

Dissertations singulieres , Philologiques , critiques, allégoriques & enjouées , comme aussi les Traités critiques & apologétiques de l'un & de l'autre sexe.

1279 Desiderii Erasmi stultitiæ Laus , cum notis variorum , ex recensione Ger. Listrii , & figuris Holbenii. *Basileæ* , 1676 , in 8 , m. r.

1280 Ejusdem Desiderii Erasmi stultitiæ Laudatio. *Parisiis* , J. Barbou , 1765 , in 12 , v. m.

1281 L'Eloge de la Folie , traduit du latin d'Erasme , par Gueudeville. 1751 , in 4 , fig. v. f.

1282 Laus Asini , cum aliis festivis opusculis. *Lugd. Bat.* Elzevier , 1629 , 16 vel.

1283 Les Gymnopodes , ou de la nudité des pieds , par Sebast. Roulliard. *Paris* , 1624 , in 4 , Gr. Pap. m. cit.

1284 Dominici Baudii Amores , edente Petro Scriverio. *Amstel.* Elzevier , 1638 , in 12 , v. f.

1285 Petri Haedi Sacerdotis Portusnaensis , de amoris generibus libri tres. *Impressum Tarvisii* , per Gerardum de Flandria , anno 1492 , in 4 , m. r. Liber rarissimus.

M. Debure le jeune , dans sa Bibliographie

inftruĉtive (*a*), attribue cette édition, à Gérard Leeu, qui n'a jamais imprimé qu'à Tergow (Gouda), & enfuite à Anvers. Voici la lifte des derniers Ouvrages qu'il a publiés à Anvers, depuis 1490 jufqu'à fa mort, en 1493.

Voyez Maittaire, dans fes Annales Typographiques, imprimés à Amfterdam en 1733, tome I, page 522.

Hiftoria de Calumniâ novercali. *Antuerpiæ*, per Gerardum Leeu, 1490, in 4.

Dialogus de Sene & Juvene de amore difputantibus. *Antuerpiæ*, per me Gerardum Leeu, 1491, in 8. Page 535.

M. Debure le jeune rapporte les titres de ces deux ouvrages dans fa Bibliographie, numéro 3732 & 3993.

M. Jacob Viſſer, dans le catalogue qu'il a donné des livres imprimés dans les Pays-Bas, au XV. fiecle (*b*) annonce auſſi les ouvrages ci-deſſus, ainſi que les fuivants. pages 35, 36 & 37.

Le Livre des fept plaies de douleur de la Sainte Vierge. *Anvers*, Gerard Leeu, 1492, in 12, avec fig. en Flamand.

Le livre des filles de Sion. *Anvers*, Gerard Leeu, 1492, in 4, avec fig. en Flamand.

(*a*) Belles-Lettres, tome 2, page 106, numéro 3744. Petri Hoedi Sacerdotis de amoris generibus, Liber fingularis. Opus impreſſum *Tarviſii*, per Gerardum (Leeu) de Flandria, anno 1492, in 4.

(*b*) Amfterdam, P. Van Damme, 1767, in 4.

Cronycles of England. *Andewarpe* , by Gerard de Leeu , 1493 , in fol.

La mort de cet Imprimeur eſt conſtatée par la ſouſcription des Chroniques ci-deſſus , elle eſt rapportée dans le tome premier de Maittaire , page 562.

Cette édition de Haedus a été imprimée à Treviſe par Gerard de Liſa , qui étoit de Flandre , comme on peut le voir par la ſouſcription qui eſt à la fin des Epîtres de Phalaris , imprimées à Treviſe en 1471.

> Qui modo notus erat nulli , poſitusque latebat ,
> Nunc Phalaris doctum protulit ecce caput.
> Flandria quem genuit , primus namque ære Girardus
> Tarviſii hoc rarum Liſa notavit opus.
> M. C C C C. L. X X I. Tarviſii.

Gnomiques , ou Sentences , Apophtegmes , Adages , Proverbes , & collections de bons mots & de rencontre , avec ceux qui ont paru ſous des titres en Ana.

1286 Apophtegmata græca Regum , Ducum & Philoſophorum , gr. & lat. edente & excudente Henrico Stephano. 1568 , in 8 , v. f.

1287 Les dits Moraux des Philoſophes, trad. en françois par Guill. de Tiguonville. *Paris* , Galliot Dupré , 1531 , in 8 , m. r.

1288 Dionyſii Catonis Diſticha, Floſculis Poeticis & interpretationibus adornata variis, gr. & lat. *Amſt.* 1759 , in 8 , v. f. d. ſ. r.

1289 Hiſtoria Critica Catoniana per ſingulorum ſeriem conſuetam Dionyſii Catonis Diſtichorum ex ordine deducta , cum Maximi Planu-

dis Metaphrasi græcâ , cum notis variorum.
Amst. 1759, in 8 , v. f. d. f. tr.

1290 L'Etymologie ou explication des Proverbes françois , par Fleury de Bellingen. *La*
Haye, Adrian Ulacq , 1656, in 12 , v. b.

1291 Menagiana , ou les bons mots & remarques critiques, hiftoriques , morales & d'é-
rudition de M. Menage. *Paris* , veuve Delaulne , 1729 , 4 vol. in 12, v. m.

1292 La vie & les bons mots de M. de Santeuil.
Cologne , 1740, in 12 , v. m.

1293 Longuéruana , ou Recueil de penfées, de
difcours & de converfations de M. Louis Dufour de Longuerue. *Berlin* , 1754 , in 12 ,
v. m.

1294 L'Efprit de l'Abbé des Fontaines. *Paris* ,
Duchefne , 1756 , 4 vol. in 12 , v. m.

1295 Penfées de M. l'Abbé Prevoft , précédées
de l'abrégé de fa vie. *Paris* , Defaint , 1764,
in 12 , v. m.

Hieroglyphes ou Emblêmes, Devifes & Symboles.

1296 Achillis Bocchii fymbolicarum quæftio-
num libri V. *Bononia* , in Ædibus Academiæ
Bocchianæ, 1555 , in 4 , cum fig. m. r. Editio
optima & rara.

1297 Profcenium vitæ humanæ, five Emblema-
ta latinis verfibus explicata, cum fig. Jo. Th.
de Bry. *Francofurti* , Fitzerus , 1627, in 4
v. f.

1298 le Spectacle de la vie humaine , ou leçons
de fageffe , tirées d'Horace , par Othon Væ-
nius , avec des explications par Jean Le

Clerc. *La Haye*, Van Duren, 1755, in 4,
fig. baf.

POLYGRAPHIE.

Polygraphes Anciens & Modernes.

Ouvrages des Auteurs Grecs & Latins.

1299 Luciani Samofatenfis opera, græcè & latinè, cum notis variorum. *Amftelodami*, Blaeu,
1687, 6 vol. in 8, m. r.

1300 Lucien, de la traduction de Perrot d'Ablancourt. *Amft.* Mortier, 1709, 2 vol. in 8, fig. v.

1301 Le même Lucien, de la traduction de
Perrot, Sr. d'Ablancourt. *Paris*, Nyon, 1733,
3 vol. in 12, v. b.

1302 Philoftratorum quæ fuperfunt omnia, gr.
& lat. cum notis Gotfridi Olearii. *Lipfiæ*,
Fritfch, 1709, in fol. v. f.

1303 Antonii Urcei Codri Orationes feu Sermones, Epiftolæ, Sylvæ, Satyræ, Eglogæ,
Epigrammata. *Bononiæ*, per Jo. Ant. Platoni-
dem Benedictinorum Bibliopolam. 1502, in
fol. m. r. Editio originalis & rara.

Cette édition eft la premiere & la plus belle
des ouvrages d'Antoine Urceus, furnommé Codrus. On trouve dans fa vie, publiée par Bartho-
lomæus Blanchinus, pourquoi on l'appella ainfi.

» Codri cognomen hoc modo traxit : cum ef-
» fet Forilivii, accidit : ut Princeps Forolivienfium
» Pinus : Antonio fe commendaret in viâ forte
» fibi obviam facto. Cui Antonius fubridens,
» Dii boni inquit, q. bene fe res habeat vi-
» detis : Jupiter Codro fe commendat. Hinc om-

» nes eum mutato nomine Codrum appellave-
» runt. Sunt qui tradant : obscœno puerorum
» amore eum fuisse insanum. Sed age hæc, & alia :
» quæ à maledicis hominibus falso objecta sunt
» omittamus »

Cet ouvrage est divisé en deux parties : la premiere contient *Orationes, seu Sermones & Epistolæ.* Voici la souscription qui est à la fin : *Impssum Bononiæ, p. Io. Antoniū Platonide Benedictinorū. M. CCCCC. II.* Et au verso de ce feuillet, on trouve *Regestum Orationum seu Sermonum ac Epistolarum.*

La seconde commence par un Avis au Lecteur de Philippe Béroalde, & au verso de ce feuillet, on trouve : *Regestum videlicet Carminum Codri.* Ces deux registres servent à collationner l'ouvrage.

M. Debure le jeune, dans la description qu'il a donnée de ce livre dans sa Bibliographie instructive, tome 2 des Belles-Lettres, page 278, numéro 4052, n'a pas détaillé tout ce qui est contenu dans ce volume ; il auroit dû dire que la vie de Codrus, donnée par Bart. Blanchinus doit contenir 7 feuillets. On doit trouver outre cela quatre autres feuillets qu'il n'a pas annoncés ; ils contiennent des pieces de vers sur cette édition des Œuvres de Codrus, des Epitaphes, &c. La premiere de ces pieces est intitulée : *Virgilius Portus Mutinensis Physicus auditor in nova Urcei Codri æditione humaniorum studiorum Candidatis salutem.* Ces quatre derniers feuillets manquent dans beaucoup d'exemplaires, ils ne sont point annoncés, ainsi que la vie de Codrus, dans les deux registres qui servent à collationner ce volume.

K iv.

avec les Variorum 1304 Jo. Joviani Pontani opera omnia, solutâ oratione composita. *Venetiis*, Aldus, 1518, 3 vol. in 8, v. f.

192 1305 Joannis Meursii opera omnia, cum notis Joannis Lami. *Florentiæ*, 1741, 12 vol. in fol. v. f.

40 1306 Joannis Gulielmi Stuckii opera omnia continens antiquitates conviviales, &c. *Lugduni Batavorum*. Jacobus Hackius, 1695, 2 vol. in fol. C. Mag. m. r.

7 1307 Syntagma variarum dissertationum rariorum, ex musæo Jo. Georgii Grævii. *Ultrajecti*, Vande Water, 1702, in 4, m. viol.

80 1308 Gothofr. Gulielmi Leibnitii opera omnia, collecta studio Ludovici Dutens. *Genevæ*, de Tournes, 1768, 6 vol. in 4, C. Mag. v. m.

Ouvrages des Auteurs François.

1309 Collections des meilleures pieces des Auteurs françois, en vers & en prose. 26 vol. 16, m. r.

23 1310 Œuvres de Louise l'Abbé Lyonnoise. *Lyon*, Jean de Tournes, 1556, in 8, m. r.

50 1311 Les essais de Michel, Seigneur de Montaigne, avec des remarques par P. Coste. *Londres*, J. Tonson, 1724, 3 vol. in 4, v. éc.
— Supplément aux Essais de Montaigne. *Londres*, 1740, in 4, parch.

1312 Les Œuvres de Voiture. *Paris*, Courbé, 1656, 2 vol. in 4, m. r. l. r.

1313 Œuvres de Blaise Pascal. *La Haye*, 1779, 5 vol. in 8, v. d. f. r.

20 1314 Œuvres diverses de Scarron. *Amsterdam*, Wetstein, 1737, 10 vol. in 12, v. f.

1315 Œuvres diverses de Pelisson. *Paris*, Di- 6   5
dot, 1735, 3 vol. in 12, v. m.

1316 Œuvres diverses de P. Bayle. *La Haye*, 57
P. Husson, 1727, 4 vol. in fol. v. f.

1317 Les Œuvres de M. l'Abbé de Saint Real, 14
Paris, Savoye, 1745, 6 volumes in 12,
v. m.

1318 Recueil de divers ouvrages, en prose & 5
en vers, par le P. Brumoy. *Paris*, J. B. Coï-
gnard, 1741, 4 vol. in 8, v. m.

1319 Œuvres mêlées de l'Abbé Nadal. *Paris*, 4   1
Briasson, 1738, 3 vol. in 12, v. m.

1320 Opuscules de M. Rollin, contenant ses
lettres, ses harangues, &c. *Paris*, les Freres 5   1
Estienne, 1771, 2 vol. in 12, v. m.

1321 Œuvres diverses de Louis Racine. *Paris*, 5
Desaint & Saillant, 1747, 6 volumes in 12,
v. m.

1322 Œuvres diverses de Fontenelle. *La Haye*, 200
Gosse, 1728, 3 vol. in fol. très-grand papier,
fig. de Picart. v. m. Très-rare.

1323 Les mêmes Œuvres de M. de Fontenelle. 30
Paris, Brunet, 1752, 11 volumes in 12,
v. m.

1324 Œuvres de M. de Montesquieu. *Londres*, 41
1767, 3 vol. in 4, gr. pap. v. f.

1325 Œuvres mêlées de M. de la Fargue. *Paris*, 2
Duchesne, 1765, 2 vol. in 12, v. m.

1326 Œuvres complettes d'Alexis Piron, publiées par M. Rigoley de Juvigny. *Paris*,
Lambert, 1776, 7 volumes in 8, m. r. pap.
de Hollande.

1327 Œuvres de M. de Voltaire, & Pieces 55

relatives. *Geneve*, 1756, & années suivantes, 43 vol. in 8, velin.

1328 Collection complette des Œuvres de M. Voltaire. *Geneve*, 1774, 30 vol. in 4, fig. v. br. d. f. r.

1329 Mélanges historiques, critiques, de Physique, de Littérature & de Poésie, par M. le Marquis d'Orbessan. *Paris*, Merlin, 1768, 4 vol. in 8, v. m.

1330 Mélange de traductions de différents ouvrages, grecs, latins & anglois. *Paris*, Nyon, aîné, 1779, in 8, v. b. fil.

1331 Les Loisirs du Chevalier Déon de Beaumont. *Amsterdam*, 1774, 13 volumes in 8, v. m.

1332 Œuvres diverses de M. Thomas. *Lyon*, les Freres Perisse, 1767, 2 vol. in 8, v. m.

Ouvrages des Auteurs Anglois.

1333 Œuvres diverses de Pope. *Amst.* Arkstée, 1754, 6 vol. in 12, v. m.

1334 The Works of Joseph Addison, *Birmingham*, John Baskerville, 1761, 4 vol. in 4, v. m.

Dialogues & Entretiens sur différents sujets mêlés.

1335 Des. Erasmi Colloquia. *Lugd. Bat.* Elzevier, 1636, 2 vol. in 12. m. r.

1336 Ejusdem Des. Erasmi Colloquia. *Amst.* Elzevier, 1662, in 12, vel.

1337 Ejufdem Defiderii Erafmi Colloquia , cum notis variorum. *Delphis* , Adr. Beman , 1729, 2 vol. in 8 , m. r.

1338 Ejufdem Erafmi Colloquia , cum notis variorum. *Delphis* , Beman , 1729, in 8 , v.   5 15

1339 Les Colloques d'Erafme , trad. en françois par Gueudeville. *Leyde* , P. Vander Aa, 1720 , 6 tomes en 4 vol. in 12 , fig. v. m.   15

Dialogues des Auteurs François.

1340 Cymbalum mundi , ou Dialogues Satyriques fur différents fujets , par Bonaventure des Perriers , avec l'Apologie de cet ouvrage par Profper Marchand. *Amfterdam* , Profper Marchand. 1711 , in 12 , v.   2 18

1341 Quatre Dialogues faits à l'imitation des anciens , par Orafius Tubero. (la Mothe le Vayer). *Francfort* , Jean Sarius. 1606 , in 4. m. r. édition très-eftimée.   37 5

EPISTOLAIRES.

Collections d'Epîtres , & Lettres de différents Auteurs.

1342 Principum & illuftrium Virorum Epiftolæ. *Amfterdam* , Elzevier , 1644, in 12 , m. r.   4 4

1343 Epiftolæ obfcurorum virorum ad Orthuinum Grátium. Accefferunt huic editioni Epiftola Magiftri Ben. Paffaventii ad Petrum Lyfetum , & la Complainte de M. Pierre Lyfet fur le trépas de fon feu nez. *Londini* , Hen. Clements , 1710, in 12 , m. b.   7 4

Lettres ou Epîtres des Auteurs Latins, anciens & modernes.

1344 C. Plinii Cœcilii Secundi Epistolarum libri X, & Panegyricus. *Lugd. Bat.* Elzevier, 1640, in 12, m. r.

1345 Ejusdem C. Plinii Cœcilii Secundi Epistolarum libri X, & Panegyricus. *Lugd. Bat.* ex officinâ Elzevirianâ, 1640, in 12, vel.

1346 Ejusdem Caii Plinii Secundi Epistolarum libri X, cum notis variorum, ed. Jo. Veenhusio. *Lugd. Bat.* ex officinâ Hackianâ, 1669, 2 vol. in 8, m. r.

1347 Ejusdem Caii Plinii Secundi Epistolæ & Panegyricus, Trajano dictus, ex recensione Jo. Nic. Lallemand. *Parisiis*, J. Barbou, 1769, in 12, v. m.

1348 Les Lettres de Pline le jeune, trad. en françois par M. de Sacy. *Paris*, 1721, 3 vol. in 12, v. m.

1349 Huberti Langueti Epistolæ Politicæ & Historicæ ad Philippum Sydnæum. *Lugd. Bat.* Elzevier, 1646, in 12, m. bl.

Lettres des Auteurs François.

1350 Lettres de M. de Bongars. *Paris*, le Petit, 1668, 2 vol. in 12, m. r.

1351 Lettres Choisies de Guy Patin. *Paris*, Jean Petit, 1692, 5 volumes in 12, v. m.

1352 Les Lettres de Roger de Rabutin, Comte de Bussy. *Paris*, Flor. Delaulne, 1706, 7 vol. in 12, v. m.

1353 Lettres Choisies de M. de la Riviere, gendre de M. le Comte de Buſſy Rabutin. *Paris*, Debure l'aîné, 1751, 2 volumes in 12, v. m.

1354 Letres Hiſtoriques & Galantes, par Madame Dunoyer. *Amſterdam*, P. Brunel, 1732, 5 vol. in 12, v. m.

1355 Lettres de J. Baptiſte Rouſſeau, ſur différents ſujets. *Geneve*, Barillot, 1749, 5 vol. in 12, v. m.

1356 Lettres, Mémoires & négociations du Chevalier D***. *Londres*, 1765, 2 vol. in 12, v.

1357 Lettere ſcritte al Signor Pietro Aretino, da molti Signori, &c. *In Venetia*, per Franceſco Marcolini, 1552, 2 vol. in 8, m. bl. liber rariſſimus.

HISTOIRE.

PROLÉGOMENES HISTORIQUES.

Introductions & Traités préparatoires à l'étude de l'Hiſtoire.

1358 MÉTHODE pour étudier l'Hiſtoire, par l'Abbé Lenglet Dufreſnoi. *Paris*, P. Gandouin, 1729, 6 tomes en 5 volumes in 4, Gr. Pap. v. b.

1359 Lettres ſur l'Hiſtoire par Henri S. Jean, Lord Vicomte de Bolingbroke, trad. de l'Anglois. 1752, 2 vol. in 12, v. m.

GEOGRAPHIE.

Géographes Anciens & Modernes, Grecs & Latins.

1360 Philippi Brietii parallella Geographiæ veteris & novæ. *Parisiis*, Sebaſt. Cramoiſy, 1648, 3 vol. in 4. v. m.

1361 Geographiæ veteris Scriptores Græci minores, græcè & latinè, ex recenſ. Wells. *Oxoniæ*, è Theatro Sheldoniano, 1698, 4 vol. in 8, m. r.

1362 Strabonis Geographia, græcè & latinè, cum notis Caſauboni & aliorum. *Amſtelodami*, J. Wolters, 1707, 2 vol. in fol. C. M. v. b.

1363 Stephanus Byzantinus de Urbibus, græcè. *Venetiis*, apud Aldum, 1502, in fol. in. r. l. r. Editio princeps & exemplar elegans.
Cette premiere Edition, donnée par Alde, eſt rare; & ce qui rend cet exemplaire très précieux, c'eſt qu'il y a trois feuillets manuſcrits très-bien écrits, voici comme ils ſont intitulés: *Reſtituenda ex Laceris Tabulis & Membranis, peranti-qui Codicis Bibliothecæ Seguerianæ.*

1364 Stephanus Byzantinus de Urbibus, græcè & latinè, cum obſervationibus Tho. de Pinedo. *Amſtelodami*, Jac. de Jonge, 1678, in fol. v. m.

1365 Idem Stephanus Byzantinus, græcè & latinè, edente Abrahamo Berkelio. *Lugd. Bat.* Frid. Haaring, 1694 in fol. v. m.

1366 Lucæ Holſtenii notæ & caſtigationes in Steph. Byzantinum. *Lugd. Bat.* Jac. Hackius, 1684, in fol. v. f.

1367 Cl. Ptolomæi Geographia , cum notis
Mich. Villanovani (Serveti). *Lugduni ,* Mel-
chior Treschel , 1535 , in fol. m. r.

1368 Pomponii Melæ de situ orbis libri tres ,
cum notis variorum. *Lugd. Bat.* Sam. Luchtmans , 1722 , 2 vol. in 8 , m. r.

1369 Idem Pomponius Mela , cum notis variorum , ed. Abrah. Gronovio. *Lugd. Bat.* Luchtmans , 1748 , 2 vol. in 8 , v.

1370 Christophori Cellarii Notitia orbis antiqui.
Lipsiæ , 1731 , 2 vol. in 4. v. f.

1371 Géographie ancienne , abrégée , par M.
Danville. *Paris ,* Merlin , 1769 , in fol. Gr.
Pap. vel.

1372 Geographia Generalis , auctore Bern. Va-
renio. *Amst.* Elzevier , 1671 , in 12 , v. f.

1373 Vetera Romanorum Itineraria , sive Antonini Augusti Itinerarium , cum notis Pet.
Wesselingii. *Amstelodami ,* J. Wetstenius ,
1735 , in 4, C. Mag. v. éc.

*Collection des Républiques , imprimée par les El-
zeviers. 30 vol. in 16 , v. m. savoir :*

1374 Alexandri Irvini de Jure Regni diascep-
sis. *Lugd. Bat.* Elzevier , 1627 , in 16 ——
Phil Cluverii Introductio in universam Geo-
graphiam. *Lugd. Bat.* Elzevier , 1629. —— J.
Sleidani de quatuor summis Imperiis libri
tres. *Lugd. Bat.* Elzevier , 1631. —— Pet. Cu-
næi de Republicâ Hebræorum libri tres. *Lugd.
Bat* Elzevier , 1632. == Ubonis Emmii Græcorum Respublicæ. *Lugd. Bat.* Elzevier , 1632 ,
2 vol. —— Respublica Romana. *Lugd. Bat.*

Elzevier, 1629. — Hiſtoriæ Romanæ Epito-
me. *Amſtelodami*, Janſſonius, 1625 — P.
Gyllii de Conſtantinopoleos Topographiâ li-
bri IV. *Lugd. Bat.* Elzevier, 1632. — De
Principatibus Italiæ Tractatus varii. *Lugd.
Bat.* Elzevier, 1631 — Caſparis Contaréni
de Republicâ Venetorum libri V. *Lugd. Bat.*
Elzevier, 1628. — Donati Jannotii Dia-
logi de Republicâ Venetorum. *Lugd. Bat.* El-
zevier, 1631. — Gallia, ſive de Francorum
Regis dominiis & opibus commentarius.
Lugd. Bat. Elzevier, 1629. — Helvetiorum
Reſpublica. *Lugd. Bat.* Elzevier, 1627. —
J. Aug. Werdenhagen de Rebuspublicis Hanſ-
eaticis tractatus. *Lugd. Bat.* Elzevier, 1631,
4 volumes. — Belgii Confœderati Respublica.
Lugd. Bat. Elzevier, 1630 — Reſpublica
Hollandiæ & Urbes. *Lugd. Bat.* J. Maire,
1630. — Hiſpania, ſive de Regis Hiſpaniæ
regnis & opibus. *Lugd. Bat.* Elzevier, 1629,
— Th. Smithi de Republicâ Anglorum li-
bri tres. *Lugd. Bat.* Elzevier, 1630. — Reſ-
publica, ſive ſtatus Regni Scotiæ & Hiberniæ.
Lugd. Bat. Elzevier, 1627. — Suecia, ſive
de Suecorum Regis dominiis & opibus commentarius. *Lugd. Bat.* Elzevier, 1631. —
Reſpublica Regni Poloniæ, Lituaniæ, &c.
Lugd. Bat. Elzevier, 1627. — De Regno
Daniæ & Norwegiæ, Inſulisque adjacentibus
commentarius. *Lugd. Bat.* Elzevier, 1629.
— Reſpublica Moſcoviæ & Urbes. *Lugd. Bat.*
J. Maire, 1630. — Ruſſia, ſeu Moſcovia
itemque Tartaria, commentario illuſtratæ.
Lugd Bat. Elzevier, 1630. — Turcici impe-
rii

rii Status. *Lugd. Bat.* Elzevier. 1630. ═
Bern. Varenii defcriptio Regni Japoniæ. *Amftelodami,* Elzevier, 1649.

Dictionnaires Géographiques.

1375 Dictionnaire géographique, hiftorique &
critique, par Bruzen de la Martiniere. *Paris,* 1768, 6 vol. in fol. v. m.

1376 Dictionnaire Géographique portatif, par
Vofgien. *Paris,* 1767, in 8, v. m.

1377 Tablettes Géographiques, pour l'intelligence des Hiftoriens & des Poëtes Latins. *Paris,* Aug. Marc. Lottin, 1755, 2 vol. in 12,
v. m.

Defcriptions & Cartes Géographiques, avec les Atlas généraux & particuliers.

1378 Peutingeriana Tabula Itineraria quæ in Bibliothecâ Vindobonenfi nunc fervatur adcu-
rate excripta à Franc. Chrift. de Scheyb. *Vindobonæ,* Trattner, 1753, in fol. C. Mag.
fig. v. f.

1379 Atlas Univerfel. par Guillaume Delifle.
2 vol. in fol. Gr. Pap, v. m.

1380 Atlas par M. Danville. in fol. velin vert.

1381 Atlas Univerfel, par M. Robert de Vau-
gondy. *Paris,* Boudet, 1757, in fol. Gr.
Pap. v. m.

1382 Atlas Portatif, Univerfel & Militaire,
par M. Robert. *Paris,* l'Auteur, 1748, in 8,
v. m.

1383 Atlas moderne, ou Collection de Cartes
de différents Auteurs. *Paris,* Lattré, in fol. br.

L

1384 Cartes & Tables de la Géographie Physique ou Naturelle, par Philippe Buache. *Paris*, 1757, in fol. vel.

1385 Étrennes Géographiques, années 1760 & 1761. *Paris*, Ballard, 2 volumes in 16, m. r.

1386 Petit Tableau de la France, ou cartes géographiques sur toutes les parties de ce Royaume, par M. Bonne. *Paris*, Lattré, 1764, in 16, m. r.

1387 Quinze Cartes particulieres de la Bourgogne. in fol. Gr. Pap. v. m.

1388 Atlas Maritime, ou Cartes réduites de toutes les Côtes de France, par M. Bonne. *Paris*, Lattré, in 16, m. r.

1389 Atlas Géographique & Militaire, ou Théâtre de la guerre en Allemagne, par M. Rizzi Zannoni. *Paris*, Lattré, in 16, m. r.

1390 Cartes des Isles Britanniques, par M. Bellin. in fol. Gr. Pap. velin.

1391 Antiquité Géographique de l'Inde & de plusieurs autres Contrées de la Haute Asie, par M. Danville. *Paris*, de l'Impr. Roy. 1775, in 4. v. m.

1392 Analyse de la Carte intitulée, les Côtes de la Grece & de l'Archipel, par M. d'Anville. *Paris*, de l'Imprimerie Royale, 1757, in 4. v. m.

1393 Cartes des nouvelles découvertes entre la partie orientale de l'Asie, & l'occidentale de l'Amérique, par Phil. Buache. *Paris*, 1752, in fol. vel.

1394 Considérations Géographiques & Physiques sur les nouvelles découvertes au Nord

de la Grande Mer, appellée la Mer du Sud,
par Phil. Buache. *Paris*, 1753, in 4. velin.

VOYAGES ET RELATIONS.

Collections de Voyages, & Relations.

1395 Collectiones peregrinationum in Indiam
Orientalem & in Indiam Occidentalem XXV.
partibus comprehenſæ, cum appendice Regni
Congo, & figuris Æneis Fratrum de Bry & *avec l'an. 1596*
Meriani. *Francofurti*, 1590, 9 vol. in fol. m.
b. Prima editio, & exemplar elegans & in- *1530*
tegrum libri rariſſimi.

On a joint à cet exemplaire preſque toutes les
parties de la ſeconde édition, à l'exception d'une
petite partie qui contient 10 feuillets, dont voici la deſcription très-exacte.

« Hiſtoria Americæ ſive Novi Orbis, compre-
» hendens in XIII. ſectionibus exactiſſimam deſ-
» criptionem vaſtiſſimarum & multis abhinc ſe-
» culis incognitarum Terrarum, quæ nunc paſ-
» ſim Indiæ Occidentalis nomine vulgò uſur-
» pantur. cum elegantiſſimis tabulis & figuris
» æri inciſis, necnon Elencho Sectionum, & In-
» dice capitum ac rerum præcipuarum. *Franco-*
» *furti*, ſumptibus Matt. Meriani, 1634. » in fol.

Ce titre eſt imprimé au milieu d'un frontiſpice ovale, gravé en taille douce ; il eſt entouré
de treize petits médaillons, dont chacun eſt re-
latif à une des treize parties de la collection. Il
eſt ſuivi d'un autre frontiſpice imprimé, qui eſt
plus ample, d'une Préface intitulée : *In Opvs*
Americanvm Præfatio Generalis, & d'un *Elen-*

chvs fingvlarvm fectionvm , fev partivm tōtivs operis Americani.

J'ai extrait de la préface le paffage fuivant , qui eft le feul intéreffant ; il pourra faire plaifir aux perfonnes qui voudront lire chronologiquement la collection des grands voyages.

» Quod fi ergo defideras in lectione ratio-
» nem habere temporis , prioris vel pofterioris,
» hoc tibi dabo confilium. Percurras primo om-
» nium , dictam quartam partem de infigni &
» admirandâ hiftoriâ repertæ Indiæ Occidentalis
» à Chriftophoro Columbo. Anno ut fuprà
» 1492.

Huic fubjungas Navigationes duas Americi
» Vefputii , fub aufpiciis Regis Caftellani Fer-
» dinandi fufceptas ann. 1497 & 1499 quæ
» habentur in parte hujus operis decimâ.

Porro addas Hiftoriam , quâ ratione Hifpani
» Regni Peruani Provincias occupaverint , anno
» 1526. Ea recenfentur in parte fextâ. Item Hif-
» toriam memorabilem Provinciæ Brafiliæ fcrip-
» tam à Joh. Stadio Homburg. Heffo. An. 1547.
» Ubi etiam (nempe in parte III) exemplar Lit-
» terarum de Navigatione Nicol. Villagagnonis ,
» &c. ann. 1555.

» Et Narratio profectionis Johan. Lerii in
» Provinc. Brafilienfem. an. 1556. His perlec-
» tis , devenias ad partem. VII. in quâ habetur
» vera & jucunda defcriptio præcipuarum qua-
» rumdam Indiæ Occidentalis Regionum & In-
» fularum hactenus incognitarum. Ab Ulrico Fa-
» bro Straubingenfi , an. 1534.

» Mox recurras ad partem V , ubi videbis no-
» bilem & admiratione plenam Hiftoriam in-

» fignis crudelitatis Hifpanorum, tùm in Nigri-
» tas fervos fuos , tùm etiam in Indos. anno
» 1554.
» Præterea recenfentur Gallorum Piratarum
» de Hifpanis reportata fpolia. Item , Hifpano-
» rum adventus in novam Indiæ continentis Hif-
» paniam.
» Nunc ulteriùs retrogrediaris, ad partem II,
» & perluftres brevem narrationem eorum, quæ
» in Floridâ Americæ Provinciâ Gallis accide-
» runt, fub Duce Renato de Laudonniere, ann.
» 1564. Item de Gallorum expeditione in Flori-
» dam, & clade ab Hifpanis ipfis illata, anno
» 1565. Hoc pofterius reperies in parte VI.
» Hinc devenias rectà ad fectionem feu part.
» VIII, legasque Navigationem primam Fran-
» cifci Draken Eq. Angli , ann. 1577 , quâ to-
» tùm terrarum orbem permenfus, multa me-
» moratu digniffima expertus eft. Tum protinùs
» ad principium recurras, hoc eft ad partem I.
» hujus operis , & evolvas admirandam narra-
» tionem de commodis ac ritibus incolarum Vir-
» giniæ , coloniam eo deducente D. Richardo
» Greinville , & fumptus faciente Dn. Waltero
» Raleigh , Equitib. Anglis , ann. 1585. Huic
» deinde narrationi fubjungas ex parte VIII. fe-
» cundum iter Francifci Draken , Eq. Angli, &c.
» in Ind. Occidentalem , ann. 1585. Et circùm
» navigationem totius orbis Thomæ Candifch,
» an. 1586. Necnon tertium iter dicti Draco-
» nis , ad expugnandam civitatem Panamam ,
» an. 1595. Et ultimò , navigationes duas Gual-
» theri Ralegh, an. 1595 & 1596.
» Sequitur pars operis IX, id eft defcriptio

„ duarum Navigationum Hollandicarum in di-
„ verſas orbis partes , binis libris comprehenſa.
„ quorum primus narrat , quo pacto quinque
„ naves, quæ Amſtelodamo ſolverant ann. 1598,
„ Magellanici Freti anguſtiis ſuperatis , in Mo-
„ lucas pertendere conatæ , diverſo eventu uſæ
„ fuerint. Secundus percenſet felicem & admi-
„ rabilem orbis periplum Oliverii Vander Noordt.
„ an. eod. Porrò tranſeas ad part. XII, & per-
„ curras deſcriptionem Indiæ Occidentalis An-
„ ton. de Herrera , an. 1601. Item narrationem
„ omnium navigationum per Fretum Magella-
„ nicum ; quæ quidem diverſis temporibus conti-
„ gere. Sed non opus eſt , ut hoc in loco , ratio-
„ ne temporis , ſimus ſcrupuloſiores. Subjungere
„ poteris paralipomena Americæ , in quibus plu-
„ rima obſervatione & lectione non indigna ha-
„ bentur. Sic pergas ad partem X & XI , excer-
„ pendo ſolidam narrationem de moderno Vir-
„ giniæ ſtatu , auth. Raphe Hamor , an. 1614,
„ Et veram deſcriptionem novæ Angliæ , à Capit.
„ Johan. Schmidt. &c. an. eod. Item admirandam
„ navigationem Georgii à Spilbergen , claſſis
„ Belgicæ præfecti , per Fretum Magellanicum
„ & Mare Meridionale. an. ut ſup. Necnon Re-
„ lationem inauditi itineris à Whilelmo Schou-
„ ten Hollando peracti , quo in meridionali Fre-
„ ti Magellanici plagâ novum hactenusque in-
„ cognitum in Mare Auſtrale tranſitum feliciter
„ patefecit. A. C. 1615 & ſequentibus.

„ Tandem evolutis his omnibus , in manus
„ ſumas part. XIII & ultimam hujus operis Ame-
„ ricani , ubi reperies 1°. Deſcriptionem ube-
„ riorem novæ Angliæ , Virginiæ , Braſiæ

„ Guianæ & Insulæ Bermudæ : 2°. Corogra-
„ phiam Terræ Auftralis hactenus incognitæ :
„ 3°. Defcriptiones novi Mexici, Cibolæ, Ci-
„ naloæ, Quiviræ, rerumque memorabilium in
„ Iucatan, Guatimalâ, Fonduris & Panamâ ob-
„ fervatarum : 4°. Navigationem Hollandorum
„ per univerfum orbem, Duce Jacobo Eremitâ,
„ anno 1623. 5°. Hiftoriam expugnationis ur-
„ bis S. Salvatoris, an. eod. 6°. Hiftoriam claf-
„ fis Hifpanicæ interceptæ à Petro Heinio, an.
„ 1628 : 7°. occupationem urbis Olindæ de
„ Fernambucco in Brafiliâ, ab Hollandis, Duce
„ Cornelio Lonck. A. C. 1630.
„ Et fic lectionibus tuis, non fine fructu ac
„ delectatione infigni, colophonem feliciffimè
„ impones.
„ Hæc te monere voluimus, amiciffime Lec-
„ tor, in veftibulo libri, ne Partium forte mi-
„ nus concinno ordine perturbareris, fed abf-
„ que ambagibus Hiftoriam quamcumque levi la-
„ bore reperire & repetere poffes. In quemquoque
„ finem omnium Sectionum Elenchus, quâ iftæ
„ fe invicem confequuntur ferie, huic ftatim
„ præloquio fubjungere placuit. Quod fupereft,
„ fperamus te hunc noftrum laborem tali ani-
„ mo interpretaturum, quali nos eumdem pu-
„ blicè exhibemus. Vale, candide Lector. »

M. Debure le jeune dit, dans fa Bibliographie, qu'il eft néceffaire d'annexer cette Partie
à la tête du premier Volume, mais cela ne
l'eft pas abfolument. Comme ces pieces préliminaires ont été faites pour l'édition de 1634,
elles ne peuvent pas fervir pour l'édition de
1590. Il n'y a que l'extrait ci-deffus qui puiffe

être utile. L'Elenchus Capitum n'indique point, par des chiffres, les pages où l'on pourra trouver les Chapitres ni de l'une ni de l'autre édition.

Comme j'ai annoncé, dans l'Avertissement qui est à la tête du Catalogue de M. Lambert, que les fautes que j'avois trouvées dans la description des grands & petits voyages faite par M. Debure le jeune, m'avoient engagé à faire des recherches sur différents autres Articles de sa Bibliographie, & à les rectifier, je vais donner la preuve de ce ce j'ai avancé, au sujet de ce livre précieux, qui auroit du fixer toute son attention, parceque plusieurs personnes s'en rapportent aveuglément à toutes les descriptions qu'il a données. Voici donc ce qu'il dit (*).

« 6° Dans *l'édition originale*, le discours d'ex-
» plication qui se trouve au bas de la deuxieme
» Estampe, *Anglorum in Virginiam adventus*,
» contient 19 lignes d'impression ; & dans les
» contrefactions, ce discours n'est qu'en 17 lignes
» seulement : différences qui s'observent réguliè-
» rement dans toute la suite de ces Estampes,
» parce que le caractere qu'on a mis en usage
» pour les contrefactions est moins gros & plus
» serré que celui de l'édition originale. »

Il faut que M. Debure le jeune n'ait confronté que le discours qui est au bas de cette seconde Estampe, car s'il les eût toutes examinées, il auroit trouvé que dans l'édition contrefaite le discours qui est au bas des 14 fig. suivantes ; 4. 5. 6. 9. 10.

______

(*) Bibliographie instructive, tome 1. de l'Histoire, page 79.

11. 13. 14. 15. 16. 17. 18. 22. & 23. eſt imprimé
en gros caractere, & qu'au contraire le plus
petit nombre, qui eſt de 9, eſt imprimé en
caracteres moins gros. Ce manque d'attention de
M. Debure le jeune lui a fait entremêler des
figures de premiere & de ſeconde édition dans la
premiere partie de l'exemplaire décrit dans ſa Bibliographie, comme le plus complet, & qu'il avoit
formé pour M. Gaignat. Je l'ai vérifié très exac-
tement dans la Bibliotheque où il eſt actuellement. Il n'a pas mieux examiné les figures de la
ſeconde partie. Cependant on doit y apporter la
plus grande attention. On ſera à portée d'en juger
d'après ce que dit Théodore de Bry dans la Préface de la ſeconde partie.

« Gaudio igitur perfuſus me eam eſſe nactum,
» nullis ſumptibus peperci, ut illam (ſecundam
» partem) prælo committerem, egoque & mei
» liberi diligentem operam impendimus inciden-
» dis in æreas tabulas iconibus, ut nitidiores eſ-
» ſent, licet parum durabiles, quia delicatior illa
» ſculptura facilè atteritur. »

Quoique les Eſtampes ne ſoient pas le ſeul
mérite de cet important ouvrage, on ſait la diffé-
rence que les Curieux mettent entre une premiere
épreuve & une qui eſt retouchée. Voici la ſeule
façon de connoître, ſans ſe tromper, les figures de
l'édition originale de celle qui eſt contrefaite.
Dans l'édition originale les chiffres romains qui
numérotent toutes les planches de cette premiere
partie, ont près de 5 lignes de haut, & dans
l'édition contrefaite, ils n'ont que 3 lignes.

J'aurois voulu m'étendre davantage ſur un Ouvrage auſſi curieux, qui renferme preſque toutes

les relations originales des Voyageurs qui ont
fait la découverte du Nouveau Monde, & dont
toutes les figures ont été deffinées fur les lieux
d'après nature. On peut s'en convaincre en lifant
le paffage fuivant, qui eft dans l'Avis au Lecteur
à la tête des Eftampes de la premiere partie.

» Cum vero res fit admiratione digna, volui
» hoc libro vobis proponere veras eorum pictu-
» ras, quas imitatus fum ex archetypo, mihi
» opera Domini Richardi Hackluit Oxonienfis,
» verbi Dei Miniftri, (qui eam regionem vidit,
» & auctor fuit, ut hic liber in publicum pro-
» diret) communicato ab Joanne With pictore
» Anglo, qui in eandem regionem miffus fuit
» a Ser^ma Regina Angliæ, folummodo ut illius
» topographiam faceret, incolarum formam,
» amictum, victus rationem, morefque ad
» vivum exprimeret, non exiguis fumtibus
» Generofi Equitis Domini W A L T H E R I
» R A L E I G, qui plurimum impendit in ex-
» quirenda & perluftranda ea regione ab anno
» 1585, ufque ad finem anni 1588. »

Mais les bornes que je me fuis prefcrites dans
ce Catalogue, ne me permettent pas d'entrer
dans de plus grands détails.

1396 Premier livre de l'Hiftoire de la navigation aux Indes orientales, par les Hollandois.
Amfterdam, Cornille Nicolas, 1609. — Le
fecond livre, Journal ou Comptoir, contenant
le vrai difcours & narration hiftorique du
Voyage fait par huit navires d'Amfterdam, au
mois de Mai 1598, &c. *Amfterdam*, Corn. Nicolas, 1609. — Defcription du penible Voyage

fait autour de l'Univers, par Olivier du Nort,
translaté du flamand en françois. *Amsterdam*,
chez la veuve de Corn. Nic. 1610. — Vraie
description de trois Voyages de mer très admirables, faits en 3 ans par les navires de
Hollande, par Girard le Veer. *Amsterdam*,
veuv. de Corn. Nic. 1610. — Description &
récit historial du riche royaume d'or de Gunea,
autrement nommé, la côte d'or de Mina, &c.
Amsterdam, Corn. Claesson, M. VIC. V.
2 vol. in fol. fig. m. bl.

Ces deux volumes contiennent des Voyages
en françois, qui ne sont pas des traductions de
quelques parties de la collection de Théodore de
Bry, comme M. Debure le jeune l'a annoncé
dans le Catalogue de M. Gaignat, Tom. II. pag.
11, n° 2623. Traductions françoises de quelques
parties séparées de la collection précédente.
(Les grands & petits voyages). On verra par le
détail que je vais donner que les premieres éditions de ces 5 Articles, les unes sont antérieures
à la collection des Voyages, les autres traduites
du flamand en françois, comme M. Debure le
dit lui-même à l'Article III, description du
voyage d'Olivier du Nort.

La premiere édition du premier livre de l'histoire de la Navigation, &c. est en latin, imprimée
à Amsterdam en 1598. in fol. La même année il
en parut une trad. françoise à Amsterdam, in
fol. Ce premier livre de l'histoire de la Navigation, se trouve dans la troisieme partie des petits
Voyages pag. 55 & suivantes. *Francfort* 1601,
in fol. Par conséquent il n'est pas une traduction
de la collection de Théod. de Bry, puisqu'il étoit

imprimé 3 ans avant que cette partie des Voyages fût mise au jour. Il en est de même des autres Voyages qui ont été faits ou en latin ou en flamand.

Je donnerai la notice détaillée de ces 5 volumes lorsque mes occupations me permettront de faire imprimer une nouvelle description des grands & petits Voyages, que j'ai faite d'après un exemplaire que j'ai formé & qui est le plus complet que je connoisse.

Je crois qu'il est nécessaire, lorsque l'on veut avoir la collection des grands & petits Voyages bien complette, d'y annexer ces ouvrages, parcequ'il y a beaucoup de figures & de petites cartes marines que Théodore de Bry n'a pas gravées dans sa collection.

1397 Histoire générale des Voyages, par l'Abbé Ant. Franc. Prévost. *Paris*, Didot, 1746, 19 vol. in 4. gr. pap. fig. v. f.

1398 Relations de divers Voyages curieux, qui n'ont point été publiés, recueillies par Melch. Thevenot. *Paris*, Jac. l'Anglois, 1663, 2 vol. in fol. fig. v. b.

1399 Recueil de Voyages de M. Thevenot. *Paris*, Est. Michallet, 1681. in 8. v. b.

1400 Le Voyageur François, par M. l'Abbé de la Porte. *Paris*, L. Cellot, 1772, 18 vol. in 12. v. m.

Voyages particuliers faits en diverses parties de la Terre : & premiérement Voyages autour du Monde.

1401 Voyage autour du Monde, fait dans les années 1740, 41, 42, 43 & 44, par Geor. Anson, publié par Richard Walter. *Amster.*

1749 , in 4. fig. v. m.

1402 Voyage à la mer du Sud, fait par quelques Officiers commandans le vaiſſeau le Wager: pour ſervir de ſuite au Voyage de George Anſon. *Lyon*, les freres Duplain, 1756. in 4. v. m.

1403 Voyage autour du Monde, par M. de Bougainville. *Paris*, Saillant 1772, 3 vol. in 8. v. m.

1404 Voyage autour du Monde, ou Relation des Voyages entrepris par ordre de S. M. Britannique pour faire des découvertes dans l'hémiſphere méridional, & ſucceſſivement exécutés par le Commodore Byron, les Capitaines Carteret, Wallis & Cook. *Paris*, 1774, 4 vol. in 4. avec cart. & fig. v. m.

1405 Voyage dans l'hémiſphere auſtral, & autour du Monde, par le Capitaine Jac. Cook. *Paris*, 1778, 4 vol. in 4, v. m d. ſ. tr.

1406 Journal du ſecond Voyage du Capitaine Cook. *Paris*, Piſſot, 1777, 2 vol. in 8. v. m.

1407 Voyage au pôle boréal, fait en 1773, par Conſtantin Jean Phipps. *Paris*, Saillant & Nyon, 1775, in 4, v. f.

Voyages particuliers faits en diverſes parties de la Terre.

1408 Voyages de A. de la Motraye, en Europe, Aſie & Afrique. *La Haye*, T. Johnſon, 1727, 3 vol. in fol. fig. v. m. G. P.

1409 Relation de pluſieurs Voyages faits en Hongrie, Servie, Bulgarie, &c. Par Edouard

Brown. *Paris*, Clouzier, 1674, in 4, v. b.

1410 Voyages faits en Moscovie, Tartarie & Perse, par Adam Oléarius & Mandeslo, trad. par de Wicquefort. *Amsterdam*, Mic. Char. le Cene, 1727, 3 Tomes en 2 vol in fol fig. v. f.

1411 Voyages de Corneille le Brun par la Moscovie, en Perse, & aux Indes orienrales. *Amsterdam*, les freres Wetstein, 1718, 3 vol. in fol. fig. v. m.

1412 Voyage du Chevalier Chardin en Perse & autres lieux de l'Orient. *Amsterdam*, 1735, 4 vol. in 4, fig. v. f.

1413 Voyage d'Italie, de Dalmatie, de Grece & du Levant, par Jacob Spon, & George Wheler. *La Haye*, Alberts, 1724, 2 vol. in 12, fig. v. m.

1414 Voyages de M. Shaw, dans plusieurs provinces de la Barbarie & du Levant. *La Haye*, Jean Neaulme, 1743, 2 vol. in 4, fig. v. m.

1415 Voyage dans la Sicile & dans la grande Grece. *Lauzanne*, 1773, in 12, v.

Voyages particuliers faits en Europe.

1416 Nouveau Voyage d'Italie, par Maximilien Misson. *La Haye*, 1702, 4 vol. in 12, fig. v. f.

1417 Voyage d'un François, M. de la Lande, en Italie, fait dans les années 1765 & 1766. *Paris*, Desaint, 1769, 8 vol. in 12, v. m.

1418 Atlas pour le Voyage d'Italie de M. de la Lande. in 4, v. m.

1419 Journal d'un Voyage au nord, en 1736 &

37, par M. Outhier. *Paris*, Piget 1743, in
4, fig. v. f.

Voyages particuliers faits en Asie.

1420 Journal d'un Voyage fait aux Indes orientales, par M. Duquesne. *Rouen*, J. B. Machuel,
1721, 3 vol. in 12, v. m.

1421 Voyage de Dellon, avec sa relation de
l'inquisition de Goa. *Cologne*, 1711, 3 vol in
12, v. m.

1422 Voyage au Levant, par Corneille le Brun.
Par., Guil. Cavelier, 1714, in fol., Gr. Pap.
fig. v b.

1423 Relation d'un Voyage du Levant, fait par
ordre du Roi, par Pitton de Tournefort. *Paris*,
de l'Imprimerie Royale, 1717 2 vol. in 4,
fig. m. r. papier fin.

1424 Voyage d'Égypte & de Nubie, par Fr. L.
Norden. *Copenhague*, de l'Imprimerie de la
maison royale des orphelins, 1755, 2 tom. 1
vol. in fol. fig. Gr. Pap. m. r.

1425 Voyage dans la Palestine, fait par ordre de
Louis XIV, par de la Roque. *Amsterdam*,
Steenhonwer, 1718, in 12, fig. v. f.

1426 Voyage de l'Arabie heureuse, par l'océan
oriental, & le détroit de la mer rouge : fait
par les François, pour la premiere fois, dans les
années 1708, à 1710 ; rédigé par de la Roque.
Paris, Huguier, 1715, in 12, fig. v. f.

1427 Description de l'Arabie d'après les observations & recherches faites dans le pays même,
par Niebuhr. *Copenhague*, Nic. Moller, 1773,
in 4 fig., v.

1428 Description de l'Arabie, faite sur des observations propres & des avis recueillis dans les lieux mêmes , par Niebuhr. *Amflerdam* , Baalde , 1774 , fig. —— Recueil de queſtions propoſées à une ſociété de Savans, qui , par ordre de S. M. D. font le Voyage de l'Arabie, par M. Michaelis , trad. de l'allemand. *Amfl.* Baalde , 1774 , in 4 , v. f.

1429 Voyage en Arabie & en d'autres pays circonvoiſins , par C. Niebuhr. *Amfl.* Baalde , 1776 , tom. 1 , in 4 , fig. en feuilles.

1430 Voyage en Siberie , fait par ordre du Roi , en 1761 , par l'Abbé Chappe d'Hauteroche. *Par.* De Bure pere , 1768 , 3 vol. in 4. Gr. Pap. fig. v. ecc.

1431 Atlas du Voyage de Siberie , par l'Abbé Chappe d'Hauteroche , in fol. Grand Pap. v. éc.

Voyages particuliers , faits en Amerique.

1432 Journal du Voyage , fait par ordre du Roi, à l'Equateur , par M. de la Condamine. *Paris,* de l'Imprimerie Royale , 1751 , 3 vol. in 4 , v. m.

1433 Relation abrégée d'un Voyage fait dans l'intérieur de l'Amerique méridionale , par M. de la Condamine. *Paris ,* veuve Piſſot 1745 , in 8 , v. m.

1434 Relacion hiſtorica del Viage a la America meridional , por Don George Juan & Don Antonio de Ulloa. 2 tom. en 1 vol. —— Obſervaciones aſtronom. phyſicas , de las qual es ſe deduce la figura, y magnitud de la tierra, y ſe aplica a la navigacion. *Madrid,* de Zuniga , 1748

1435 Voyage historique de l'Amerique méridio-
nale, fait par ordre du Roi d'Espagne, par
Don George Juan & Don Ant. de Ulloa. *Par.*
Jombert 1752, 2 vol. in 4. fig. v. m.

1436 Relation du Voyage de la mer du Sud aux
côtes du Chily & du Pérou, par Frezier. *Par.*
Jean Geof. Nyon, 1716, in 4, fig. v. m.

1437 Voyage fait par ordre du Roi, en 1750
& 1751, dans l'Amerique septentrionale, par
M. de Chabert. *Paris*, de l'Imprimerie Royale,
1753, in 4, v. m.

1438 Voyage à la Martinique, contenant diverses observations sur la physique, l'histoire
naturelle, l'agriculture, &c. *Paris*, Cl. J. B.
Bauche, 1763, in 4, v. m.

1439 Voyage à la Baye de Hudson, par Henri
Ellis. *Leyde*, Elie Luzac, 1750, in 8, fig.
v. m.

1440 Voyage de la Louisiane, fait par ordre du
Roi, par le Pere Laval. *Paris*, J. Mariette,
1728, in 4, v. b.

1441 Histoire des navigations aux terres Austra-
les, par M. le Président de Brosses. *Paris*,
Durand, 1756, 2 vol. in 4, velin.

1442 Voyage des Pays septentrionaux, par de la
Martiniere. *Paris*, Vandosme, 1671, in 8,
fig. m. r.

*Voyages imaginaires, ou Relations fabuleuses
& romanesques.*

1443 La Vie, les Aventures & le Voyage de
Groenland, du P. Pierre de Mesange. *Amster.*
Roger, 1720, in 12, v. f. d. s. rob.

M

C. 1444 Aventures du sieur le Beau, ou Voyage curieux & nouveau, parmi les Sauvages de l'Amérique septentrionale. *Amsterdam*, Uytwerf, 1738, 2 vol. in 12. fig. v. m.

C. 1445 Voyages de Gulliver. *Paris*, H. L. Guerin, 1727, 2 tomes en 1 vol. in 12, v. m.

C. 1446 Voyages du Capitaine Lemuel Gulliver, en divers pays éloignés. *La Haye*, J. Swart, 1741, 3 vol. in 12, v. m.

Chronologie & Histoire universelle.

1447 L'Antiquité des temps rétablie & défendue contre les Juifs & les nouveaux Chronologistes, par le Pere Pezron. *Paris*, veuve d'Edme Martin, 1688, in 12, v. f.

1448 La Chronologie des anciens royaumes, corrigée par Isaac Newton. *Paris*, Gab. Martin, 1728, in 4, v. m.

1449 Hieronymi Vecchietti de Anno primitivo, libri VIII. *Aug. Vindelicorum*, 1621, in fol, C. Mag. vel. exemplar elegans & integrum libri rarissimi.

1450 Dionysii Petavii rationarium temporum. *Amstelodami*, 1745, 2 vol. in 8, Gr. Pap.

1451 Joannis Marshami chronicus canon Ægyptiacus, hebraicus, græcus & disquisitiones. *Londini*, Tho. Roycroft, 1672 in fol, v. b.

1452 Jo. Seldenus, de anno civili veterum Judæorum, & Jac. Usserius de Macedonum anno solari. *Lugd. Bat.* Pet. Vander Aa, 1683, in 12, v. f.

1453 Paulina, seu de rectâ Paschæ celebratione, & de die Passionis Domini, autore Paulo Germano de Middelburgo episcopo Forosemproniensi *Forosempronii*, 1513, in fol. m. b.

1454 Fr. Henrici de Noris, annus & epochæ Syromacedonum in vetustis Syriæ nummis, præsertim Mediceis expositæ. *Florentiæ*, 1691, in fol. v. f.

1455 Tablettes chronologiques de l'histoire universelle, sacrée & prophane, ecclesiastique & civile, depuis la création du monde, jusqu'à l'an 1762, par l'Abbé L'englet du Fresnoy. *Par.* De Bure, 1763, 2 vol. in 8, v. m.

1456 L'art de vérifier les dates des faits historiques, des Chartres, des Chroniques & autres anciens monuments, depuis la naissance de J. Ch. par Dom Clement. *Paris*, G. Desprez, 1770, in fol. m. r. Gr. Pap.

HISTOIRE UNIVERSELLE.

Histoires Universelles de tous les temps & de tous les lieux, depuis la Création du Monde.

1457 Justini historiarum libri XLIV, cum notis Isaaci Vossii. *Lugd. Bat.* Elzevier 1640, in-12, in. cit.

1458 Ejusdem Justini historiæ cum notis variorum, curante Ab. Gronovio. *Lugd. Bat.* Theod. Haak, 1719, 3 vol. in 8, m. r.

1459 Ejusdem Justini historiarum Philippicarum, libri XLIV, cum notis variorum. *Lugd. Bat*, 1760, in 8, 2 vol. m. r.

1460 Ejusdem Justini historiarum ex Trogo-Pompeio, libri XLIV. *Parisiis*, Jo. Barbou, 1770, in 12, v. m.

1461 Discours sur l'Histoire Universelle, par M. J. B. Bossuet. *Paris*, Sebastien Mabre-

Cramoify, 1681 , in 4 , Gr. Pap. m. r.

1462 Hiftoire Univerfelle, depuis le commencement du Monde , jufqu'à préfent , trad. de l'anglois d'une fociété de Gens de Lettres. *Amfterdam*, Arkftée & Merkus, 1747, 41 vol. in 4, v. m.

1463 Introduction à l'Hiftoire Moderne, Générale & Politique de l'Univers, par Puffendorff, édition revue par M. de Grace. *Paris*, Merigot, 1753, 8 vol. in 4, Gr. Pap. v. ecc.

Hiftoires Univerfelles de certains temps & de certains lieux , écrites par des Auteurs contemporains & autres ; &c.

1464 Joan. Sleidani de ftatu Religionis & Reipublicæ commentarii. *Argentorati*, 1555 , in fol. v. f. editio optima.

1465 L'Hiftoire Univerfelle du fieur d'Aubigné. *Maillé*, Mouffat, 1616, 3 tom. 2 vol. in fol. m. r.

1466 Jac. Augufti Thuani hiftoriæ fui temporis. *Londini*, Sam. Buckley, 1733, 7 vol. in fol. C. Mag. v. m. lavé réglé.

1467 Hiftoire Univerfelle de Jacques Augufte de Thou, trad. en françois. *Londres*, 1734, 16 vol. in 4, v. m.

1468 Thuanus reftitutus. *Amftelodami*, Boom, 1663, in 12, m. cit.

1469 Pofteritati J. Aug. Thuani Poematium, operâ & ftudio J. Melanchtonis. *Amfterd.* Elzevier, 1678, in 12, m. r.

1470 Memorie recondite dell' anno 1601 fino al 1640, di Vittorio Siri. *In Roma*, 1677, 8 vol. in 4, Ch. Mag. m. r.

1471 Il Mercurio overo hiftoria de correnti
tempi di D. Vittorio Siri. *In Cafale*, della
Cafa, 1646, 15 vol. in 4, Ch. Mag. v. m.
Les tomes 1, 2, 11 & 13, font pet. pap.

1472 Delle Turbulenze civili di Francia, fotto
il regno del Re Luigi XIV. Mercurio di Vittorio Siri. Tom. 16 & 17, 2 vol. in 4, Mff.
Ch. Mag.

1473 Bollo di D. Vittorio Siri, nel Mercurio
veridico del Dottore Birago. *In Modona*, So-
liani, 1653, in 4, v. m.

1474 Mercurio veridico, overo Annali univer-
fali d'Europa, del Dottore Gio. Bat. Birago.
In Bologna, Zenero, 1650, in 4, v. m.

1475 Il Mercurio del decimo fettimo fecolo,
nel quale fi contengono i fatti piu illuftri fuc-
ceduti nel mondo dal 1601, fino al 1650,
del P. Felice Girardi. *In Napoli*, Paffaro,
1664, in 4, m. r.

1476 Parenefi di Francefco di Franchi al Dottor
Capriata : con una Lettra informativa del
Conte D. Emmanuele Tefauro, a Monfignor
l'Abbate Siri, autore del Mercurio Italiano.
L'anno del Signore, 1668, in 12, v. m.

Cet exemplaire eft le plus beau & le plus
complet que l'on connoiffe. Il eft d'autant plus
précieux que l'on y a joint deux volumes Manufcrits qui n'ont jamais pu être imprimés, parce
qu'ils contiennent l'Hiftoire des troubles arrivés
en France, fous le regne de Louis XIV. Il y a
tout lieu de croire que ce manufcrit, qui eft d'une
belle écriture du temps & écrit par un Italien, eft
très-autentique. Les deux volumes portent les
armes de M. de Colbert, à qui le manufcrit ori-

ginal auroit bien pu être remis , comme Miniſtre d'Etat. Cet exemplaire vient de la vente de M. Randon de Boiſſet , qui n'avoit rien épargné pour le rendre le plus complet poſſible. Mais , malgré toutes ſes recherches , il n'avoit pas pu réuſſirà ſe procurer les deux volumes manuſcrits qui ſont les plus rares & les plus précieux qui lui manquoient. Ils ne ſont pas non plus dans la ſuperbe collection des manuſcrits de la Bibliotheque du Roi , qui eſt peut être la plus riche qu'il y ait dans le Monde.

1477 Mercure de Vittorio Siri, trad. en françois, par M. Requier. *Paris* , Didot , 1756 , 3 vol. in 4, v. m.

1478 Mémoires Hiſtoriques , Politiques , Critiques & Littéraires, par Amelot de la Houſſaye. *Amſterdam* , Z. Chatelain , 1737 , 3 vol. in 12, v. m.

1479 Mémoires Secrets, tirés des Archives des Souverains de l'Europe , depuis le regne de Henri IV. *Amſter.* (*Paris*) , Saillant 1767, 34 vol. in 12, rel. en 17 vol.

1480 L'Eſpion dans les Cours des Princes Chretiens. *Cologne* , Kinkius , 1715 , 6 vol. in 12, fig. v. m.

1481

1482 l'Obſervateur Hollandois , ſur l'état préſent des affaires de l'Europe. *La Haye* , 1755 , 4 vol. in 12, velin.

1483 Hiſtoire politique du ſiecle , où ſe trouvent en ordre les intérêts , les vûes & la con-

duite des principales Puiſſances de l'Europe.
Londres, J. Haberkorn, 1757, in 4, v. m.

HISTOIRE ECCLÉSIASTIQUE.

1484 Annales veteris & novi Teſtamenti à pri-
mâ mundi origine deducti, auctore Jacobo
Uſſerio. *Geneva*, Gab. de Tournes, 1722, in
fol. v. b.

1485 Sulpitii Severi Sacra Hiſtoria, continuata
ex Jo. Sleidani libro de quatuor ſummis imperiis. *Lugd. Bat.* Elzevier, 1626, in 12, vel.

1486 Ejuſdem Sulpitii Severi Opera omnia quæ
extant. *Lugd. Bat.* Elzevier, 1635, in 12,
m. r.

1487 Ejuſdem Sulpitii Severi Opera omnia, cum
notis variorum. *Amſt.* apud Elzevirios, 1665,
2 vol. in 8, m. r.

1488 Euſebii Pamphili, Socratis & Sozomeni
Hiſtoria Eccleſiaſtica, græcè & latinè, cum
notis Henr. Valeſii, ex recenſione Guill. Rea-
ding. *Cantabrigiæ*, Typis Academicis, 1720,
3 vol. in fol. C. Mag. v. f.

1489 Diſcours ſur l'Hiſtoire Eccléſiaſtique, par
Claude Fleury. *Paris*, Gab. Martin, 1747,
in 12, v. m.

1490 Hiſtoire Eccléſiaſtique, par M. l'Abbé
Fleury. *Bruxelles*, 1723, 36 volumes in 12,
v. b.

1491 Table générale des matieres contenues
dans les 36 volumes de l'Hiſtoire Eccléſiaſtique de M. Fleury. *Paris*, 1774, 4 vol. in
12, v. b.

1492 Abrégé de l'Hiſtoire Eccléſiaſtique, par

M. l'Abbé Racine. *Utrecht*, 1748, 13 vol. in 12, v. m.

1493 Le même Abrégé de l'Histoire Ecclésiastique, par M. Racine. *Cologne*, 1762, 13 vol. in 4, Gr. Pap. v. éc.

1494 Abrégé Chronologique de l'Histoire Ecclésiastique. *Paris*, J. Th. Hériffant, 1751, 2 vol. in 8, v. f.

1495 Histoire de l'Eglise, par Basnage. *Rotterdam*, Leers, 1699, 2 vol. in fol. Gr. Pap. v. m.

1496 Les Mœurs des Israélites & des Chrétiens, par Claude Fleury. *Paris*, P. Aubouin, 1700, 2 vol. in 12, v. m.

Histoire Ecclésiastique de France.

1497 Ecclesiæ Gallicanæ in schismate status, ex actis publicis. *Parisiis*, Patisson, 1594, in 8, v. éc.

1498 Arturi du Monstier Neustria pia. *Rothom.* Jo. Berthelin, 1663, in fol. m. r.

1499 Les Mazures de l'Abbaye de l'Isle Barbe lez-Lyon, par le Laboureur. *Paris*, Jean Couterot, 1681, 2 vol. in 4, v. f.

1500 Mémoires pour servir à l'Histoire de la fête des Foux, par M. du Tillot. *Lausanne*, 1751, in 12, fig. v. f.

Histoire Ecclésiastique d'Angleterre, &c.

1501 Henr. Wharton Anglia sacra. *Londini*, 1691, 2 vol. in fol. v. f.

1502 The regal and Ecclesiastical antiquities of

England : by Jos. Strutt. *London,* Shropshire,
1777, in 4, fig. v. m. d. s. tr.

1503 Monasticon Anglicanum, sive Pandectæ
Cœnobiorum Benedictinorum, Cluniacen-
sium, Cisterciensium, Carthusianorum, à pri-
mordiis ad eorum usque dissolutionem, per
Rogerum Dodsworth & Guliel. Dugdale.
Londini, Hodgkinsonne, 1655, 3 vol. in fol.
cum fig. m. r. exempl. integrum lib. rariss.

1504 Westmonasterium or the History and Antiquities of the Abbey Church of S. Peters
Westminster : by John Dort. *London,* 2 v.
in fol. C. Max. cum fig. v. b.

Cet Ouvrage, qui est superbement exécuté,
tant pour la partie typographique que pour la
gravure, contient les plus beaux Monuments
érigés à la mémoire des grands Hommes d'Angleterre inhumés dans cette Abbaye.

1505 Incerti scriptoris sueci qui vixit circa annum 744, breve Chronicon de Archiepiscopis
& Sacerdotibus Ecclesiæ Upsaliensis, cúm notis Jo. Schefferi. *Upsaliæ,* Curio, 1673,
in 12, v. br.

1506 La Religion ancienne & moderne des Mos-
covites. *Cologne,* Marteau, 1698, in 12,
fig. v. f.

1507 Specimen Ecclesiæ Ruthenicæ, per Ignatium
Kulczinski exhibitum. *Romæ,* 1733, in 8,
v. br.

Histoire Ecclésiastique des Pays hors de l'Europe.

1508 Antiquitates Ecclesiæ Orientalis, stud. Jo.
Morini. *Londini,* 1682, in 8, v.

1509 Hiſtoire du Chriſtianiſme des Indes, par M. la Croze. *La Haye*, 1758, 2 vol. in 12, v. m.

1510 Hiſtoire du Chriſtianiſme d'Ethiopie & d'Arménie, par le même la Croze. *La Haye*, veuve Levier, 1739, in 12, v. m.

1511 Jo. Laurentii Moshemii Hiſtoria Eccleſiaſtica Tartarorum. *Helmeſtadii*, Weygand, 1741, in 4, v. f.

1512 L'Ezour-Vedam, ou ancien Commentaire du Vedam, contenant l'expoſition des opinions religieuſes & philoſophiques des Indiens, traduit du Samſcretan, publié par M. le Baron de Sainte-Croix. *Yverdon*, 1778, 2 t. en 1 vol. in 12.

HISTOIRE CATHOLIQUE ET PONTIFICALE.

Hiſtoire des Conciles, générale & particuliere.

1513 Hiſtoire du Concile de Piſe, par Jacques Lenfant. *Amſterdam*, P. Humbert, 1724, 2 tom. en 1 vol. in 4, v. b. G. P.

1514 Hiſtoire du Concile de Conſtance, par Jac. Lenfant. *Amſterdam*, P. Humbert, 1714, 2 vol. in 4, v. m. G. P.

1515 Hiſtoire de la Guerre des Huſſites & du Concile de Baſle, par Jac. Lenfant. *Amſterd.* P. Humbert, 1731, 2 vol. in 4, v. m. G. P.

1516 Hiſtoria del Concilio Tridentino, di Pietro Soave Polano. *in Londra*, Giov. Billio, 1619, in fol. v. b.

1517 Hiſtoire du Concile de Trente, écrite en Italien, par Frapaolo-Sarpi, & traduite en

François par Pierre - François Le Courayer.
Londres, 1736, 2 vol. in fol. G. P. v. f.

*Hiftoires & Vies des Papes, comme auffi l'Hiftoire
des Conclaves & des Cardinaux.*

1518 Hiftoire des Papes, par Bruys. *La Haye*, 60
Scheurleer 1732, 5 vol. in 4, v. m.

1519 La Vie du Pape Alexandre VI, & de fon
fils Céfar Borgia, par Alexandre Gordon. *6* 2
Amfterdam, P. Morrier, 1751, 2 vol. in 12,
v. m.

1520 La Vie du Pape Sixte V, traduite de Gre-
gorio Leti. *Paris*, veuve Damonéville, 1758, 7
2 vol. in 12, v. ecc.

1521 Hiftoire du Pontificat de Paul V. *Amft.* 2 14
(*Paris*), 1765, 2 v. in 12.

1522 Hiftoire des Conclaves, depuis Clément V
jufqu'à préfent. *Cologne*, 1703, 2 vol. in 8, 16
m. cit.

1523 La Vie du Cardinal Commendon, par Ant.
Maria Gratiani, traduite par M. Fléchier 2 10
Paris, Dupuis, 1702, 2 vol. in 12 v. b.

1524 Hiftoire du Cardinal Ximenes, par Efprit 3 1
Fléchier. *Paris*, Aniffon, 1693, in 4, v. b.

1525 Hiftoire du miniftere du Cardinal Ximenes,
par de Marfollier. *Paris*, L. Dupuis, 1739, 3 2
2 vol. in 12, v. m.

1526 Mémoires pour fervir à l'Hiftoire du Cardinal de Granvelle. *Paris*, Guill. Defprez, 2
1753, 2 vol. in 12, v. m.

*Hiftoire Monaftique, & des Ordres Religieux &
Militaires.*

1527 Hiftoire des Ordres Monaftiques, Religieux. 180

& Militaires, &c. par le P. Heliot. *Paris*, Goffelin, 1714, 8 vol. in 4, fig. m. r.

1528 Hiftoire du Clergé féculier & régulier, des Congrégations de Chanoines & de Clercs, & des Ordres Religieux de l'un & de l'autre fexe qui ont été établis jufqu'à préfent. *Amfterd.* P. Brunel, 1716, 4 vol. in 8, fig. v. ecc.

1529 Hiftoire des Ordres Militaires ou des Chevaliers, des Milices féculieres & régulieres de l'un & de l'autre fexe, qui ont été établies jufqu'à préfent. *Amfterdam*, P. Brunel, 1721, 4 vol. in 8, fig. v. ecc.

1530 Bartholomæi de Pifis liber conformitatum Vitæ B. Francifci, cum vitâ D. N. J. C. *Mediolani*, in ædibus Zanoti *Caftilionei*, 1513, in fol. m. r. l. r.

1531 Traduction du Livre des conformités de Saint François, avec des figures gravées par B. Picart. *Amfterdam*, 1734, 3 vol. in 12, m. r.

Hiftoire de la Congrégation des Jéfuites.

1532 Hiftoire des Religieux de la Compagnie de Jefus. *Utrecht*, 1741, 3 vol. in 12, v. b.

1533 Recueil de pieces touchant l'Hiftoire de la Compagnie de Jefus, compofée par le P. Jof. Jouvency. *Liege*, 1713, in 12, v. f.

1534 Hiftoire impartiale des Jéfuites, depuis leur établiffement jufqu'à leur premiere expulfion. 1768, 2 vol. in 12, v. m.

1535 Les Jéfuites mis fur l'échaffaud, pour plufieurs crimes capitaux par eux commis dans la Province de Guyenne. *Leyde*, 1648, in 12, m. cit.

1536 La Vie de Marie Alacoque, par M. Jos. Languet. *Paris*, veuve Mazieres, 1729, in 4, v. m.   7

Histoire des Ordres Militaires & de Chevalerie.

1537 Henr. Leonardi Schurzfleischii historia ensiferorum ordinis Teutonici. *Vitemberga*, 1701, in 12, v.

1538 Histoire de l'Ordre Militaire des Templiers, par Pierre Dupuis. *Bruxelles*, P. Foppens, 1751, in 4, v. m.   10   12

1539 Guil. Cahoursin stabilimenta Rhodiorum militum. *Ulmæ*, Reger, 1496, in fol. m. b.   28

1540 Statuta Hospitalis Jerusalem. in fol. fig. v. f.   28

1541 Histoire des Chevaliers Hospitaliers de Saint Jean de Jérusalem, appellés Chevaliers de Malthe, par l'Abbé de Vertot, *Paris*, Rollin, 1726, 4 vol. in 4, G. P. fig. m. r.   110   2

1542 Histoire de Pierre d'Aubusson, Grand-Maître de Rhodes, par le P. Bouhours. *Par.* Séb. Mabre Cram. 1677, in 12, v. m.   7   5

HISTOIRE SAINTE.

Actes des Martyrs, Passions & Martyrologes.

1543 Ant. Gallonii liber de Sanctorum Martyrum cruciatibus. *Parisiis*, 1659, in 4, fig. v. m.   3   3

Vies des Saints & des Personnages illustres en Piété, tant de l'ancien que du nouveau Testament, &c.

1544 Les Vies des SS. Peres des déserts, & des

Stes. Solitaires d'Orient & d'Occident. *Amst.*
P. Brunel, 1714, 4 vol. in 8, fig. v. ecc.

3 1545 Les Vies des SS. Peres des déserts, & de
quelques Saintes, traduites par M. Arnauld
d'Andilly. *Paris*, J. Fr. Josse, 1736, 3 vol.
in 8, v. m.

1546 Les Vies des Saints pour tous les jours de
l'année, par Mesanguy. *Paris*, 1734, in 4,
v. m.

1 1547 L'invocation & l'imitation des Saints pour
tous les jours de l'année. *Paris*, Girard Audran, 1686, 2 vol. in 12, fig. m. violet.

4 1548 La Vie de Saint Bruno, peinte au cloître
de la Chartreuse de Paris, par Eustache le
Sueur, gravée par François Chauveau. *Paris*,
Réné Cousinet, in fol. v. m.

10 1549 De Annulo pronubo Deiparæ Virginis,
J. B. Laurii Perichni commentarius. *Roma*,
1622, in 8, v.

*Histoire Ecclésiastique des Héréfies & des
Hérétiques.*

1550 Histoire générale des Cérémonies, des
Mœurs & Coutumes religieuses de tous les
Peuples du monde, par l'Abbé Banier, *Paris*,
Rollin, 1741, 7 vol. in fol. Gr. P. v. f. très
belles fig. épreuves de Hollande, avec deux fig.
différentes du Cimetiere de Saint Médard.

1551 Supplément aux Cérémonies & Coutumes
religieuses de tous les Peuples du monde,
tom. 8 & 9. *Amsterdam*, Bernard, 1743, 2
vol. in fol. Gr. Pap. fig. v. f. d. s. tr.

1552 Superstitions anciennes & modernes. *Amst.*

Bernard, 1733, 2 vol. in fol. Gr. Pap. v. f.
d. f. tr.

1553 Histoire critique de Manichée & du Mani-
chéisme. par Beausobre. *Amsterdam*, Fréd.
Bernard, 1734, 2 vol. in 4, v. m.

1554 Histoire du Nestorianisme, par le Pere L.
Doucin. *Paris*, Guil. de Luyne, 1698, in 4,
m. r.

1555 Histoire du Socinianisme. *Paris*, François
Barrois, 1723, in 4, v. m.

1556 Histoire des Flagellans, où l'on fait voir
le bon & le mauvais usage des flagellations
parmi les Chrétiens, par l'Abbé Boileau.
Amsterdam, H. du Sauzet, 1732, in 12,
v. m.

1557 Histoire des Anabaptistes. *Par.* Ch. Clousier, 1695, in 12, fig. v. f.

1558 Theatrum Crudelitatum Hæreticorum nos-
tri temporis. *Antuerpiæ*, ad Hubert, 1587, in
4, fig. m. cit.

1559 Les Héros de la ligue. *Paris*, 1691, in 4,
v. m. fig.

Histoire des Inquisitions contre les Hérétiques.

1560 Lud. à Paramo de Origine & Processu offi-
cii Sanctæ Inquisitionis ejusque dignitate &
utilitate, libri tres. *Matriti*, 1582, in folio,
v. b.

1561 Philippi à Limborch Historia Inquisitionis,
cui subjungitur liber sententiarum Inquisitionis
Tholosanæ. *Amstelodami*, Henr. Wetstein,
1692, in fol. vel.

1562 Discorso dell'origine, forma, leggi, ed uso

dell ufficio dell'Inquisitione nella citta e Dominio di Venetia, del Padre Paolo. 1639, in 4, m. r.

HISTOIRE PROFANE DES MONARCHIES ANCIENNES.

Histoire des Juifs, générale & particuliere.

1563 Flavii Josephi opera omnia Græcè & Latinè, cum notis Sigiberti Havercampi. *Amst.* Wetstein, 1726, 2 vol. in fol. v. ecc.

1564 Histoire des Juifs, écrite par Flavius Joseph, sous le titre d'Antiquités Judaïques, traduite sur l'original Grec par M. Arnauld d'Andilly. *Amsterdam*, Mortier, 1700, in f. Gr. Pap. fig. m. r.

1565 Introduction à l'Histoire des Juifs, par Robert Cleyton. *Leyde*, Luzac, 1752, in 4, v. m.

1566 Histoire des Juifs & des Peuples voisins, par Prideaux, *Amsterdam*, H. du Sauzet, 1728, 6 vol. in 12, m. r.

1567 La même. *Amsterdam*, Arkstée, 1755, 2 vol. in 4, v. m.

1568 Histoire des Juifs, depuis Jesus-Christ jusqu'à présent, par Basnage. *La Haye*, Henri Scheurleer, 1716, 15 vol. in 12, v. b.

Histoire générale des quatre Monarchies anciennes, & premiérement des Chaldéens, des Babyloniens, des Assyriens, des Medes & des Perses.

1569 Jac. Perizonii Ægyptiacarum originum & temporum antiquissimorum investigatio. *Traj. ad*

ad Rhenum, Juftus Lœrs , 1736 , 2 vol. in 8 ,
velin.

1570 Dictys Cretenfis & Dares Phrygius de bello Trojano, cum notis variorum , & in ufum
Delphini , cum interpretatione Annæ Dace-
riæ , edente Jacobo Perizonio. *Amftelodami* ,
Gallet , 1702 , 2 vol. in 8 , m. r.

1571 Hiftoire Ancienne, par M. Rollin. *Paris* , 37
veuve Eftienne , 1740 , 6 volumes in 4 ,
v. m.

Hiftoire Grecque.

1572 Paufaniæ Græciæ defcriptio , gr. & latinè , 35
cum notis Joachimi Kuhnii. *Lipfiæ* , Tho.
Fritfch , 1696 , 2 vol. in fol. v. f.

1573 Paufanias , ou voyage hiftorique de la
Grece , trad. en françois par M. l'Abbé Gé- 31   10
doyn. *Paris* , Didot , 1731 , 2 vol. in 4, Gr.
Pap. v. m.

1574 Vetus Græcia illuftrata , ftudio Ubonis
Emmii. *Lugd. Bat.* Ezevier , 1626 , 2 vol. in 6
8 , v. m.

1575 Herodoti Halicarnaffei Hiftoriarum libri
IX , græcè & latinè , cum notis Jac. Grono- 22
vii. *Lugd. Bat.* Sam Luchtmans , 1715 , in
fol. vel.

1576 Ejufd. Herodoti Halicarnaffei hiftoriarum
libri IX , græcè & latinè , cum notis Pet. 50
Weffelingii. *Amftelidami* , Petrus Shouten ,
1763 , in fol. v. f.

1577 Recherches & Differtations fur Hérodote , par M. le Préfident Bouhier. *Dijon* , 9
Defaint , 1746 , in 4 , v. m.

N

1578 Thucydidis Historiæ, gr. & lat. *Glasguæ*, Foulis, 1759, 8 vol. in 8, v. f.

1579 L'Histoire de Thucydide, de la guerre du Péloponese, trad. en françois par Perrot d'Ablancourt. *Paris*, Mic. David, 1733, 3 vol. in 12, v. m.

1580 Xenophontis opera omnia, græcè & latinè, edente Wells. *Oxoniæ*, è Theatro Sheldoniano, 7 volumes in 8, m. b. lav. regl.

1581 Ejusdem Xenophontis de Socrate Commentarii, item Socratis Apologia, græcè. *Glasguæ*, in Ædibus Academicis, Foulis, 1761, in 4. m. r.

1582 Ejusdem memorabilium Socratis dictorum libri IV, cum notis Joan. Augusti Ernesti & aliorum. *Lugd. Bat.* 1772, in 8, m. bl.

1583 Ejusdem Xenophontis Œconomicus, Apologia Socratis, Symposium, Hiero, Agesilaus, cum notis Joan. Augusti Bachi. *Lipsiæ*, 1749, in 8, m. bl.

1584 La Cyropédie, ou histoire de Cyrus, trad. du grec de Xenophon, par M. Dacier, *Paris*, Les Freres Debure, 1777, 2 vol. in 12, v. m.

1585 L'Expédition de Cyrus dans l'Asie supérieure, & la retraite des dix mille, trad. de Xénophon, par M. Larcher. *Paris*, les Freres Debure, 1778, 2 vol. in 12, v. m.

1586 Diodori Siculi Bibliothecæ historicæ libri qui supersunt, græcè & latinè, cum notis Pet. Wesselingii. *Amstelodami*, Jac. Wetstein, 1746, 2 vol. in fol, C. Mag. v. f.

1587 Histoire universelle de Diodore de Sicile, trad. en françois par l'Abbé Terrasson. *Pa-*

ris, Debure l'aîné, 1737; 7 volumes in 12,
v. m.

1588 Histoire de Philippe, Roi de Macédoine,
par M. Olivier. *Paris*, Debure l'aîné, 1740,
2 vol. in 12, v. m.

1589 Arrianus de expeditione Alexandri Magni, græcè & latinè, cum notis variorum.
Amst. 1668, 2 vol. in 8, m. r.

1590 Ejusdem Arriani Nicomediensis expedi-
tionis Alexandri libri VII, & Historia Indica,
gr. & lat. operâ Jacobi Gronovii. *Lugd. Bat.*
Vander Aa, 1704, in fol. G. Mag.

1591 Ejusdem Arriani de expeditione Alexandri Historia, gr. & lat. ed. G. Raphelio. *Amst.*
Wetstein, 1757, in 8, v. f.

1592 Quinti Curtii de rebus gestis Alexandri
Magni libri. *Lugd. Bat.* ex officinâ Elzevirianâ, 1633, in 12, m. r.

1593 Idem Q. Curtius Rufus de rebus Alexandri Magni, cum notis variorum. *Ultrajecti.* Franc. Halma, 1685, 3 volumes in 8,
m. r.

1594 Ejusdem Quinti Curtii Rufi historiæ, cum
notis variorum, ed. Sam. Pitisco. *Hagæ Comitum*, 1708, 2 vol. in 8, fig. v.

1595 Ejusdem Quinti Curtii Rufi de rebus gestis Alexandri Magni libri. *Londini*, Jac. Tonson, 1716, in 8, C. Mag. m. h.

1596 Idem Q. Curtius Rufus de rebus gestis
Alexandri Magni, cum notis variorum, stud.
Henrici Snakenburg. *Delphis*, Beman, 1724,
2 vol. in 4, C. Mag. v. m.

1597 Ejusdem Q. Curtii Rufi de rebus gestis

Alexandri Magni libri X. *Parisiis*, J. Barbou, 1757, in 12, v. m.

1598 Examen critique des Anciens Historiens d'Alexandre le Grand (par M. le Baron de Sainte Croix). *Paris*, Dessain junior, 1775, in 4. br.

1599 Histoire du siecle d'Alexandre, avec quelques réflexions sur ceux qui l'ont précédé, par M. Linguet. *Amsterdam*, 1762, in 12, v. m.

1600 Parallele de l'expédition d'Alexandre dans les Indes, avec la conquête des mêmes contrées par Thomas Kouli-Khan, par M. de Bougainville. 1752, in 8, v. f.

1601 Histoire de Pyrrhus, Roi d'Epire. *Amsterdam*, P. Mortier, 1749, 2 volumes in-12, v. m.

Histoire Romaine.

1602 Dionysii Halicarnassensis opera omnia, gr. & lat. ed. Joanne Hudson. *Oxoniæ*, è Th. Sheldoniano, 1704, 2 vol. in fol. v. f.

1603 Les Antiquités Romaines de Denys d'Halicarnasse, trad. en françois par Bellanger. *Paris*, Lottin, 1723, 2 volumes in 4, v. f. Gr. Pap.

1604 Titi Livii Historiarum libri. *Lugd. Bat.* Elzevier, 1634, 3 vol. in 12, m. vert.

1605 Ejusdem Titi Livii Historiæ, cum notis variorum, ex recensione Gronovii *Amstelodami*, apud Elzevirios, 1664, 6 vol. in 8, m. r.

1606 Ejusdem Titi Livii Historiæ, cum notis variorum ed. Jac. Gronovio. *Amstelodami*, Elzevier, 1679, 3 vol. in 8, vel.

1606 * Ejufdem Titi Livii Hiftoriæ, cum notis
variorum. *Oxonii*, è Th. Sheldon. 1708, 6
vol. in 8, m. viol. l. r.

1607 Ejufdem Titi Livii Hiftoriarum libri qui
fuperfunt, ex recenfione J. N. l'Allemand. *Pa-*
ris, Barbou, 1775, 8 vol. in 12, v. m.

1608 Les Concions & Harangues de Tite Live,
trad. en françois par J. de Amelin. *Paris*,
Vafcofan, 1567, in 8, m. r.

1609 Lucius Annæus Florus, edente Cl. Salma-
fio. *Lugd. Bat.* apud Elzevirios, 1638, in
12, m. r. lav. régl.

1610 Ejufdem L. Annæi Flori Epitome rerum
Romanarum, cum notis variorum, ex recenfione Jo. Georg. Grævii. *Amftelodami*, Gallet, 1702, 2 vol. in 8, m. r.

1611 Idem Lucius Annæus Florus, cui fubjun-
gitur Lucii Ampelii liber memorabilis. *Lond.*
Jac. Tonfon, 1715, in 8, C. Mag. m. n.

1612 M. Velleius Paterculus, cum notis Gerardi Voffii. *Lugd. Bat.* Elzevier, 1639, in 12,
m. v.

1613 Ejufdem M. Velleii Paterculi Hiftoriæ
Romanæ libri qui fuperfunt. *Londini*, Jac.
Tonfon, 1718 in 8, C. Mag. m. n.

1614 Ejufdem C. Velleii Paterculi Hiftoria Romana, cum notis variorum, curante Pet. Burmanno. *Lugd. Bat.* Luchtmans, 1719, 2 vol.
in 8, m. r.

1615 Ejufdem Caii Velleii Paterculi Hiftoriæ
Romanæ libri duo : accurante Step. And. Philippe. *Lutetiæ Parifiorum*, Mich. Step. David, 1746, in 12, v. m.

1616 Idem Velleius Paterculus, ed. Pet. Burmahno. *Rotterodami* , Beman 1756 , in 8 , v. f.

1617 Eutropii Breviarium Hiftoriæ Romanæ , cum metaphrafi græcâ Pœanli , cum notis variorum , ex recenfione Sig. Havercampi. *Lugd. Bat.* Langerak , 1729 , 2 vol. in 8 , m. r.

1618 Ejufdem Eutropii Breviarium Hiftoriæ Romanæ. *Parifiis* , J. Barbou , 1754 , in 12 , v. m.

1619 Sexti Aurelii Victoris Hiftoriæ Romanæ Breviarium , cum notis variorum , curante Sam. Pitifco, *Trajecti ad Rhenum* , Halma , 1696 , in 8 , m. r.

1620 Polybii Hiftoriarum libri qui fuperfunt , gr. & lat. cum notis If. Cafauboni. *Parifiis* , Drouard , 1609 in fol. C. Mag. m. r.

1621 Ejufdem Polybii Lycortæ Hiftoriarum libri qui fuperfunt , græcè & latinè , cum notis variorum. *Amftelodami* , 1670 , 5 vol. in 8 , m. r.

1622 Ejufdem Polybii Hiftoriæ , gr. & lat. ed. Jac. Aug. Ernefti. *Lipfia* , 1764 , 3 vol. in 8 , v. f.

1623 Hiftoire de Polybe , trad. du Grec par Dom Vincent Thuillier , avec le commentaire de M. le Chevalier Folard. *Paris* , Gandouin , 1727 , 6 vol. in 4 , fig. v. m.

1624 Sentiments d'un homme de guerre fur le nouveau fyftême du Chevalier Folard. *La Haye* , J. Vanduren , 1732 , in 4 , v. m.

1625 Appiani Alexandrini Hiftoria Romana , græcè & latinè , cum notis variorum. *Amftelodami* , Io. Janf. à Waesberge , 1670 , 2 vol. in 8 , m. r.

1626 Caii Salluſtii Criſpi Hiſtoriæ. *Lugd. Bat.*
ex officinâ Elzevirianâ , 1634 , in 12 , v. f.

1627 Ejuſdem C. Criſpi Salluſtii opera omnia ,
cum notis variorum. *Amſt.* Boom , 1690 , in
8 , m. r.

1628 Ejuſdem C. Criſpi Salluſtii quæ extant ,
cum notis variorum , curâ Sigiberti Havercampi *Amſtelodami* , Changuion , 1742 , 2
vol. in 4 , C. Mag. v. f.

1629 Ejuſdem Caii Salluſtii Criſpi quæ extant
opera. *Lutetiæ Pariſiorum* , Mich. Step. David,
1744 , in 12 , v. m.

1630 Caius Criſpus Salluſtius , & L. Annæus
Florus. *Birminghamiæ* , Baskerville , 1773 ,
in 4 , m. r.

1631 Hiſtoire de la République Romaine , dans le
cours du VII ſiecle , par Salluſte , trad. du latin par M. le P. de Broſſes. *Dijon* , Frantin ,
1777 , 3 vol. in 4 , Gr. Pap. v. f. d. ſ. t.

1632 La Conjuracion de Catilina , y la guerra
de Jugurta ; por Cayo Saluſtio Criſpo. *En
Madrid* , Ibarra , 1772 , in fol. m. r. relié à
compart.

   Cette Traduction faite par ſon Alteſſe Royale , l'Infant Dom Gabriel , eſt accompagnée du
texte latin , de notes , d'une ſuperbe carte géographique & de très belles eſtampes. Cet ouvrage a été imprimé par ordre & aux dépens de ce
Prince. L'exécution Typographique en eſt de la
plus grande beauté , & je ne crains pas d'avancer
que ce livre eſt le plus parfait qui ait paru juſqu'à préſent pour l'égalité du tirage. Il eſt ex-
trêmement rare , parce que le Prince s'eſt réſer-
vé toute l'édition pour en faire des préſens.

Monſeigneur le Comte d'Artois fait imprimer actuellement par M. Didot l'aîné une collection d'ouvrages choiſis, qui ſera d'autant plus précieuſe, que l'on ne peut en avoir que de la main même du Prince. Elle pourra être comparée, pour la partie typographique, à la ſuperbe édition de Salluſte: mais elle lui ſera bien ſupérieure, pour les belles proportions des caracteres (*a*) & la blancheur ſurprenante du papier (*b*).

12 　 1633 C. Julii Cæſaris quæ extant. *Lugd. Bat.* Elzevier, 1635, in 12, m. v. Editio optima.

20 　 1634 Ejuſdem Caii Julii Cæſaris quæ extant, ex emendatione Joſ. Scaligeri. *Lugd. Bat.* ex

___

(*a*) Les poinçons ont été gravés par Garamond, célebre Graveur & Fondeur de caracteres d'Imprimerie, né à Paris dans le ſeizieme ſiecle. Il a porté ſon art à un ſi haut degré de perfection, qu'on ne peut lui refuſer la gloire d'avoir ſurpaſſé tous ceux qui étoient avant lui, & de n'avoir jamais été égalé par aucun de ceux qui ſont venus après lui. Il grava, par ordre de François I, des caracteres grecs, &c., dont les Eſtienne, les Elzeviers, & autres célebres Imprimeurs ont fait uſage pour les éditions qui les ont immortaliſés. Tous les étrangers qui ſe ſont ſervis de ſes caracteres, eurent ſoin d'ajouter à chaque nom du caractere, celui de Garamond, pour le diſtinguer de tous les autres; & le Petit Romain, par excellence, étoit connu chez eux, ſous le ſeul nom de Garamond. Les caracteres de Baskerville que l'on a tant vantés, & que l'on annonce dans différents Journaux, comme les plus beaux de l'Europe, n'ont pas, à beaucoup près la même élégance, & d'auſſi belles proportions.

(*b*) Ce papier a été fabriqué en France, à Annonay, par M. Johannot. Il efface par ſon éclat les plus beaux papiers de Hollande.

officinâ Elzevirianâ, 1635, in 12, m. r. Editio optima.

1635 Ejusdem Cæsaris opera, ed. Samuele Clarke. *Londini*, Tonson, 1712, in fol. fig. m. r. dent. C. Max.

Cet exemplaire est en très-grand papier, il a été acheté à la vente de M. le Marié 641 liv.

1636 Ejusdem Caii Julii Cæsaris opera, cum notis variorum, curante Jo. Georgio Grævio. *Lugd. Bat.* Luchtmans, 1713, 3 vol. in 8, m. bl.

1637 Ejusdem Cæsaris opera, cum notis variorum, ed. Jo. Georg. Grævio. *Lugd. Bat.* 1713, in 8, fig. vi f.

1638 Ejusdem Caii Julii Cæsaris & A. Hirtii de rebus à C. Julio Cæsare gestis commentarii, cum C. Jul. Cæsaris fragmentis. *Londini*, Jac. Tonson, 1716, in 8, C. Mag. m. n.

1639 Ejusdem Caii Julii Cæsaris Commentarii. *Glasguæ*, Foulis, 1750, in fol. v. f.

1640 Ejusdem Caii Julii Cæsaris opera. *Parisiis*, J. Barbou, 1755, 2 volumes in 12, v. f.

1641 Ejusdem Julii Cæsaris Portus Iccius illustratus. *Oxoniæ*, è Th. Sheldoniano, 1694, in 8, v. f.

1642 C. Cornelius Tacitus. *Lugd. Bat.* Elzevier, 1634, 2 vol. in 12, m. r.

1643 H. Savilius in Taciti Historiam, Agricolæ Vitam & Commentarius de Militiâ Romanâ. *Amst.* Elzevier, 1649, in 12, v.

1644 Ejusdem C. Cornelii Taciti opera, cum notis variorum, ex recensione Jo. Fred. Gronovii. *Amſtel.* apud Danielem Elzevirium, 1672, 4 vol. in 8, m. r.

1645 Ejuſdem C. Cornelii Taciti opera, ex recenſione & cum animadverſionibus Theod. Rickyii. *Lugd. Bat.* Jac. Hackius, 1687, 2 vol. in 8, C. Mag. m. r.

1646 Ejuſd. C. Cornelii Taciti opera, ex recenſione Jo. Aug. Erneſti. *Lipſiæ*, 1752, 2 vol. in 8, vel.

1647 Ejuſdem C. Cornelii Taciti opera. *Glaſguæ*, Rob. Foulis, 1753, 4 volumes in 16, v. m.

2 1648 Ejuſdem Caii Cornelii Taciti quæ extant opera, ex recenſione J. N. Lallemand. *Pariſiis*, Deſaint & Saillant, 1760, 3 vol. in 12, v. m.

1649 Ejuſdem Caii Cornelii Taciti opera, cum notis & diſſertationibus Gabrielis Brotier. *Pariſiis*, Lud. Franc. Delatour, 1771, 4 vol. in 4, C. Mag. m. r. Livre très rare & ſuperbe pour l'exécution typographique.

1650 Traduction de quelques ouvrages de Tacite par l'Abbé de la Bléterie. *Paris*, Ducheſne, 1755, 2 vol. in 12, v. m.

1651 Tibere, diſcours politiques ſur Tacite, par Amelot de la Houſſaye. *Paris*, Fréd. Léonard, 1684, in 8, v. b.

1652 Caius Suetonius Tranquillus. *Pariſiis*, è Typographiâ Regiâ, 1644, in 12, v. b.

1653 Ejuſdem Caii Suetonii Tranquilli opera, cum notis variorum & commentariis Samuelis Pitiſci. *Trajecti ad Rhenum*, Franc. Halma, 1690, 4 vol. in 8, m. r.

1654 Ejuſdem Suetonii opera, ex recenſione Jo.

Georg. Grævii. *Amstelodami*, 1697, in 8, v.

1655 Ejusdem Suetonii opera, cum notis variorum, ed. Oudendorpio. *Lugd. Bat.* Luchtmans, 1751, 2 vol. in 8, vel.

1656 Les douze Césars, trad. du latin de Suétone, par M. de la Harpe. *Paris*, Lacombe, 1770, 2 vol. in 8, v. m.

1657 Histoire des douze Césars de Suétone, trad. par Henri Ophellot de la Pause. *Paris*, Saillant, 1771, 4 vol. in 8, v.

1648 Les Césars de l'Empereur Julien, trad. du grec par Spanheim. *Amsterdam*, l'Honoré, 1728, in 4. fig. de Picart v. m.

1659 Dionis Cassii Historia Romana, græcè & latinè, cum notis Herm. Sam. Reimari. *Hamburgi*, Christ. Heroldus, 1750, 2 volumes in fol. v. f.

1660 Herodiani Historiarum libri octo, græcè & latinè, cum notis variorum. *Oxoniæ*, è Theatro Sheldoniano, 1704, in 8, m. r.

1661 Ejusdem Herodiani Historiæ, gr. & lat. cum notis variorum. *Oxoniæ*, è Theatro Sheldoniano, 1704, in 8, vel.

1662 Histoire d'Hérodien, traduite en François par l'Abbé Mongault. *Paris*, Ch. Nic. Poirion, 1745, in 12, v. m.

1663 Zozimi, Historiarum libri VI. græcè & latinè, cum notis variorum. *Oxonii*, è Theatro Sheldoniano, 1679, in 8, m. r.

1664 Ejusdem Zozimi historiæ græcè & latinè, cum notis variorum, accurante Christ. Cellario. *Iena*, Bielckius, 1729, in 8, v.

1665 Ammiani Marcellini historiæ, cum notis

Henrici Valesii. *Parisiis* , Ant. Dezallier ,
1681 , in fol. C. Mag. v. f.

1666 Ejusdem Ammiani Marcellini historiæ ,
cum notis Aug. Guill. Ernesti. *Lipsiæ* , 1773 ,
in 8 , m. r.

1667 Historiæ Augustæ scriptores VI , cum notis
variorum. *Lugd. Bat.* ex officina Hackiana ,
1671 , 4 vol. in 8 , m. r.

1668 Histoire des Révolutions arrivées dans le
Gouvernement de la République Romaine ,
par l'Abbé de Vertot. *Paris* , Nyon , 1732 ,
3 vol. in 12 , v. m.

1669 Histoire des Révolutions de l'Empire Romain , par M. Linguet. *Paris* , Desaint , 1766 ,
2 vol. in 12 , v. m.

1670 La République Romaine , ou Plan général
de l'ancien Gouvernement de Rome , par M.
de Beaufort. *La Haye* , Van Daalen , 1766 ,
2 vol. in 4 , v. m.

1671 Histoire de Scipion l'Africain , par l'Abbé
Seran de la Tour. *Paris* , Didot , 1738 , in
12 , v. m.

1672 Histoire de Cicéron , par l'Abbé Prevost.
Paris , Didot , 1749 , 5 vol. in 12 , v. m.

1673 Histoire des deux Triumvirats , depuis la
mort de Catilina jusqu'à celle de César , par
Larrey. *Trévoux* , 1741 , 4 vol. in 12 , v. m.

1674 Histoire des Empereurs , par M. le Nain de
Tillemont. *Paris* , Charles Robustel , 1720 ,
6 vol. in 4 , v. m.

1675 Les Impératrices Romaines , ou Histoire
de la vie & des intrigues secretes des femmes
des douze Césars , par M. de Serviez. *Paris* ,
Leclerc , 1744 , 3 vol. in 12 , v. m.

1676 Vie de l'Empereur Julien, par M. l'Abbé de la Bleterie. *Paris*, Defaint & Saillant, 1746, in 12, v. m.

1677 Hiftoire de l'Empereur Jorien, par M. l'Abbé de la Bleterie. *Paris*, Prault, 1748, 2 vol. in 12, v. m.

1678 Hiftoire de Théodofe le Grand, par M. Fléchier. *Paris*, Seb. Mabre Cramoify, 1679, in 4, Gr. Pap. v. b.

1679 Hiftoire des grands chemins de l'Empire Romain, par Nicolas Bergier. *Bruxelles*, Jean Léonard, 1728, 2 vol. in 4, Gr. Pap. v. f.

Hiftoire Byzantine, c'eft-à-dire de l'Empire Romain transféré à Conftantinople, depuis Conftantin jufqu'à la prife de cette Ville par les Turcs.

1680 Corpus hiftoriæ Byzantinæ, fcilicet. Ph. Labbe de hiftoriæ Byzantinæ fcriptoribus publicandis Protrepticon, &c. *Parifiis*, è Typ. Regia, 1648, in fol. C. M. m. r. dent.

1681 Procopii hiftoriarum fui temporis lib. VIII. gr. & lat. cum interp. & notis Cl. Maltreti. *Parifiis*, è Typ. Regia, 1662, 2 vol. in fol. C. M. v. b.

1682 Agathiæ Scholaftici de rebus geftis imp. Juftiniani libri V, gr. & lat. cum interp. & notis Bonav. Vulcanii. *Parifiis*, è Typ. Regia, 1660, in fol. C. M. m. r.

1683 Chronicon Pafchale à mundo condito ad Imperatorem Heraclium, gr. & lat. cum notis Car. Dufrefne, D. Ducange. *Parifiis*, è Typ. Regia, 1688, in fol. C. M. v. b.

1684 Georgii Syncelli chronographia, gr. & lat.
cum notis Jac. Goar. *Parisiis*, è Typ. Regia,
1652, in fol. C. M. m. r. d.

1685 S. Theophanis chronographia, gr. & lat.
cum notis Franc. Combefisii. *Parisiis*, è Typ.
Regia, 1655, in fol. C. M. v. b.

1686 Anastasii bibliothecarii historia Ecclesias-
tica, gr. & lat. cum notis C. Annib. Fabroti.
Parisiis. è Typ. Regia, 1649, in fol. C. M.
m. r. d.

1687 Historiæ Byzantinæ scriptores post Theopha-
nem, gr. & lat. cum notis Fr. Combefisii. *Par.*
è Typ. Regia, 1685, in fol. C. M. v. b.

1688 Georgii Cedreni compendium historiarum,
gr. & lat. cum notis Jac. Goar, & C. A Fabroti.
Parisiis, è Typ. Regia, 1647, 2 vol. in fol.
C. M. m. r. d.

1689 Constantini Manassis breviarium historicum, gr. & lat. cum notis Bern. Medonii.
Parisiis, è Typ. Regia, 1655, in fol. C. M.
v. b.

1690 Michaelis Glicæ annales, gr. & lat. cum
notis Philippi Labbe. *Parisiis*, è Typ. Regia,
1660, in fol. C. M. v. b.

1691 Joannis Zonaræ annales, gr. & lat. cum
notis Car. Dufresne, D. Ducange. *Parisiis*,
è Typ. Regia, 1686, 2 vol. in fol. C. M.
v. b.

1692 Annæ Comnenæ Alexias, gr. & lat. cum
notis Davidis Hoeschelii. *Parisiis*, è Typ.
Regia, 1651, in fol. C. M. v. b.

1693 Jo. Cinnami de rebus gestis à Jo. & Ma-
nuele Comnenis libri VI, gr. & lat. cum notis

Car. Dufrefne, D. Ducange. *Parifiis*, è Typ.
Regia, 1670, in fol. C. M. v. b.

1694 Nicetæ Acominati Choniatæ hiftoria gr. &
lat. edente Car. An. Fabroto. *Parifiis*, è Typ.
Regia, 1647, in fol. C. M. m. r. d.

1695 Georgii Acropolitæ hiftoria Bizantina, gr.
& lat. cum notis Th. Douzæ. *Parifiis*, è Typ.
Regia, 1651, in fol. C. M. v. b.

1696 Ducæ, Michaelis Ducæ Nepotis, hiftoria
Byzantina, gr. & lat. cum notis Ifm. Bulialdi.
Par. è Typ. Regia, 1649, in fol. C. M. v. b.

1697 Georgii Pachymeris hiftoria, gr. & lat.
cum notis Petri Poffini. *Romæ*, Typ. Barbe-
rinis, 1666 & 1669, 2 vol. in fol. C. M.
v. b.

1698 Jo. Cantacufeni hiftoriarum libri IV, gr.
& lat. cum notis Jac. Gretferi. *Parifiis*, è Typ.
Regia, 1645, 3 vol. in fol. C. M. m. r. d.

1699 Nicephori Gregoræ hiftoria Byzantina, gr.
& lat. cum notis Jac. Boivin, *Parifiis*, è Typ.
Regia, 1702, 2 vol. in fol. C. M. v. b.

1700 Chronicon Orientale, ex Arabico verfum
ab Abrah. Ecchellenfi. *Parifiis*, è Typ. Regia,
1651, in fol. C. M.

1701 Laonici Chalcocondilæ hiftoriæ Turcarum,
libri X, gr. & lat. edente C. An. Fabroto.
Parifiis, è Typ. Regia, 1650, in fol. C. M.
m. r. d.

1702 Georgii Codini Curopalatæ de officiis ma-
gnæ Ecclefiæ & aulæ Conftantinopolitanæ liber
gr. & lat. edente Jac. Goar. *Parifiis*, è Typ.
Regia, 1648, in fol. C. M. m. r. d.

1703 Jofephi Genefii & aliorum hiftoria Byzantina, gr. & lat. *Venetiis*, Pafquali, 1733, in fol. C. M. v. m.

1704 Joannis Antiocheni cognomento Malalæ hiftoria chronica, gr. & lat. cum notis Edm. Chilmeadi. *Oxonii*, è Theatro Sheldoniano, 1691, in 8, vel.

1705 Anfelmi Bandurii Imperium Orientale. *Parifiis*, Coignard, 1711, 2 vol. in fol. cum fig. C. m. m. r.

1706 Caroli Dufrefne, D. Ducange, hiftoria Byzantina. *Parifiis*, Moette, 1680, in fol. C. M. v. b.

1707 Originum rerumque Conftantinopolitanarum manipulus; cùm notisFr. Combefis. *Parifiis*, Piget, 1664, in 4, m. r.

1708 Conftantini Porphyrogenetti libri duo de Cæremoniis aulæ Byzantinæ, gr. & lat. operâ J. J. Reiskii. *Lipfiæ*, Gleditfchius, 1751, in fol. C. M. m. r.

1709 Hiftoire de l'Empire de Conftantinople fous les Empereurs François, par G. de Ville-Hardouin, avec les notes de Ch. Ducange. *Paris*, Imp. Royale, 1657, in fol. Gr. Pap. v. b.

1710 Mannelis Augufti Palæologi in Theodorum fratrem defpotam Peloponnefi, funebris oratio, gr. & lat. *Parifiis*, Bertier, 1647, in fol. C. Mag. v. b.

1711 Anfelmi Bandurii Numifmata Imperatorum Romanorum. *Parifiis*, 1718, 2 vol. in fol. C. M. v. b.

1712 Notitia dignitatum Imperii Romani ex recens. Ph. Labbe. *Parifiis*, è Typ. Regia, 1651, in 12, v. m.

1713 Theophilacti Bulgariæ Archiepiscopi, insti-
tutio Regia, gr. & lat. edente Petr. Possino.
Parisiis, è Typ. Regia, 1651, in 4, m. r. d.

1714 Michaelis le Quien Oriens Christianus.
Parisiis, è Typ. Regia, 1740, 3 vol. in fol.
C. M. m. r.

1715 Car. Dufresne, D. Ducange illyricum vetus
& novum. *Posonii*, 1746, in fol. v. m.

1716 Gesta Dei per Francos in Oriente, edente
Jac. Bongarsio. *Hanoviæ*, 1611, 2 vol. in fol.
v. b.

1717 Histoire des Révolutions de l'Empire de
Constantinople, par M. de Burigny. *Paris*,
Debure, 1750, 3 vol. in 12, v. f. d. s. t.

1718 Etats formés en Europe après la chûte
de l'Empire Romain en Occident, par M.
d'Anville. *Paris*, de l'Impr. Royale, 1771,
in 4, v. m.

1719 Tableau de l'Histoire moderne, depuis la
chûte de l'Empire d'Occident, jusqu'à la Paix
de Westphalie, par M. de Mehegan. *Paris*,
Saillant, 1766, 3 vol. in 12, v. m.

*Histoire moderne, ou des Monarchies qui
subsistent aujourd'hui, premiere Partie,
comprenant les Monarchies de l'Europe.*

H I S T O I R E   D'I T A L I E.

Description & Notice générale de toute l'Italie.

1721 Analyse géographique de l'Italie, par M.
d'Anville. *Paris*, veuve Estienne, 1744, in 4
4, v. m.

O

1722 Defcription Hiftorique & Critique de l'Italie, par l'Abbé Richard. *Dijon*, François Defventes, 1766, 6 vol. in 12, v. m.

1723 Hiftoire des Guerres d'Italie, traduite de de l'Italien de François Guichardin ; en François, par le fieur Favre ; & revue enfuite, & retouchée par le fieur Georgion. *Londres*, (*Paris*,) 1738, 3 vol. in 4, Gr. P. v. m.

Hiftoire de Venife, & des différents Domaines de cette République.

1724 Hiftoire du Gouvernement de Venife, par Amelot de la Houffaye. *Lyon*, Jac. Certe, 1740, 3 vol. in 12, fig. v. b.

1725 Hiftoire de la ligue faite à Cambrai, contre la République de Venife, par l'Abbé Dubos. *Paris*, Chaubert, 1728, 2 vol. in 12, v. b.

Hiftoire de Naples & de Sicile.

1726 Hiftoire civile du Royaume de Naples, traduite de l'Italien de Pierre Giannone. *La Haye*, P. Goffe, 1742, 4 vol. in 4, v. m.

1727 Mémoire fur la Ville fouterraine découverte au pied du Mont-Véfuve. *Paris*, Cl. Hériffant, 1748, in 8, br.

1728 Obfervations fur les Antiquités de la Ville d'Herculanum, par MM. Cochin & Bellicard. *Paris*, Ch. Ant. Jombert, 1754, in 12, v. m.

1729 Jac. Ph. d'Orville Sicula, *Amftelodami*, 1764, in fol. fig. cuir de Ruffie.

1730 Hiftoire générale de Sicile, par M. de Burigny. *La Haye*, If. Beauregard, 1745, 2 v. in 4, v. f.

Hiſtoire du grand Duché de Toſcane & de Florence.

1731 Nicolai Machiavelli hiſtoriæ Florentinæ libri octo. *Lugd. Bat.* de Vogel , 1645 , in 12 , v. f.

1732 Hiſtoire de Florence , par Nic. Machiavel. *Amſterdam* , Henri Desbordes , 1694 , 2 vol. in 12 , v. b.

Hiſtoire de Milan , & du Pays Milanois , Mantoue & Montferrat , &c.

1733 Hiſtoria di Milano da Bernardino Corio. *Mediolani* , Alex. Minutianus , 1503 , in fol. velin. Eſſemplare intiero e rariſſimo.

1734 Hiſtoria di Cremona da Antonio Campo , *in Cremona* , in caſa dell Autore , 1585 , in fol. fig. m. r.

Hiſtoire de Savoie , Piédmont , Sardaigne , Mal- the , & autres Principautés adjacentes à l' Italie.

1735 Cœlii Secundi Curionis de bello Melitenſi hiſtoria. *Baſilea* , Jo. Oporinus , 1567 , in 8 , m. b.

HISTOIRE DE FRANCE.

Topographie , ou Deſcription générale de la France.

1736 Dictionnaire Géographique portatif de la France. *Paris* , Deſaint , 1765 , 4 vol. in 8 , v. m.

1737 Atlas hiſtorique de la France ancienne &

moderne, dreſſé pour ſervir à la lecture de l'Hiſtoire de France de M. Velly, par M. Rizzi Zannoni. *Paris*, 1765, in 4, br.

1738 Carte générale de la France, par M. Caſſini de Thury. 37 vol. in 4, v. b.

Préliminaires de l'Hiſtoire de France, comprenant l'Hiſtoire ancienne des Gaules, & la Notice générale du Royaume de France, avec les Traités préparatoires à ſon intelligence.

4   1739 Notice de l'ancienne Gaule, tirée des Monuments Romains, par M. d'Anville. *Paris*, Deſaint, 1760, in 4, v. m.

5   13. 1740 Antiquité de la Nation & de la langue des Celtes, autrement appellés Gaulois, par le P. Pezron. *Paris*, Proſper Marchand, 1704, in 12, v. f.

8   2. 1741 Les trois Livres des illuſtrations de Gaule & ſingularités de Troye. *Paris*, Galliot Dupré, 1531, in 8, v. f.

7   4. 1742 Hiſtoire de l'Etat & République des Druides, Eubages Sarronides, Bardes, &c. par Noël Taillepied. *Paris*, Jean Parent, 1585, in 8, v. m.

11   1743 La Religion des Gaulois, tirée des plus pures ſources de l'Antiquité. *Paris*, Saugrain, 1727, 2 vol. in 4, fig. v. m.

12   3. 1744 Hiſtoire des Gaules & des Conquêtes des Gaulois, depuis leur origine juſqu'à la fondation de la Monarchie Françoiſe, par D. Jac. Martin. *Paris*, Lebreton, 1752, 2 vol. in 4, v. m.

6   1. 1745 Hiſtoire Critique de l'établiſſement la

Monarchie Françoise dans les Gaules , par
l'Abbé Dubos. *Paris*, Giffart, 1742, 2 vol.
in 4, v. m.

1746 Ant. Dadini Alteferræ de Ducibus & Co-
mitibus Provincialibus Galliæ libri tres. *Tolof.*
Arn. Colomerius, 1643, in 4, v. b.

1747 Les Œuvres d'Eftienne Pafquier, contenant
fes recherches fur la France , &c. *Amfterdam*,
1723, 2 vol. in fol. v. m.

1748 Les origines ou l'ancien Gouvernement
de la France, de l'Allemagne & de l'Italie.
La Haye, 1757, 4 vol. in 12, v. m.

1749 Etat de la France, par le Comte de Boulainvilliers. *Londres*, T. Wood, 1727, 3 vol.
in fol. v. m. Gr. Pap.

Hiftoire générale de France.

1750 Hiftoriæ Francorum fcriptores Cœtanei ab
ipfius gentis origine , ad Pippinum ufque Re-
gem : ftudio Andreæ Duchefne. *Lutet. Parif.*
Sébaft. Cramoify, 1636, 5 vol. in fol. C. M.
v. b.

1751 Recueil des Hiftoriens des Gaules & de la
France, par D. Martin Bouquet. *Paris*, 1738,
11 vol. in fol. Gr. Pap. m. r.

1751 * Hiftoriæ Normanorum fcriptores antiqui,
ed. And. Duchefne. *Lutet. Parif.* 1619, in
fol. m. r.

1752 Sancti Gregorii Turonenfis opera omnia,
ftud. Theod. Ruinart. *Parifiis*, Fr. Muguet,
1699, in fol. v. m.

1753 Arnoldi Ferroni de rebus geftis Gallorum
libri IX. *Lutetiæ*, Mich. Vafcofan, 1555, in
8, v. m.

O iij

1754 Hiſtoire de France, par Fr. Eudes de Mezeray. *Paris*, Mat. Guillemot, 1643, 3 vol in-
fol. Gr. Pap. m. r. très rare.

1755 Hiſtoire de France avant Clovis, par Mezeray. *Amſterdam*, Ab. Wolfgang, 1692 in-
12, velin.

1756 Abregé chronologique de l'Hiſtoire de
France, par Mezeray. *Amſterdam*, Ab. Wolfgang, 1673, 6 vol. in 12, velin.

1757 Le même Abregé chronologique de l'Hiſtoire de France, par Mezeray. *Amſter*. David
Mortier, 1740, 4 vol. in 4, v. m.

1758 Hiſtoire de France, par le Pere Daniel.
Paris, 1755, 17 vol. in 4, velin.

1759 Hiſtoire de France, depuis l'établiſſement
de la Monarchie juſqu'à Louis XIV, par
MM. Velly, Villaret & Garnier. *Paris*,
Saillant, 1770, 13 vol. in 4, v. ec. papier fin.

1760 Abregé chronologique de l'Hiſtoire de
France, par M. le Préſident Hénault. *Paris*,
Prault, 1749, in 4, Gr. Pap. v. ec. — Sup-
plément à l'Abregé chronologique de l'Hiſtoire
de France, du Préſident Hénault. *Paris*,
Prault, 1756, in 4, Gr. Pap. v. m.

1761 Le même Abregé du Préſident Hénault.
Paris, Prault, 1768, 2 vol. in 4, Gr. Papier
de Hollande, bro. avec 26 eſtampes de M.
Cochin. Pap. de Hollande.

1762 Abregé chronologique des grands Fiefs de
la Couronne de France. *Paris*, Deſaint, 1759,
in 8, v. m.

1763 Obſervations ſur l'Hiſtoire de France, par
l'Abbé de Mably. *Geneve*, 1765, 2 vol. in 12,
v. m.

1764 Pieces fugitives pour servir à l'Histoire de
France. *Paris*, H. D. Chaubert, 1759, 3 vol. 12.   10
in 4, v. m.

1765 Histoire des Révolutions de France, par
de la Hode. *La Haye*, P. Gosse, 1738, in-4   11
4, v. m.

*Histoire générale de France, sous des regnes
particuliers, écrite par des Auteurs contemporains ou autres.*

1766 Les Mémoires de Philippe de Commines.
Leyde, chez les Elzeviers, 1648, in 12, m. b.   15   1
1767 Supplément aux Mémoires de Commines.
Bruxelles, Franc. Foppens, 1713, in 8, v. m.   4
1768 Historia delle Guerre Civili di Francia, di
Henrico Caterino Davila. *In Parigi*, nella   9   1
Stamperia Reale, 1644, 2 vol. in fol. Ch.
Mag. m. r. dent.
1769 Histoire des Guerres Civiles de France,
trad. de l'italien, de H. Cater. Davila. *Amst.*   11   4
1757, 3 vol. in 4, v. m.
1770 Les Mémoires de Michel de Castelnau,
Seigneur de Mauvissiere, par J. le Laboureur.   67
Bruxelles, Leonard 1731, 3 vol. in fol. Gr.
Pap. m. r.
1771 Mémoires de la Ligue ou Recueil des
choses plus mémorables advenues sous la Li-   21
gue, tant en France qu'Angleterre ou autres
lieux, depuis 1576, jusque 1598, par Simon
Goulart. 1590, 6 vol in 8, v. f. fil.

1772 Mémoires de la Ligue. *Amsterdam*, Ark-   18   2
stée, 1758, 6 vol. in 4, v. m.
1773 Chronologie novenaire, contenant l'His-   255   1

toire de la Guerre, sous le regne de Henri IV, par Pierre Victor Cayet. *Paris*, Jean Richer, 1608, 3 vol. in 8, m. r.

1774 Chronologie septenaire, de l'Histoire de la Paix, entre les Rois de France & d'Espagne. *Paris*, Jean Richer, 1605, in 8, m. r.

1775 Le Mercure François, ou la suite de l'Histoire de la paix. *Paris*, Jean Richer, 1613, 25 vol. in 8, m. r.

Cet exemplaire est un des plus beaux que l'on puisse trouver.

1776 Mémoires de Michel de Marolles, Abbé de Villeloin. *Amsterdam*, 1755, 3 vol. in-12, v. m.

Histoire particuliere des Rois de France des deux premieres Races, & de la troisieme, jusqu'à Louis XII.

1777 Histoire du regne de Charlemagne, par de la Bruere. *Paris*, veuve Pissot, 1745, 2 tomes en 1 vol. in 12, v. m.

1778 Histoire de Suger, Abbé de Saint-Denis. *Paris*, J. Musier, 1721, 3 vol. in 12, v. m.

1779 Histoire de France, sous les regnes de Saint Louis, de Philippe de Valois, du Roi Jean, de Charles V & de Charles VI, par l'Abbé de Choisy. *Paris*, Didot, 1750, 4 vol. in 12, v. m.

1780 Histoire de Saint Louis, par Jean Sire de Joinville. — Les Annales de son regne, par Guill. de Nangis. — Sa vie & ses miracles, par le Confesseur de la Reine Marguerite.

Paris, de l'Imprimerie Royale, 1761, in-fol. v. m.

1781 Hiſtoire du Différend d'entre le Pape Boniface VIII, & Philippe le Bel, Roi de France. *Paris*, Seb. Cramoiſy, 1655, in fol. Gr. Pap. v. f. lavé reglé.

1782 Hiſtoire de Bertrand du Gueſclin, Connétable de France, par Claude Menard. *Paris*, Seb. Cramoiſy, 1618, in 4, v. f.

1783 Hiſtoire de Jean de Boucicault, Maréchal de France, par Theod. Godefroy. *Paris*, Pacard, 1620, in 4, parch.

1784 Hiſtoire de Charles VI, par Denis Godefroy. *Paris*, de l'Imprimerie Royale, 1653, in fol. m. r.

1785 Hiſtoire de Charles VII, par Jean Chartier, miſe en lumiere par Denys Godefroy. *Paris*, de l'Imprimerie Royale, 1661, in fol. m. r.

1785 * Procès Criminel fait à Jeanne d'Arc, dite la Pucelle d'Orléans, en l'année 1431. == Procès de la juſtification de l'innocence de Jeanne d'Arc, dite la Pucelle d'Orléans, en l'année 1456, 2 vol. in fol. Mſs. br. en cart.

1786 Hiſtoire de Jeanne d'Arc, par l'Abbé Lenglet Dufreſnoy. *Paris*, Couſtelier, 1753, in 12, v. m.

1787 Mémoires pour ſervir à l'Hiſtoire de France & de Bourgogne, contenant un Journal de Paris, ſous les regnes de Charles VI & Charles VII. *Paris*, Gandouin, 1729, in 4, v. m.

1788 Les Œuvres de Maître Alain Chartier, Clerc, Notaire & Secrétaire des Rois Charles VI & Charles VII, revues par André Duchefne. *Paris*, P. le Mur, 1617, in 4, parch.

1789 Hiftoire d'Artus III, Duc de Bretagne & Connétable de France, par Theodore Godefroy. *Paris*, Pacard, 1722, in 4, v. m

1790 La Chronique du Roi Louis XI. *Paris*, Galliot du Pré, 1558, in 8, v. b.

1791 Hiftoire de Louis XI, par M. Duclos. *Paris*, freres Guerin, 1745, 4 vol. in 8, v.

1792 La même Hiftoire de Louis XI, par Duclos. *Paris*, freres Guerin, 1745, 3 vol. in 8, m. r.

1793 Hiftoire de Charles VIII, Roi de France, par Guil. de Jaligny, & André de la Vigne, recueillie par Denys Godefroy. *Paris*, de l'Imprimerie Royale, 1684, in fol. m. r.

1794 Vie du Cardinal d'Amboife, premier Miniftre du Roi Louis XII, par le Gendre. *Amfterdam*, le Sincere, 1726, 2 vol, in 12, v. m.

*Hiftoire particuliere des regnes de François I*er *& Henri II.*

1795 Hiftoire de François I er, Roi de France, par M. Gaillard. *Paris*, Saillant 1769, 8 vol. in 12, v. m.

1796 Franc. Valefii Gallorum Regis fata, autore Stephano Doleto. *Lugduni*, 1539. — Les geftes de François de Valois, Roi de France, trad. du latin de Dolet. *Lyon*, Eftienne Dolet, 1540, in 4, m. r.

1797 Hiftoire du Chevalier Bayard. *Paris*, Pacard, 1619, in 4, v. b.

Histoire particuliere des regnes de François II & Charles IX.

1798 Sommaire Recueil des choses que le Prince de Condé a protestées & faites pour la gloire de Dieu, repos & utilité du Royaume de France, contre les auteurs des troubles. 1564, in 16, v. m.

1799 Recueil des choses mémorables faites & passées, pour le fait de la Religion & Etat de ce Royaume, depuis la mort de Henri II, jusqu'au commencement des troubles, en 1565. *Strasbourg*, 1566, 3 vol. in 16, m. r.

1800 Recueil de toutes les choses mémorables advenues tant de par le Roi, que de par M. le Prince de Condé. 1568, in 12, m. r.

1801 Déclaration faite par M. le Prince de Condé, pour montrer les raisons qui l'ont contraint d'entreprendre la défense de l'autorité du Roi. 1554, in 8, parch.

1802 Déclaration faite par M. le Prince de Condé & autres Princes, concernant les troubles arrivés sous Charles IX. 1564, in 8, m. c.

1803 Mémoires de Condé, avec des remarques, par l'Abbé Lenglet du Fresnoy. *La Haye*, Neaulme, 1743, 5 in 4, v. ecc.

1804 Mémoires de l'Etat de France sous Charles IX, depuis 1570, jusqu'à la mort de ce Roi en 1574, 2e édition. *Meidelbourg*, Volf, 1578, 3 vol. in 8, v.

1805 Mémoires de la Guerre Civile & des derniers troubles de France, sous Charles IX, en 1568 & 1569, (par Jean de Serre). 1571, in 8, v.

1806 Mémoires de la vie de François de Scepeaux, Sire de Vielleville, contenant plusieurs anecdotes des regnes de François I*er*, jusqu'à Charles IX, composés par Vincent Carloix son Secrétaire. *Paris*, Guerin, 1757, 5 vol. in 8, v. m.

Histoire particuliere des regnes d'Henri III & Henri IV.

1807 Journal de Henri III, Roi de France & de Pologne, par P. de l'Estoile, avec les remarques de l'Abbé Lenglet du Fresnoy. *La Haye*, P. Gosse, 1744, 5 vol. in 8, v. f.

1808 Recueil de diverses pieces, servant à l'Histoire de Henri III. *Cologne*, Marteau, 1663, in 12, vel.

1809 Commentaires de Messire Blaise de Montluc, Maréchal de France. *Paris*, Nyon, 1746, 4 vol in 12, v. m.

1810 Le Cabinet du Roi de France, dans lequel il y a trois perles précieuses d'inestimable valeur, par Nic. Froumenteau. 1581, in 8, v. f.

1811 Journal du regne de Henri IV, par P. de l'Estoile, avec les remarques de l'Abbé Lenglet Du Fresnoy. *La Haye*, 1741, 4 vol. in 8, v. m.

1812 Histoire du Roi Henri le Grand, par M. Hardouin de Perefixe. *Amsterdam*, Elzevier, 1661, in 12, m. bl.

1813 Histoire du Roi Henri le Grand, par M. Hardouin de Perefixe. *Paris*, Edme Martin, 1662, in 4, v. m.

1814 Histoire de la vie de Henri IV, Roi de

France, par M. de Bury. *Paris*, Saillant, 1766, 4 vol. in 12, v. m.

1815 Satyre Menippée de la vertu du Catholicon d'Espagne, & de la tenue des Etats de Paris. *Ratisbonne*, Kerner, 1664, in 12, v. b.

1815 * La même, avec des remarques. *Ratisbonne*, Kerner, 1752, 3 vol. in 8, v. m.

1816 Mémoires de Maximilien de Béthune, Duc de Sully, mis en ordre par l'Abbé de l'Ecluse. *Londres*, 1747, 3 vol. in 4, Gr. Pap. v. ecc. avec les portraits d'Odieuvre.

1817 Supplément aux Mémoires de Sully. *Amst.* B. Paff, 1762, in 12, v. m.

1818 Observations sur la nouvelle édition des Mémoires de Sully. *La Haye*, 1747, in 12, v. m.

1818 * Les Aventures du Baron de Fœneste, par Theodore Agrippa d'Aubigné. *Cologne*, 1729, 2 vol. in 8, v. m.

1819 Vie de Louis Balbe Berton de Crillon, surnommé le brave. *Paris*, Piſſot, 1757, 2 tomes en 1 vol. in 12, v. m.

1820 Hiſtoire de la vie du Duc d'Eſpernon, par Girard. *Paris*, Montalant, 1730, 4 vol. in 12, v. m.

1821 Lettres du Cardinal d'Oſſat, avec des notes hiſtoriques & politiques, par Amelot de la Houſſaye. *Paris*, Boudot, 1698, 2 vol. in 4, v. b.

Hiſtoire Particuliere du Regne de Louis XIII.

1822 Hiſtoire de la Régence de la Reine Marie de Médicis, par Fr. de Mézeray. *La Haye*, 1743, in 4, v. m.

1823 Hiſtoire de Louis XIII, Roi de France, par M. le Vaſſor. *Amſterdam*, 1757, 7 vol. in 4, v. m.

1824 Mémoires pour ſervir à l'Hiſtoire d'Anne d'Autriche, femme de Louis XIII, par Madame de Motteville. *Amſterdam*, (*Paris*) 1739, 6 vol. in 12.

1825 Les Amours d'Anne d'Autriche, épouſe de Louis XIII, avec le Cardinal de Richelieu. *Londres*, 1738, in 12, m. r.

1826 Recueil des pieces les plus curieuſes qui ont été faites pendant le Regne du Connétable de Luyne. 1632, in 8, v. f.

1827 Mémoires du Maréchal de Baſſompiere, contenant l'Hiſtoire de ſa vie. *Cologne*, Marteau, 1665, 2 vol. in 12, m. r.

1828 Ambaſſades du Maréchal de Baſſompiere en Suiſſe, en 1625, en Eſpagne, en 1621, & en Angleterre. *Cologne*, 1668, 2 tomes en 3 vol. in 12, v. f. de ſ. t.

1829 Négociation du Maréchal de Baſſompierre en Angleterre. *Cologne*, P. du Marteau, 1668, in 12, v. b.

1830 Journal de M. le Cardinal Duc de Richelieu, qu'il a fait durant le grand orage de la Cour, ès années 1630 & 1631. *Amſt*. Ab. Wolfgang, 1664, 2 vol. in 12, v. b.

1831 La vie d'Armand Jean Cardinal Duc de Richelieu par Le Clerc. *Amſt*. 1714, 2 vol. in 12, v. b.

1832 Le véritable Pere Joſeph, Capucin, nommé au Cardinalat, contenant l'Hiſtoire anecdote du Cardinal de Richelieu. *S. Jean de Maurienne*, 1750, 2 vol. in 12, v. m.

1833 Mémoires de M. de Montréfor, contenant diverfes pieces durant le miniftere du
Cardinal de Richelieu. *Cologne*, Jean Sambix, 1723, 2 vol. in 12, v. b. 5

1834 Lettres & Négociations du Marquis de
Feuquieres, Ambaffadeur en Allemagne, en
1633 & 34. *Paris*. Defaint, 1753, 3 vol. in
12, v. m. 5

1835 Hiftoire Militaire du Regne de Louis le
Jufte, XIIIᵉ du nom, Roi de France, par M,
de St. Geniés. *Paris*, Durand, 1755, 2 vol.
in 12, v. m. 2

1836 Codicilles de Louis XIII, Roi de France
& de Navarre, à fon très-cher fils aîné, fuc-
ceffeur. 2 vol. in 16, m. b. Très rare. 146 2

Hiftoire Particuliere des Regnes de Louis XIV &
& de Louis XV.

1837 Effai de l'Hiftoire de Louis le Grand, par
le Gendre. *Paris*, J. Guignard, 1697, in
4. v. b.

1838 Hiftoire de Louis XIV, par Peliffon. *Pa-*
ris, Rollin, 1749, 3 vol. in 12, v. m.

1839 Hiftoire de la vie & du Regne de Louis
XIV, par Bruzen de la Martiniere. *La Haye*,
J. Van Duren, 1740, 5 vol. in 4, v. éc.

1840 Hiftoire du Regne de Louis XIV, par
Reboulet. *Avignon*, Franc. Girard, 1744, 3 6
vol. in 4, v. m.

1841 Mémoires du Cardinal de Retz, contenant ce qui s'eft paffé en France de remarqua-
ble, pendant les premieres années du Regne
de Louis XIV. *Amft.* Bernard, 1731, 4 vol.
in 8, v. — Mémoires de Guy Joli, Con-

feiller au Châtelet. *Amft.* Bernard , 1738 , 2
vol. in 8. — Mémoires de Mad. la Duchef-
fe de Nemours. *Amfterdam* , Bernard , 1738 ,
in 8.

6 1842 Les mêmes Mémoires du Cardinal de Retz,
Joly & Nemours. *Genève* , Fabri , 1751 , 7
vol. in 12 , v. m.

2. 1843 Mémoires de la Minorité de Louis XIV.
Amfterdam , 1723 , 2 vol. in 12 , v. m.

10 1844 Mémoires de M. de la Porte , premier
Valet de Chambre de Louis XIV. *Genève* ,
1755 , in 12 , v. m.

10 1845 Mémoires de M. de la Rochefoucauld &
de la Chatre. *Cologne* , P. Van Dyck , 1664 ,
in 12 , v. b.

5 1846 Mémoires d'Omer Talon , Avocat-Géné-
ral au Parlement de Paris. *La Haye* (Paris)
1732 , 8 vol. in 12.

1847 Les Mémoires de Meffire Roger de Rabutin , Comte de Buffy. *Paris* , J. Aniffon ,
1696 , 2 vol. in 4 , v. b.

8 1848 Mémoires de M. de Pontis. *Paris* , Defprez , 1678 , 2 vol. in 12 , v. b.

1849 Mémoires de M. de Gourville , contenant
les affaires auxquelles il a été employé par la
Cour , depuis 1642 jufqu'en 1698. *Paris* ,
Ganeau , 1724 , 2 vol. in 12 , v. m.

1850 Mémoires de M. Lenet , Confeiller d'E-
tat. 1729 , 2 vol. in 12 , v. m.

1851 Mémoires de Meffire Rob. Arnauld d'Andilly , écrits par lui-même. *Hambourg* , 1734
in 12 , v. m.

1852 Lettres & Négociations de Mrs. d'Eftra-
des , Colbert , Marquis de Croiffy & Comte

te d'Avaux. *La Haye*, Ad. Moetjens, 1710, 3 vol. in 12, v. b.

1853 Lettres, Mémoires & Négociations de M. le Comte d'Estrades. *Londres*, J. Nourse, 1743, 9 vol. in 12, v. f.

1854 Relation de tout ce qui se passa entre le Pape Alexandre VII, & le Roi de France, au sujet de l'insulte que les Papalins firent au Duc de Créqui, le 20 Août 1662. *Cologne*, 1670, in 12, parch.

1855 Histoire des démêlés de la Cour de France avec la Cour de Rome, au sujet de l'affaire des Corses, par l'Abbé Regnier Desmarais. 1707, in 4, v. m.

1856 Mémoires de M. de Lyonne au Roi, interceptés par la garnison de Lille. 1668, in 12, velin.

1857 Histoire de Louis de Bourbon, Prince de Condé, par M. Coste. *La Haye*, J. Neaulme, 1748, in 4, v. m.

1858 Histoire du Vicomte de Turenne, par M. de Ramsay. *Paris*, veuve Mazieres, 1735, 2 vol. in 4, Gr. Pap. v. m.

1859 Avis fidele aux véritables Hollandois, touchant ce qui s'est passé dans les villages de Bodegrave & Swammerdam, & les cruautés inouies que les François y ont exercées. 1673, in 4, v. f. fig.

1860 Le Tableau de la Vie & du Gouvernement des Cardinaux de Richelieu & Mazarin, & de M. Colbert, en diverses satyres & Poésies ingénieuses. *Cologne*, P. Marteau, 1694, in 12, br.

1861 La vie de Jean-Baptiste Colbert. *Cologne*, 1695, in 12, v. b.

1862 Mémoires, ou Essai pour servir à l'Histoire de M. le Tellier, Marquis de Louvois. *Amst.* Le Cene, 1740, in 12, v. f.

1863 Œuvres diverses d'un Auteur de sept ans (M. le Duc du Maine) in 4. v. b.
Ce livre est très-rare, il a été publié par Madame de Maintenon, qui a mis à la tête une épître dédicatoire qui passe pour être une des plus belles qui ayent été faites.

1864 Mémoires pour servir à l'Histoire de Madame de Maintenon. *Amsterdam*, 1755, 6 tomes en 3 vol. in 12, velin.

1865 Lettres de Madame de Maintenon. *Amsterdam*, 1756, 9 tomes en 5 volumes in 12, velin.

1866 Apologie de Louis XIV, & de son conseil sur la révocation de l'Edit de Nantes, avec une Dissertation sur la St. Barthélemi. 1758, in 8, v. m.

1867 Ambassades de Messieurs de Noailles en Angleterre, rédigées par M. de Vertot. *Paris*, Desaint, 1763, 5 vol. in 12, v. m.

1868 Mémoires de M. de Torcy. *La Haye*, 1756, 3 vol. in 12, v. m.

1869 L'Esprit de Luxembourg, ou Conférence qu'il a eue avec Louis XIV, sur les moyens de parvenir à la paix. *Cologne*, Marteau, 1693, in 12, v. b.

1870 Mémoires du Maréchal de Berwick, écrits par lui-même. *Paris*, Moutard, 1778, 2 vol. in 12, v. f. d. f. tr.

1871 Mémoires du Comte de Forbin, Chef

d'Escadre , par le Pere le Comte & Reboulet.
Amsterdam , Fr. Girard , 1729 , 2. volumes in
12 , v. b.

1872 Mémoires du Maréchal de Tourville , par
M. Margon. *Amsterdam* , Fr. Girard , 1742 ,
3 vol. in 12 , v. b.

1873 Mémoires de M. du Guay Trouin, Lieute-
nant-Général des Armées Navales de France.
1740 , in 4 , v. m.

1874 Recueil de Lettres , pour servir d'éclair-
cissement à l'Histoire Militaire du Regne de
Louis XIV. *Paris* , Ant. Boudet , 1760 , 2
vol. in 12 , v. m.

1875 Médailles sur les principaux événemens
du Regne de Louis le-Grand , avec des explications historiques. *Paris* , de l'Imprimerie
Royale , 1723 , in fol. v. m. avec la préface
imprimée.

1876 Recueil de Chansons choisies , satyriques ,
&c. , pour servir à l'Histoire anecdote de la
Cour & de la Ville. 10 vol. in 4 , Manuscrits ,
v. f.

1877 Le détail de la France , sous le regne présent. Année , 1707 , in 12 , v. b.

1878 Histoire du systême des Finances , sous la
minorité de Louis XV. *La Haye* , P. Dehondt ,
1739 , 6 tomes en 3 volumes in 12 , v. b.

1879 Vie de Philippe d'Orléans , Régent du
Royaume , pendant la minorité de Louis XV.
Londres , 1736 , 2 vol. in 8 , v.

1880 Recueil de différentes choses , par M. le
Marquis de Lassay. *Lausanne* , M. M. Bousquet , 1756 , 4 vol. in 8 , v. m.

1881 Lettres & Négociations de M. Van Hoey ,

pour servir à l'Histoire de la Vie du Cardinal de Fleury. *Londres*, Nourse, 1743, in 12, v. f.

1882 Mémoires de Monsieur l'Abbé de Montgon. 1748, 8 vol. in 12.

1883 Mémoires des Commissaires du Roi & de ceux de Sa Majesté Britannique, sur les possessions & les droits respectifs des deux couronnes en Amérique. *Paris*, de l'Impr. Roy. 1755, 4 vol. in 4, v. m. fil.

1884 Mémoire contenant le précis des faits, avec leurs pieces justificatives, pour servir de réponse aux observations envoyées par les Ministres d'Angleterre, dans les Cours de l'Europe. *Paris*, 1756, in 4, v. m.

1885 Mémoires Politiques & Militaires, pour servir à l'Histoire de Louis XIV & de Louis XV, par M. l'Abbé Millot. *Paris*, Moutard, 1777, 6 vol. in 12, v. m.

1886 Histoire des conquêtes de Louis XV, par M. du Mortous. *Paris*, Delormel, 1759, in fol. fig. m. r.

1887 Journal Historique, ou Fastes du Regne de Louis XV. *Paris*, Prault, 1766, in 8, v. f.

1888 Médailles du Regne de Louis XV, par Godonesche. in fol. fig. v. f.

1889 Monuments érigés en France à la gloire de Louis XV, par M. Patte. *Paris*, 1765, in fol. fig. v. m.

Histoire Générale & Particuliere des Villes & Provinces de France ; & premiérement, Histoire de la Généralité de Paris , & du Gouvernement de l'Isle de France.

1890 Lettres du Chevalier Robert Talbot , sur la France , comme elle est dans ses divers départements , trad. par M. Maubert. *Amsterdam* , Franc. Changuion , 1768 , 2 vol. in 12 , br.

1891 Plan de Paris , de l'Abbé de la Grive. in fol. Gr. Pap. v. m.

1892 Plan de Paris & de ses Fauxbourgs , par Lattré. collé sur soye , in 12.

1893 Atlas Topographique des environs de Paris , par Lattré. in 16 , m. r.

1893 * Plan Topographique & raisonné de Paris, par Pasquier & Denys. *Paris*, 1758 , in 12 , v. m.

1894 Nouveau Plan de la Ville & des Fauxbourgs de Paris , par Jaillot. *Paris*, l'Auteur , 1778 , in fol. v. m.

1895 Description de la Ville de Paris, par Germain Brice. *Paris*, 1752 , 4 vol. in 12 , fig. v. m.

Languedoc , Provence & Dauphiné.

1896 Traité du Comté de Castres , & Seigneurs & Comtes d'icelui , par David Defos. *Toulouse*, Colomiez, 1633 , in 4 , bas.

1897 Histoire des Dauphins de Viennois , d'Auvergne & de France, par M. le Quien de la Neufville. *Paris*, Guill. Desprez, 1760, 2 vol. in 12, v. m.

Gouvernemens de Champagne.

1898 Mémoires historiques de la Province de Champagne, par Bangier. *Châlons*, Cl. Bouchard, 1721, 2 vol. in 8, v. b.

Gouvernement de Normandie.

1899 Histoire de la Ville de Rouen. *Rouen*, 1731, 2 vol. in 4, v. m.

Touraine, Anjou, le Maine, Poitou & Angoumois, Berry.

1900 Histoire des Comtes de Poitou, & Ducs de Guyenne, par Jean Besly. *Paris*, Aliot, 1647, in fol. v. b.

Guyenne, Saintonge, Périgord, Limousin & Rouergue, Quercy & Agenois, Navarre & Béarn.

1901 Arnaldi Oihenarti Notitia utriusque Vasconiæ, tùm Ibericæ, tùm Aquitanicæ. *Parisiis*, Seb. Cramoisy, 1638, in 4, v. b.

1901 * Histoire de Rochefort, *Paris*, Briasson, 1733, in 4, v. m.

1902 L'usance de Saintonge, entre Mer & Charente, par Cosmes Bechet. *Saintes*, J. Bichon, 1647, in 4, v. b.

1903 Histoire de la Ville de la Rochelle & du Pays d'Aulnis, par M. Arcere. *La Rochelle*, R. J. Desbordes, 1756, 2 vol. in 4, v. m.

1904 Histoire de Foix, Béarn & Navarre, par *5*
Pierre Olhagaray. *Paris*, David Douceur,
1609, in 4, v. f.

1905 Histoire de Béarn, par Pierre de Marca.
Paris, Jean Camufat, 1640, in fol. G. Pap. *30*
v. f.

1906 Histoire de Navarre, par André Favyn.
Paris, Laurent Sonnius, 1612, in-fol. v. b. *3*

1907 Mémoires pour fervir à l'Hiftoite de Charles II, Roi de Navarre & Comte d'Evreux, *7*
furnommé le Mauvais, pat M. Secouffe. *Paris*, Durand, 1758, 2 vol. in 4. v. m.

Alface.

1908 Jo. Dan. Schoepflini Alfatia illuftrata. *Col-
maria*, ex Typ. Regia, 1751, 3 vol. in fol. *80*
fig. m. r.

§. 12. *Mélanges de l'Hiftoire de France, Extraits,
Recueils & Collections d'actes, prérogatives des
Rois, droits de Souveraineté, états généraux
& offices, actions publiques & folemnelles, avec
les Traités Hiftoriques fur les Monnoies.*

1909 Notice des Diplômes, des Chartes & des
Actes relatifs à l'Hiftoire de France, par *7*
l'Abbé Defoy. *Paris*, de l'Imprim. Royale,
1765, in fol. v. m.

1910 Catalogue des rôles Gafcons, Normands &
François, confervés dans les Archives de la *34*
Tour de Londres. *Paris*, Barrois, 1743, 2 v.
in fol. v.

1911 Traité hiftorique de la fouveraineté du Roi,

& des droits en dépendans. *Paris*, Durand, 1754, 2 vol. in 4, v. m.

1912 Traité de la majorité de nos Rois & des Régences du Royaume, par Dupuys. *Paris*, Matth. Dupuis, 1655, in 4, v. b.

1913 Traités touchant les droits du Roi très Chrétien, sur plusieurs États & Seigneuries possédées par divers Princes voisins, par Dupuis. *Paris*, Aug. Courbé, 1655, in fol. v. f.

1914 Galanteries des Rois de France, depuis le commencement de la Monarchie, par Henri Sauval, avec des fig. gravées par Bern. Picart. *Amst* 1738, 2 vol. in 12, m. c.

1915 Mémoires historiques & secrets, concernant les amours des Rois de France. *A Paris*, vis-à-vis le Cheval de Bronze, 1739, in 12, m. r.

1916 Le Sacre de Louis XV, Roi de France & de Navarre, dans l'Eglise de Rheims, le 25 Octobre 1722. in fol. Gr. Pap. fig. v. m.

1917 Description des Fêtes données par la Ville de Paris, à l'occasion du Mariage de Madame Louise-Elisabeth de France, & de D. Philippe Infant d'Espagne. *Paris*, Lemercier, 1740, in fol. Gr. Pap. fig. v. m.

1918 Statuts & Catalogue des Chevaliers de l'Ordre du Saint-Esprit. 1753, in fol. v. f.

1919 Histoire Chronologique de la grande Chancellerie de France, par Abraham Tessereau. *Paris*, Pierre Emery, 1710, 2 vol. in fol. v. m.

1920 Treize Livres des Parlements de France, esquels est traité de leur origine, institution,

&c. par Bern. de la Rocheflavin. *Bordeaux*,
Simon Millanges, 16 7, in fol. m r.

1921 Lettres hiftoriques fur les fonctions effen-
tielles du Parlement, fur le droit des Pairs,
& fur les loix fondamentales du Royaume.
Amfterdam, 1753, 2 vol. in 12, v. m.

1922 Hiftoire de la Milice Françoife, par le P.
Daniel. *Paris*, Denys Mariette, 1721, 2 v.
in 4, Gr. Pap. v. m.

1923 Recherches curieufes des Monnoies de
France, depuis le commencement de la Mo-
narchie, par Cl. Bouteroue. *Paris*, Edme
Martin, 1666, in fol. Gr. Pap. m. r.

HISTOIRE D'ALLEMAGNE.

*Traités préliminaires, Collections, Chroniques &
Hiftoires générales de l'Empire d'Allemagne.*

1924 Obfervations hiftoriques & géographiques
fur les Peuples Barbares qui ont habité les
bords du Danube, par M. de Peyffonel. *Paris*,
Tilliard, 1765, in 4, v. m.

1925 Hiftoire générale d'Allemagne, par le Pere
Barre. *Paris*, Ch. J. B. Delefpine, 1748, 11 v.
in 4, Gr. Pap. v. m.

1926 Scriptores rerum Hungaricarum veteres ac
genuini, ftud. Jo. Georgii Schwandtneri. *Vindobona*, 1746, 3 vol. in fol. v.

1927 Hungariæ antiquæ & novæ prodromus.
auctor Matt. Belius. *Norimbergæ*, Monath.
1723, in fol. v. br.

1928 Ejufdem Belii notitia Hungariæ novæ. *Vienna Auftriæ*, 1735, 4 vol. in fol. fig. v.

1929 Hiftoire des Révolutions de Hongrie. *La Haye*, 1739, 6 vol. in 12, v. b.

Hiftoire particuliere des Empereurs d'Allemagne, comme auffi celle de divers Princes & cercles de l'Empire, & l'Hiftoire des Provinces.

1930 L'Hiftoire du regne de l'Empereur Charles-Quint, trad. de l'Anglois de M. Robertfon, par M. Suart. *Paris*, Saillant, 1771, 2 vol. in 4, v. f.

1931 Mémoires de M. de la Colonie. *Francfort*, P. Nicole, 1730, 2 vol. in 12, v. b.

1932 Mémoires pour fervir à l'Hiftoire de la Maifon de Brandebourg. *Berlin & la Haye*, Neaulme, 1751, in 4, Gr. Pap. m. v.

1933 Mémoires pour fervir à l'Hiftoire de Brandebourg. 1751, 2 vol. in 12, v. m.

Hiftoire des Pays-Bas, & des Provinces-Unies des Pays-Bas.

1934 Hiftoire du Stadhoudérat, par l'Abbé Raynal. 1750, 2 vol. in 8, v. m.

1935 Mémoires de Frédéric Henri, Prince d'Orange. *Amfterdam*, P. Humbert, 1733, in 4, fig. v. f.

Hiftoire des Suiffes & des Peuples leurs confédérés.

1936 Thefaurus Hiftoriæ Helveticæ. *Tiguri*, Orellius, 1735, in fol. vel.

1937 Mémoires Critiques pour fervir d'éclairciffement fur divers points de l'Hiftoire Ancienne de la Suiffe, & fur les monuments d'antiquité qui la concernent, par M. Loys de Bochat. *Lauzanne*, 1747, 3 vol. in 4, v. m.

1938 Histoire de Geneve, par Spon. *Geneve*, Fabri, 1730, 2 vol. in 4, v. m.

Histoire d'Espagne.

1939 Varias Antiguedades de Espana, Africa, y otras Provincias, por Bernardo Aldrete. *En Amberes*, Juan Hasrey, 1614, in 4, m. r.

1940 Jo. Marianæ Hispani, historiæ de rebus Hispaniæ libri XXV. *Toleti*, Th. Gusmanius, 1595, 2 vol. in fol. v. f.

Cette Edition est l'originale de 1592, à laquelle l'Auteur ajouta, en 1595, cinq livres, qu'il mit à la suite des vingt premiers. Il fit imprimer de nouveaux Frontispices pour annoncer les augmentations qu'il venoit de faire à son Ouvrage. M. Debure le jeune n'a pas parlé, dans sa Bibliographie, de cette Edition, qui est rare & bien supérieure à celle de 1592, puisqu'elle contient cinq livres de plus, & que le reste est absolument de la même Edition.

1941 Ejusdem Marianæ historiæ de rebus Hispaniæ libri XXX. *Hagæ Comitum*, Dehondt, 1733, 4 tom. en 2 vol. in fol. fig. v. f.

1942 Histoire générale d'Espagne, du Pere Jean de Mariana, trad. par le Pere Jos. Nic. Charenton. *Paris*, Lemercier, 1725, 6 vol. in 4, Gr. Pap. v. f.

1943 Histoire générale d'Espagne, traduite de Jean de Ferréras, par M. d'Hermilly. *Paris*, Gissey, 1751, 10 vol. in 4, v. m.

1944 Marca Hispanica sive limes Hispanicus.

authore Petro de Marca. *Paris*, Muguet, 1688, in fol. v. b.

12 1945 Ælii Ant. Nebriſſenſis rerum à Fernando & Eliſabe Hiſpaniarum regibus geſtarum decades duæ. 1545, in fol. v. f.

7 10 1946 Mémoires pour ſervir à l'Hiſtoire d'Eſpagne, ſous le regne de Philippe V, par Dom Vincent Bacallar y Sanna, Marquis de Saint-Philippe. *Amſterdam*, Z. Chatelain, 1756, 4 vol. in 12, v. m.

Hiſtoire de Portugal.

9 1947 Hiſtoire générale de Portugal, par Lequien de la Neufville. *Paris*, Aniſſon, 1700, 2 vol. in 4, v. m.

38 1948 Hiſtoire générale de Portugal, par de la Clede. *Paris*, Cavelier, 1735, 2 vol. in 4, v. m.

2 1949 Révolutions de Portugal, par l'Abbé de Vertot. *Paris*, Didot, 1750, in 12, v. m.

Hiſtoire d'Angleterre, d'Ecoſſe & d'Irlande.

6 1950 Eſſai géographique ſur les Iſles Britanniques, par M. Bellin. *Paris*, Didot, 1757, in 4, v. m.

27 1951 The Chronicle of England, by Joſ. Strutt. *London*, Shropshire, 1777, in 4, fig. v. m. d. ſ. tr.

92 1952 A Complete view of the manners, cuſtoms, arms, habits, &c. of the inhabitants of England, by Joſ. Strutt. *London*, White, 1775, 3 vol. in 4, fig. v. m. d. ſ. tr.

1953 Hiftoire d'Angleterre, par Rapin de Thoy-ras. *La Haye*, 1749, 16 vol. in 4, v. m.

1954 Hiftoire de la Maifon de Plantagenet fur le Trône d'Angleterre, par M. David Hume. *Amfterdam*, 1765, 2 vol. in 4, G. P. v. m.

1955 Hiftoire de la Maifon de Tudor fur le Trône d'Angleterre, par M. David Hume. *Amfterd.* 1763, 2 vol. in 4, Gr. Pap. v. m.

1956 Hiftoire de la Maifon de Stuart fur le Trône d'Angleterre, par M. David Hume. *Londres*, 1760, 3 vol. in 4, Gr. Pap. v. m.

1957 Hiftoire d'Angleterre, depuis le Traité d'Aix-la-Chapelle, en 1748, par M. Targe. *Paris*, Defaint, 1768, 5 vol. in 12, v. m.

1958 Hiftoire des Révolutions d'Angleterre, par le Pere d'Orléans. *La Haye*, If. Vanderkloot, 1729, 3 tom. en 1 vol. in 4, v. m.

1959 Hiftoire d'Olivier Cromwel. *Paris*, Claude Barbin, 1691, in 4, v. b.

1960 Hiftoire de la rébellion & des guerres civiles d'Angleterre, depuis 1641 jufqu'au rétabliffement du Roi Charles II, par Edouard Comte de Clarendon. *La Haye*, Van Dole, 1704, 6 vol. in 12, v. f.

1961 Hiftoire de ce qui s'eft paffé de plus mémorable en Angleterre pendant la vie de Gilbert Burnet, Evêque de Salisbury. *La Haye*, J. Neaulme, 1735, 4 tom. en 2 vol. in 4, v. m.

1662 Etat politique actuel de l'Angleterre. 1757, 6 vol. in 12, velin.

1963 A perfect copy of all fummons of the nobility to the great Councils and Parliaments of this realm, from the XLIX, of king Henry the IIId until thefe prefent Times ; by Wil.

Dugdale. *London*, Clavel, 1685, in fol. v. b.

4   15. 1964 Londres. *Laufanne*, 1770, 3 vol. in 12, v. m.

72   1965 The Antiquities of Warwickshire, by William Dugdale. *London*, T. Warren, 1656, in fol. cum fig. v. b.

10   4   1966 Hiftoire d'Ecoffe, fous les regnes de Marie Stuart & Jacques VI, jufqu'à l'avénement de ce Prince à la Couronne d'Angleterre, par Guillaume Robertfon, traduite de l'Anglois. *Londres*, (*Paris*), 1764, 3 v. in 12, v. m.

Hiftoire des Pays feptentrionaux, la Suede, le Dannemarck, la Norvege, la Pologne & la Lithuanie, la Mofcovie, &c.

12   1967 Olai Magni hiftoria Gothorum Sueconum que. *Romæ*, 1554, in fol. v. f.

62   1968 Orbis Gothicus, id eft, hiftorica narratio, omnium ferè Gothici nominis populorum origines, &c. exhibens. Typis Monafterii Olivenfis, 1688, in fol. vel.

2   11. 1969 Specula ex quâ inclytam Suecorum & Gothorum conditionem, manifefte atque prolixe contemplari licet quaquâ verfum profpectu : jufto patriæ celebrandæ zelo fufcitata à Jo. Meffenio. *Holmiæ*, 1612, in 12, v. b.

130   1970 Suecia antiqua & hodierna. *Holmiæ*, 1693, 3 tom. en 2 vol. in fol. C. Mag. fig. in bl.

6   1971 Hiftoire de Suede, par le Baron de Puffendorff. *Amfterdam*, Chatelain, 1743, 3 vol. in 12, v. m.

2   1972 Hiftoire des Révolutions de Suede, par l'Abbé de Vertot. *Paris*, Nyon, 1736, 2 vol. in 12, v. m.

1973 Collection de différentes Pieces sur l'Hif- 36
toire du Nord, in 4 & in 12.

1974 Inventarium Ecclefiæ Sueo-Gothorum, 7   4
continens integram Hiftoriam Ecclefiæ Suec.
libris VII. defcriptam, ftudio Joannis Baezi
fenioris. *Lincopiæ*, Guntherns, 1642, in 4.

1975 Olari Verelii Hiftoriæ Sueo-Gothicæ, li- 2
bri IV, & Gothorum rerum extrà patriam
geftarum libri duo. *Stockholmiæ*, Hifwetter,
1749, in 4.

1976 Jo. Loccenii Antiquitates Sueo-Gothicæ.
Holmiæ, 1747, in 12, vel.   20

1977 Monumentorum Sueo-Gothicorum liber,
Uplandiæ partem primariam Thiundiam continens, operâ Joh. Peringskioldi. *Holmiæ*,
1710, in fol. v. f. d. f. tr.

1978 Johannis Meffenii Scondia illuftrata, feu 24
Chronologia de rebus Scondiæ. *Stockolmiæ*,
Olarus Æneus, 1700, 2 vol. in fol.

1979 Monumenta Sueo-Gothica, cum antiquitatibus ac infcriptionibus, operâ Joannis Peringskioldi. *Stockolmiæ*, Olarus Æneus, 1710,
in fol. fig. br.

1980 Jo. Schefferi memorabilium Sueticæ gentis
exemplorum liber. *Amftelodami*, 1671, in
12, v.   2

1981 Jo. Schefferi memorabilium Sueticæ gentis exemplorum liber fingularis. *Hamburgi &*
Holmiæ, Spiering, 1687, in 12, v. f.

1982 Monumenta Ullerakenfia, cum Upfaliâ
novâ, illuftratâ, operâ Johan. Peringskiold. 14
Stockolm, Horrn, 1719, in fol.

1983 Jo. Meffenii Chronographia Scandinaviæ.
Holmiæ, 1713. —— Tumbæ veterum ac nu- 2   10

perorum apud Sueones Gothosque Regum , Reginarum Ducumque ex vetuſtatis criptâ erutæ à Jo. Meſſenio. *Holmiæ*, 1611 , in 8 , v.

1984 Hiſtoriæ Regum Septentrionalium , à Suorrone Stornolide conſcriptæ, ex recenſione Jo. Peringskiold. *Stockolmiæ* , 1697, in fol. v. f.

1985 Gothrici & Rolfi Weſtrogothiæ Regum Hiſtoria linguâ antiquâ gothicâ conſcripta , quam è Mſ. vetuſtiſſimo edidit , & verſione notisque illuſtravit Olaus Verelius. *Upſaliæ*, Curio , 1664 , in 8 , v. f.

1986 Gothrici & Rolfi Weſtrogothiæ Regum Hiſtoria linguâ antiquâ conſcripta , cum verſione Olai Verelii. *Upſaliæ*, 1664 , in 8 , fig. v. f.

1987 Hiſtoria Hialmari Regis Biarmlandiæ, ex fragmento Runici manuſcripti litteris recenſioribus deſcripta , cum verſione Jo. Peringskiold. in fol. br.

1988 Vallis Hertæ Deæ & Origines Daniæ , ex græcis & latinis auctoribus deſcriptæ & illuſtratæ à Joanne Petro Ancherſend. *Hafniæ*, 1747 , in 4.

1989 Abregé de l'Hiſtoire de Dannemarck. *Copenhague*, les freres Philibert, 1760 , in 12, v. m.

1990 Viti Beringi Florus Danicus. *Hauniæ*, 1709 , in fol. v. f.

1991 Lettres ſur le Dannemarck. *Geneva*, les freres Philibert, 1757, 2 vol. in 8 , v. ecc.

1992 Hafinia Hodierna. *Berlin*, 1748 , in 4 fig. v.

1993 Danicorum Monumentorum libri ſex , auctore

autore Olao Wormio. *Hafniæ*, Morkenius,
1643, in f.

1994 Inscriptiones Hafnienses, Latinè, Danicè
& Germanicè, colligente Pet. Jo. Resenio.
Hafniæ, Godianus, 1668, in 4, v. f.

1995 Fasti Danici universam tempora compu-
tandi rationem antiquitùs in Daniâ & vicinis
regionibus observatam libri III exhibentes,
in lucem emissi ab Olao Wormio. *Hafniæ*,
Morkenius, 1643, in f.

1996 Series Dynastiarum & Regum Daniæ in
publicam lucem emissa per Thormodon Tor-
fæum. *Hafniæ*, Lieben, 1702, in 4,

1997 Runica seu Danica litteratura antiquissi-
ma vulgò Gothica dicta, luci reddita operâ
Olai Wormii. cui accessit de priscâ Danorum
poësi dissertatio. *Hafniæ*, Marrzan, 1651. f.

1998 Arii Thorgilsis filii cognomento Froda, pri-
mi in septentrione historici, Schedæ, seu Libellus de Islandia. *Hauniæ*, Joach. Schmid-
tgen, 1733, in 4, v. f.

1999 Dithmati Blefkemii Islandia sive populorum & mirabilium quæ in eâ insulâ reperiuntur descriptio. *Lugd. Bat.* 1607, in 8, v. f.

2000 Specimen Islandiæ Historicum, per Angri-
num Jonam Islandum. *Amstel.* 1643, in 4, v. f.

2001 Th. Bartolini filii de Holgero Dano dissertatio Historica. *Hafniæ*, Goddichem, 1677,
in 12, v. f.

2002 Thormodi Torfœi Historia rerum Norve-
gicarum *Hafniæ*, 1711, 5 vol. in fol. v.

2003 Commentarii historici de Regibus vetustis
Norvagicis & de profectione Danorum in

Terram Sanctam. anno 1185, curâ Jo. Kirchmanni. *Amstel.* Waesberge, 1684, in 12, v. f.

2004 Histoire de la Laponie, trad. du latin de
Scheffer. *Paris*, veuve Olivier de Varennes,
1678, in 4, fig. v. b.

2005 Histoire de Pierre le Grand, Empereur de
toutes les Russies. *Amsterdam*, Arkstée, 1742,
in 4, v. m.

2006 Mémoires du regne de Catherine, Im-
peratrice de Russie. *LaHaye*, Alberts, 1728,
in 12, v. b.

2007 Diarium itineris in Moscoviam, descrip-
tum a Jo. Georg. Korb. *Vienna Austriæ*,
Voigt, 1700, in fol. cum fig. m. r. Rarus.

2008 Description de la Livonie. *Utrecht*, Guil.
Van Poolsum, 1706, in 12, v. b.

Histoire des Monarchies hors de l'Europe.

2009 Recueil d'observations curieuses, sur les
mœurs, les coutumes & les usages des différents peuples de l'Asie, de l'Afrique & de l'A-
mérique. *Paris*, Prault, 1749, 4 tomes en 2
vol, in 12, v. ecc.

Histoire des Arabes, des Sarrasins & des Turcs.

2010 Specimen Historiæ Arabum sive Georgii
Abul Faragii Malatiensis de origine & moribus
Arabum succincta narratio in linguam latinam
conversa, notisque diversorum illustrata, operâ
Eduardi Pocockii. *Oxonia*, Hall, 1650 in 4.

2011 Georgii Abul-Pharagii Historia compen-
diosa Dynastiarum Arabicè cum versione
latinâ & notis Eduardi Pocockii. *Oxonia*,
1663, 2 vol. in 4, v. f.

2012 Bibliotheque Orientale, par d'Herbelot. *Paris*, 1697, in fol. v. b.

2013 Histoire générale des Huns, des Turcs, des Mogols, & des autres Tartares Occiden- 18ᶜ taux, par M. de Guignes. *Paris*, Defaint, 1756, 5 vol. in 4, v. m.

2014 Histoire de l'Empire Othoman, par le Prince Cantimir, trad. en françois, par M. de Joncquieres. *Paris*, Defpilly, 1743, in- 2 4, v. m.

2015 Abrégé de l'Histoire Générale des Turcs, 6 12 *Bruxelles*, Fr. Foppens, 1704, 4 vol. in 12, m. b.

2016 Histoire de l'état préfent de l'Empire otto- man, trad. de l'anglois de M. Ricaut, par 7 12 M. Briot. *Paris*, Sebaftien, Mabre Cramoi- fi, 1670, in 4, v.

2017 Histoire de l'état préfent de l'Empire Ot- 6 12 toman, par Briot. *Paris*, Seb. Mabre Cra- moify, 1670, in 12, fig. m. b.

2018 Explication des cent Eftampes qui repré- 24 fentent différentes nations du levant. *Paris*, Jac. Collombat, 1715, in fol. v. m.

Hiftoire Afiatique ou des Ifles de l'Archipel, de la Syrie, de la Paleftine, de la Perfe, des Tartares & du Mogol, des Indes Orientales, de Siam, de la Chine & du Japon, &c.

2019 Defcription exacte des Ifles de l'Archipel, & de quelques autres adjacentes, par D'o 7 4 Dapper. *Amfterdam*, Gallet 1703, in fol. fig. v. m.

2020 Les obſervations de pluſieurs ſingularités & choſes mémorables, trouvées en Grece, Aſie, Judée, &c. par Pierre Belon. *Paris*, Guill. Cavellat, 1555, in 4, v. f.

2021 Adriani Relandi Palæſtina ex monumentis veteribus illuſtrata. *Trajecti Batavorum*, Guil. Broedelet, 1714, 2 volumes in 4 ; C. Mag. v. m.

2022 Hiſtoire de Perſe, depuis le commencement de ce ſiecle. *Paris*, Jombert, 1750, 3 vol. in 12, v. m.

2023 Zend-Aveſta, Ouvrage de Zoroaſtre, contenant les idées théologiques, Phyſiques & morales de ce légiſlateur, trad. en françois par M. Anquetil du Perron. *Paris*, N. M. Tilliard 1771, 3 tomes en 2 vol. in 4, v. m.

2024 Hiſtoire de Tamerlan, Empereur des Mogols & Conquérant de l'Aſie. *Paris*, H. L. Guerin, 1739, 2 vol. in 12, v. m.

2025 Athanaſii Kircheri China illuſtrata. *Amſt.* Jo. Janſſonnius à Waesberge, 1667, in fol. fig. v. f.

2026 Deſcription géographique, hiſtorique, chronologique, politique & phyſique de l'Empire de la Chine & de la Tartarie Chinoiſe, par le P. J. B. du Halde. *Paris*, P. G. le Mercier, 1735, 4. volumes in fol. fig. v. f.

2027 Hiſtoire Générale de la Chine, ou Annales de cet Empire, traduites du Tong-kien-kang-mou, par le P. Joſ. An. Marie de Moyriac de Mailla, publiées par l'Abbé Groſier, & dirigées par M. le Roux des Hauterayes. *Paris*, Pierres, 1777, 10 vol. in 4, v. m.

2028 Nouveaux mémoires sur l'état préfent de la Chine, par le Pere Louis le Comte. *Paris*, J. Aniſſon, 1697, 2 volumes in 12, v. m.

2029 Mémoires concernant l'hiſtoire, les ſciences, les arts, les mœurs, les uſages, &c. des Chinois, par les Miſſionnaires de Pekin. *Paris*, Nyon, 1776, 6 volumes in 4, v. m.

2030 Lettres au R. P. Parennin, Jéſuite, Miſſionnaire à Pékin, contenant diverſes queſtions ſur la Chine, par M. Dortous de Mairan. *Paris*, Imp. Roy. 1770, in 8.

2031 Mémoires de M. d'Anville ſur la Chine. *Paris*, l'Auteur, 1776, in 8, br.

2032 Le Chou-king, un des livres ſacrés des Chinois, ouvrage recueilli par Confucius, trad. par le P. Gaubil, & revu ſur le texte Chinois par M. de Guignes. *Paris*, N. M. Tilliard, 1770, in 4. v. m.

2033 Hiſtoire Naturelle, civile & eccléſiaſtique de l'Empire du Japon, trad. de l'Allemand de Engelbert Kæmpfer, par J. Gaſp. Scheuchzer. *La Haye*, P. Goſſe, 1729, 2 vol. in fol. fig. v. f.

2034 Hiſtoire & Deſcription générale du Japon, par le P. de Charlevoix. *Paris*, J. M. Gandouin, 1736, 2 vol. in 4, v. m.

2035 Lettres édifiantes & curieuſes, érites des Miſſions étrangeres, par quelques Miſſionnaires de la Compagnie de Jeſus. *Paris*, Nic. Le Clerc, 1717, 32 volumes in 12, v. éc.

2036 Nouveaux Mémoires des Miſſions de la compagnie de Jeſus, dans le Levant. *Paris*,

Hip. L. Guerin, 1753, 9 volumes in 12,
v. éc.

*Histoire d'Afrique Générale & Particuliere, con-
tenant l'Histoire de l'Egypte, de la Barbarie,
de l'Ethiopie, &c.*

2037 L'Afrique de Marmol, trad. en françois
par Nic. Perrot d'Ablancourt. *Paris*, L. Bil-
laine, 1667, 3 vol. in 4, v. m.

2038 Description de l'Afrique, par d'O. Dapper. *Amsterdam*, Wolfgang, 1676, in fol.
fig. v. m.

2039 Histoire de l'Afrique & de l'Espagne, sous
la domination des Arabes, par M. Cardonne.
Paris, Saillant, 1765, 3 volumes in 12,
v. m.

2040 Description de l'Egypte, composée sur
les Mémoires de M. de Maillet, par l'Abbé
le Mascrier. *Paris*, L. Genneau, 1735, in
4, fig. v. m.

2041 Mémoires sur l'Egypte ancienne & moderne, suivis d'une description du Golfe Ara-
bique ou de la Mer Rouge, par M. d'Anville. *Paris*, de l'Imprimerie Royale, 1766,
in 4, v. m.

2042 Jobi Ludolphi Historia Æthiopica. *Francofurti ad Mœnum*, Zimner, 1681, in fol.
fig. v.

2043 Jobi Ludolphi ad suam Historiam Æthio-
picam Commentarius. *Francofurti ad Mœnum*, 1691, Zimner, in fol. f. v.

2044 Appendix secunda ad Historiam Æthio-
picam Jobi Ludolphi continens dissertatio-

nem de Locuftis. *Francofurti ad Mænum*,
Zimner, 1694, in fol.
2045 Jo. Nic. Pechlini de habitu & colore
Æthiopum liber. *Kiloni*, 1677, in 8, v. f.
2046 Defcription du Cap de Bonne-Efpérance,
par P. Kolbe. *Amfterdam*, J. Catuffe, 1741,
3 vol. in 12, fig. v. m.

Hiftoire de l'Amérique, ou des Indes Occidentales.

2047 Effai fur cette queftion : quand & comment l'Amérique a-t-elle été peuplée ? *Amft.*
Rey, 1767, in 4, v. m.
2048 Hiftoire de l'Amérique, trad. de l'Anglois de Robertfon. *Par.* Panckoucke, 1778,
2 vol. in 4, v. f. d. f. tr.
2049 Iftoria o breviffima relatione della diftrut-
tione dell'Indie Occidentali, di Don Bartho-
lomeo dalle Cafe. *In Venetia*, Ginammi,
1643, in 4, v. f.
2050 Bart. de las Cafas Narratio Regionum In-
dicarum per Hifpanos quòsdam devaftatarum.
Francofurti, Théod. de Bry, 1598, in 4,
fig. velin.
2051 Hiftoire admirable des horribles infolen-
ces, cruautés & tyrannies exercées par les Ef-
pagnols, ès Indes Occidentales, trad. de la
langüe Caftillane de D. Fr. Barthélemi de las
Cafas, par Jacques de Miggrode. 1582, in
12, m. cit.
2052 Mœurs des Sauvages Américains, com-
parées aux mœurs des premiers temps, par
le Pere Lafitau. *Paris*, Saugrain, 1724, 2
vol. in 4, fig. v. f.

2053 Historia de la Conquista de Mexico, por Don Antonio de Solis. *En Brusselas*, Fr. Foppens, 1704, in fol. fig. v. m.

2054 Histoire de la conquête du Mexique, trad. de l'Espagnol de Don Antoine de Solis. *Paris*, J. Boudot, 1691, in 4, fig. v. b.

2055 Histoire de la découverte & de la conquête du Pérou, trad. de l'Espagnol d'Augustin Zarate. *Paris*, 1742, 2 vol. in 12, v. m.

2056 Histoire du Paraguay, par le Pere Charlevoix. *Paris*, Desaint, 1756, 3 vol. in 4, v. f.

2057 Histoire des découvertes & conquêtes des Portugais, dans le Nouveau-Monde, par le Pere J. Fr. Lafitau. *Paris*, Saugrain, 1733, 4 vol. in 4, fig. v. m.

2058 Histoire & description générale de la Nouvelle France, par le Pere Charlevoix. *Paris*, Nyon fils, 1744, 3 vol. in 4, v. m.

2059 Histoire des Isles Antilles, par le P. Dutertre. *Paris*, Jolly, 1667, 4 vol. in 4, fig. m. r.

2060 Histoire Naturelle & Morale des Isles Antilles de l'Amérique. *Rotterdam*, Leers, 1658, in 4, fig. v. b.

2061 Histoire de l'Isle Espagnole, ou de Saint-Domingue, par le Pere P. Fr. Xavier de Charlevoix. *Paris*, Franc. Didot, 1730, 2 vol. in 4, v. m.

2062 Description Géographique des Isles Antilles, possédées par les Anglois, par M. Bellin. *Paris*, Didot, 1758, in 4, v. m.

2063 Histoire de la Jamaïque, trad. de l'Anglois. *Londres*, Nourse, 1751, 2 volumes in 12, v. m.

2064 Hiſtoire Naturelle, Civile & Géographique de l'Orenoque, par le Pere Joſ. Gumilla. *Marſeille*, Jean Moſſy, 1758, 3 vol. in 12, v. m.

2065 Deſcription Géographique de la Guianne, par M. Bellin. *Paris*, Didot, 1763, in 4, v. m.

2066 Mémoires pour ſervir à l'Hiſtoire de Cayenne & de la Guiane Françoiſe, par M. Bajon. *Paris*, Grangé, 1777, 2 volumes in 8, v. b.

2067 Voyage en Californie, pour l'obſervation du paſſage de Vénus ſur le diſque du ſoleil, par M. Chappe d'Auteroche. *Paris*, Jombert, 1772, in 4, v. f. d. ſ. tr.

2068 Etat préſent de la Penſilvanie, 1756, in 12, velin.

PARALIPOMENES HISTORIQUES.

Hiſtoire Héraldique, ou la Science du Blaſon, de la Nobleſſe, des Nobles, & de leurs titres & prérogatives.

2069 Traité de la Nobleſſe, & de toutes ſes différentes eſpeces, par de la Roque. *Paris*, Gibert, 1761, in 4, v. m.

2070 Mémoires ſur l'ancienné Chevalerie, par M. de la Curne de Sainte-Palaye. *Paris*, Duchesne, 1759, 2 tom. en 1 vol. in 12, v. m.

2071 Dictionnaire Généalogique & Héraldique, par M. de la Chefnaie-Desbois. *Paris*, Duchesne, 1757, 7 vol. in 8, velin.

Histoire Généalogique des Maisons souveraines, & des autres Familles nobles & illustres de différents Pays.

2072 Armorial des principales Maisons & Familles du Royaume, par Dubuisson. *Paris,* H. L. Guerin, 1757, 2 vol. in 12, v. m.

2073 Recherches historiques sur la Noblesse de Perpignan & de Barcelone, par l'Abbé Xaupi. *Paris,* Simon, 1776, 3 vol. in 12, v. m. fil.

2074 Histoire Généalogique de la Noblesse des Pays-Bas, ou Histoire de Cambray & du Cambresis, par Jean le Carpentier. *Leyde,* 1668, 2 vol. in 4, fig. v. f.

Cet Exemplaire est très rare, parceque l'on y a joint, outre les cartes & la figure des états, les armoiries de plusieurs Familles nobles de cette Province.

2075 The Baronage of England, or an historical account of the lives and most memorable actions of our English nobility, by William Dugdale. *London,* Newcomb, 1675, 2 vol. in fol. fig. v. b. liber rarissimus.

2076 Simonis Okolski orbis Polonus, in quo antiqua Sarmatarum gentilitia pervetustæ nobilitatis Polonæ insignia specificantur & relucent. *Cracoviæ,* 1641, 3 vol. in fol. fig. liber rarissimus, m. r.

Rites, Usages & Coutumes des Anciens & des Modernes.

Rites & Usages particuliers des différents Peuples anciens & modernes de toutes les Nations, où il est traité des choses sacrées, civiles, militaires & domestiques.

2077 L'Antiquité expliquée & représentée en figures, par Dom Bern. de Montfaucon. *Paris,* 1719, 15 vol. in fol. Gr. P. m. r. === Les Monuments de la Monarchie Françoise, par le même. *Paris,* 1729, 5 vol. in fol. Gr. Pap. m. r.

2078 Explication de divers Monuments singuliers qui ont rapport à la Religion des plus anciens Peuples, par Dom Jacques Martin. *Paris,* Lambert, 1739, in 4, v. m. fig.

2079 Pantheon Ægyptiorum, sive de Diis eorum commentarius cum Prologomenis de Religione & Theologia Ægyptiorum, autore Paulo Ernesto Jablonski. *Francofurti,* ad Viadrum, 1750, 3 tom. en 1 vol. in 8, m. r.

2080 Tho. Hyde historia Religionis veterum Persarum, eorumque magorum. *Oxonii,* è Theatro Sheldoniano, 1700, in 4, m. r.

2080 * Ejusdem operis altera editio. *Oxonii,* è Theatro Sheldoniano, 1760, in 4, v. f.

2081 Jo. Seldeni de Dis Syris syntagmata duo. *Lugd. Bat.* Elzevier, 1629, in 8, velin.

2082 Veterum Romanorum religio, castrametatio, difciplina militaris ut & Balneæ, ex antiquis numifmatibus demonftrata, autore Gulielmo du Choul. *Amftelodami*, 1748, in 4, fig. v. m.

2083 Ælias Schedius de Dis Germanis. *Amftelod.* Elzevier, 1648, in 12, vel.

2084 Ant. Van Dale de Oraculis veterum difsertationes. *Amftelodami*, 1700, in 4, fig. v. f.

2085 Pet. Sarpi de jure afylorum liber. *Lugd. Bat.* Elzevirius, 1622, in 4, v. b.

2086 Joannis Rofini Antiquitatum Romanarum corpus abfolutiffimum, cum notis Thomæ Dempfteri & Pauli Manutii, nec non Andreæ Schotti varii ejufdem argumenti & figuris Æneis. *Trajecti ad Rhenum*, 1701, in 4, vel.

2087 Dictionnaire des Antiquités Romaines, trad. du latin de Sam. Pitifcus. *Paris*, Delalain, 1765, 3 vol. in 8, v. m.

2088 De la vie privée des Romains, par M. d'Arnay. *Lauzanne*, 1760, in 12, v. f.

2089 Carolus Pafchalius de Coronis, cum notis variorum. *Lugd. Bat.* Jo. à Gelder, 1671, 2 vol. in 8, m. r.

2090 Chrift. Henrici de Berger commentatio de perfonis vulgo larvis feu mafcheris. *Francof.* Georg. Marcus, Knochius, in 4, fig. v. b.

2091 Franc. Bernardini Ferrarii de veterum acclamationibus & plaufu libri VII. *Mediolani*, 1627, in 4, v. b.

2092 Effai fur la marine des Anciens, & particuliérement fur leurs vaiffeaux de guerre, par Deflandes. *Paris*, David, 1768, in 12, v. m.

2093 Hiftoire du Commerce & de la Navigation

des Anciens, par M. Huet. *Paris*, Couftelier,
1727, in 12, v. m.

2094 Origine des Poftes chez les Anciens & chez
les Modernes, par M. Lequien de la Neufville.
Paris, P. Giffart, 1708, in 12, v. f.

2095 Laurentii Pignorii de Servis, & eorum
apud veteres minifteriis commentarius. *Amft.*
And. Frifius, 1674, in 12, fig. v. b.

2096 Joannis Kirchmanni de funeribus Romanorum, libri IV. *Lugd. Bat.* apud Hackios, 1672,
in 12, fig. v. b.

2097 Edmundi Chishull antiquitates Afiaticæ
Chriftianam æram antecedentes. *Londini*,
Guil. Bowyer, 1728, in fol. C. Mag. v. m.

2098 Syntagma differtationum quas olim auctor
Thomas Hyde feparatim edidit cum opufculis
ejufdem, vita & fcriptis prolegomenis; cum
appendice de linguâ Sinenfi aliifque linguis
orientalibus. *Oxonii*, 1767, 2 vol. in 4, fig.
v. f. d. f. tr.

2099 Thomæ Hyde de ludis orientalibus libri
duo. *Oxonii*, è Theatro Sheldoniano, 1704,
in 8, velin.

2100 Differtation fur l'ufage de fe faire porter la
queue, par le P. Meneftrier. *Paris*, 1704,
in 12.

*Hiftoire lapidaire, ou infcriptions tirées des pierres
& des marbres antiques.*

2101 Marmora Arundelliana, Seldeniana, alia-
que Academiæ Oxonienfi donata, ftud. Nic.
Maittaire. *Londini*, Guil. Bowyer, 1732,
in fol. fig. v. b.

2102 Marmora Oxoniensia. *Oxonii*, è Typogr. Clarendoniano, 1763, in fol. fig. C. Max. v. f.

2103 Antonii Van Dale dissertationes IX. antiquitatibus quin & Marmoribus cùm Romanis, tùm potissimùm græcis illustrandis, inservientes. *Amstel.* Boom, 1702, in 4, fig. br.

Histoire métallique, ou médailles, monnoies, poids, mesures, &c.

Introductions & Traités singuliers concernant la Science des médailles, de leur intelligence, utilité, &c.

2105 Histoire des Médailles, ou Introduction à la connoissance de cette science, par Charles Patin. *Paris*, veuve Mabre Cramoisy, 1695, in 12.

2106 La Science des Médailles, par le P. Jobert, avec des Remarques historiques & critiques, par M. le Baron de la Bastie. *Paris*, Debure, l'aîné, 1739, 2 vol. in 8, Gr. Pap. v. f.

2107 Nouvelles-Recherches sur la Science des Médailles, &c. par M. Poinsinet de Sivry. *Maestricht*, Dufour, 1778, in 4, fig. v. m.

2108 Discours sur les Médailles & Gravures antiques, principalement romaines, par Ant. Lepois. *Paris*, Mamert Patisson, 1579, in 4, m. r.

2109 Dialogos de Medallos, Inscriciones y otras antiguedades ex Bibliotheca Ant. Augustini. *En Tarragona*, Felipe Mey, 1587, in 4, m. r. exempl. eleg. lib. rarissimi.

2110 Difcorfi di Antonio Agoftini fopra le medaglie. in 4, v. b.

2111 Ezechielis Spanhemii differtationes de
præftantiâ & ufu numifmatum antiquorum.
Londini, Rich. Smith, 1706, 2 vol. in fol.
C. Mag. m. r.

§. 2. *Traités généraux & Collections de Médailles.*

2112 Huberti Goltzii de re nummariâ antiquâ,
opera. *Antuerpiæ*, Hen. Verduffen, 1708,
5 vol. in fol. v. f.

2113 Conft. Landi Selectiora numifmata. *Lugd.*
Bat. 1695, in 4, velin.

2114 Recueil de Médailles du cabinet du Roi,
gravées par M. le Comte de Caylus. in 4, m.
b. très rare.

2115 Numifmata Cimelii Cæfarii Regii Auftriaci
Vindobonenfis. *Vindobonæ*, Jo. Th. Trattner,
1755, 2 tom. en 1 vol. in fol. C. Mag. m. r.

2116 Numifmata antiqua in tres partes divifa;
collegit olim & æri incidi vivens curavit Th.
Pembrochiæ & montis Gomerici comes; prelo
demum mandabantur. A. D. MDCCXLVI,
petit in fol. Gr. Pap.

Ce Volume eft divifé en quatre Parties : la
premiere contient trente-huit planches ; la feconde, quatre-vingt dix-huit ; la troifieme, cent
vingt neuf ; la quatrieme, Numini Anglici &
Scotici, cum aliquot numifmatibus recentioribus,
quarante une planches.

2117 Dactyliotheca Smithiana. *Venetiis,* 1767,
2 vol. in 4, v. f. Gr. Pap. d. f. tr. fig.

2118 Veterum illuftrium Philofophorum, Poetarum, Rhetorum & Oratorum imagines ex nummis, &c. defumptæ à J. Pet. Bellorio. *Roma*, 1685, in fol. v. f.

§. 3. *Traités finguliers des Médailles des Hébreux, des Egyptiens, des Affyriens, &c.*

2119 Hiftoire des Rois de Thrace & de ceux du Bofphore Cimmérien, éclaircie par les Médailles, par M. Cary. *Paris*, Defaint, 1752, in 4, v. m.

2120 Recueil de Médailles, de Peuples & de Villes, qui n'ont point encore été publiées ou qui font peu connues, par M. Pellerin. *Paris*, H. L. Guerin, 1763, 8 vol. in 4, v. m.

2121 Lettres de l'Auteur des Recueils de Médailles de Rois, de Peuples & de Villes. *Par.* Delatour, 1770, in 4, v. m.

2122 Obfervations fur quelques Médailles du cabinet de M. Pellerin, par M. l'Abbé Le-Blond. *Paris*, veuve Defaint, 1771, in 4, v. m.

2123 Della Sicilia di Filippo Paruta defcritta con Medaglie. *In Palermo*, Gio. Bat. Maringo, 1612, in fol. m. r.

Traités finguliers des Médailles Romaines.

2124 J. Vaillant nummi antiqui Familiarum Romanarum. *Amftelod.* G. Gallet, 1703, 2 vol. in fol. v. m. C. Mag.

2125 Imperatorum Romanorum numifmata à Pompeio magno ad Heraclium ab Adol. Occone olim congefta & à Franc. Mediobarbo Birago, exhibita. *Mediolani*, 1730, in fol. v. f.

2126

2126 Numismata Imperatorum Roman. præstan-
tiora à Julio Cæfare ad Poftumum ufque, per
Joan. Vaillant. *Romæ*, Monaldini, 1743,
3 vol. in 4, C. M. v. b.

*Traités finguliers des Médailles des Monarchies
moderne*, *&c.*

2127 Mufeo de las Medallas defconocidas Efpa-
ñolas, por Vincentio Juan de Laftanofa. *En
Huefca*, J. Nogues, 1645, in 4, m. r.

2128 Thefaurus nummorum Sueo-Gothicorum,
ftudio Ediæ Brenneri. *Holmiæ*, 1731, in 4,
velin.

*Traités finguliers des poids, des mefures & des
monnoies des Anciens.*

2129 Joannis Marianæ de ponderibus & menfuris, libri. *Toleti*, Th. Gufmanius, 1599, in
4, m. r.

2130 Eduardi Bernardi de menfuris & ponderibus antiquis libri tres. *Oxoniæ*, è Theatro
Sheldoniano, 1688, in 8, m. b.

2131 Traité des finances & de la fauffe monnoie
des Romains. *Paris*, Briaffon, 1740, in 12,
v. f.

2132 Guillelmi Budæi, libri V, de affe & partibus ejus. *Venetiis*, Aldus, 1522, in 8,
m. r.

2133 Explicacion de unas monedas de oro de
Emperadores Romanos, por J. de Quinones.
En Madrid, por Luis Sanchez, 1620, in 4,
m. b.

2134 Tratado de la moneda Jaquefa, y de otras

de oro y plata, del Reyno de Aragon, por Vinc. Juan de Laftanofa. *En Zaragoza*, 1681, in 4, m. r.

2135 El ajuftamieto i proporcion de las monedas de oro, plata y cobre, por Alonfo Carranza. *En Madrid*, Franc. Martinez, 1629, in fol. m. cit.

Divers Monuments d'antiquités, ou Fragments, Defcriptions & Traités finguliers des édifices publics, amphithéâtres, obélifques, pyramides, fépulcres, flatues, &c.

2136 Effai fur les Hiéroglyphes des Egyptiens, trad. de Warburthon, par M. Defmalpeines. *Paris*, H. L. Guérin, 1744, 2 vol. in 12, v. m.

2137 Athanafii Kircheri Œdipus Ægyptiacus, hoc eft univerfalis Hieroglyphicæ veterum doctrinæ temporum injuriâ abolitæ inftauratio. *Romæ*, Mafcardi, 1652, 4 vol. in fol. fig. baz.

2138 Ath. Kircheri obelifcus Pamphilius. *Romæ*, Grignani, 1650, in fol. fig. v. b.

2139 Collection de Sculptures antiques grecques & romaines, trouvées à Rome dans les ruines des Palais de Néron & de Marius, faite par le fieur Adam, Sculpteur du Roi. *Paris*, Joullain, 1755, in 4, v. m.

2140 Les ruines de Palmyre, autrement dite Tedmor, au défert. *Londres*, A. Millar, 1753, in fol. Gr. Pap. fig. v. m.

2141 Les ruines de Balbec, autrement dite Héliopolis, dans la Cœlo Syrie. *Londres*, 1757, in fol. Gr. Pap. v. m.

2142 Les ruines des plus beaux Monuments de la Grece, par M. Leroi. *Paris*, L. Fr. Delatour, 1770, in fol. Gr. Pap. v. m.

2143 Jonian antiquities published with permission of the Society of Dilletany by Chandler. *London*, 1769, in fol. Gr. Pap. fig. v. m. d. s. tr.

2144 Les ruines de Pœstum, ou de Posidonie dans la Grande Grece, par T. Major. *Londres*, T. Major, 1768, in fol. fig. Gr. Pap. v. m.

2145 Les restes de l'ancienne Rome, dessinés par Bon. d'Overbeke *Amsterdam*, J. Crellius, 1709, in fol. Gr. Pap. v. m.

2146 Recueil de divers monuments anciens répandus en plusieurs endroits de l'Italie, dessinés par Barbault. *Rome*, Bouchard, 1770, in fol. Gr. Pap. fig. v. m.

2147 Description des bains des Romains, enrichie des plans de Palladio, en anglois & en françois. Londres, 1772, in fol. Gr. Pap. v. m. fig. d. s. t.

Pierres gravées, Lampes domestiques ou sépulchrales & autres restes de l'Antiquité.

2148 Hin-Spoor Favillæ utriusque antiquitatis tàm Romanæ quàm græcæ, in quibus reperiuntur simulachra deorum, &c. *Ultrajecti*, 1707, in 4, v. f.

2149 Traité des Pierres gravées par P. J. Mariette. *Paris*, 1750, 2 vol. in fol. v. m.

2150 Pierres antiques, gravées par B. Picart, tirées des principaux cabinets de l'Europe,

expliquées par Phil. de Stosch. *Amst.* 1724 ,
in fol. Gr. pap. v. s.

16 12 2151 Recueil de Pierres gravées antiques , par
M. de Gravelle. *Paris*, P. J. Mariette , 1732 ,
2 vol. in 4 , v. m.

Mélanges d'antiquités , contenant des Collections
mêlées , & différents Cabinets d'Antiquaires.

133 1.2152 Recueil d'Antiquités Egyptiennes , Etrusques , Grecques & Romaines , par M. le
Comte de Caylus. *Paris*, Desaint , 1752 , 7
vol. in 4 , fig. v. éc.

650 1.2153 Antiquités Etrusques , Grecques & Romaines, tirées du cabinet de M. Hamilton ,
Envoyé extraordinaire de S. M. Britannique
en Cour de Naples, en françois & en anglois ,
par M. d'Hancarville. *Naples*, 1766 , 4 vol.
in fol. Gr. Pap. m. r. avec figures coloriées.
Ouvrage superbe.

122 2154 Picturæ Etruscorum in vasculis nunc pri-
mum in unum collectæ , explicationibus &
dissertationibus illustratæ a Joh. Baptista Pas-
serio. *Roma* , Zerupel , 1767 , 2 vol. in fol.
bro. cum fig. depictis.

1. 4 2155 Œuvres diverses de M. l'Abbé Oliva , Bi-
bliothécaire de M. le Prince de Soubise. *Paris*,
Martin , 1758 , in 8 , v. éc.

Histoire Littéraire, Académique & Bibliographique.

Histoire des Lettres & des Langues, des Sciences & des Arts, où il est traité de leur origine & de leur progrès.

2156 Recherches curieuses sur la diversité des Langues & des Religions, par Ed. Brerewood, trad. par J. de la Montagne. *Paris*, Olivier de Varennes, 1667, in 8, v. f.

2157 Trésor de l'Histoire des Langues de cet Univers, par Cl. Duret. *Yverdon*, 1619, in-4, v. f. d. s. tr. l. r.

2158 Oratio Dominica plus centum Linguis, versionibus, aut characteribus reddita & expressa. *Londini*, Dan. Brown, 1700, in 4.

2159 Oratio Dominica in diversas omnium fere Gentium Linguas versa & propriis cujusque Linguæ characteribus expressa, unâ cum dissertationibus nonnullis de Linguarum origine, variisque ipsarum permutationibus, editore Joanne Chamberlaynio. *Amstelodami*, Guill. & David Goer, 1715, in 4.

2160 Alphabetum Tironianum, seu notas Tironis explicandi methodus, studio D. P. Carpentier, *Lutetiæ Parisiorum*, Hip. Lud. Guerin, 1747, in fol. m. b.

2161 Bernardi de Montfaucon, Palæographia græca. *Paris*, 1708, in fol. v. b. C. Mag.

2162 De re Diplomatica libri VI, cum supplemento, studio Domni Joannis Mabillon. *Lutetia Parisiorum*, Car. Robustel. 1709, in fol. m. b.

144 1. 2163 Nouveau Traité de Diplomatique, par Don Taffin & Touſtin, Religieux Bénédictins. *Paris*, Guil. Deſprez, 1750, 6 vol. in 4, v. m.

4 10 2164 Bart. Germon de veteribus Regum Francorum Diplomatibus, diſceptationes. *Pariſiis*, Aniſſon, 1703, 1706 & 1707, 3 vol. in 12, v. m.

4 2165 Hiſtoire de l'Imprimerie & de la Librairie, par Jean de la Caille. *Paris*, J. de la Caille, 1689, in 4, v. b.

4 2166 L'origine de l'Imprimerie de Paris, par André Chevillier. *Paris*, Jean de Laulne, 1694, in 4, v. m.

8 2167 Hiſtoire de l'origine & des premiers progrès de l'Imprimerie, par Proſper Marchand. *La Haye*, veuve le Vier, 1740, in 4, v. m.

55 2168 Gerardi Meerman origines Typographicæ. *Hagæ Comitum*, Nic. Van Daalen, 1765, 2 vol. in 4, C. Mag. m. r.

77 1. 2169 Michaelis Maittaire annales Typographici ab Artis inventæ origine ad annum 1550. *Hagæ Comitum*, Iſ. Vaillant, 1719, 9 tomes en 5 vol. in 4, v. f.

Hiſtoires des Académies, Ecoles, Univerſités, Colleges & Sociétés de Gens de Lettres, avec les Traités particuliers concernant leur origine, fondation, progrès, &c.

5 1. 2170 Hiſtoire de l'Académie Françoiſe, par Peliſſon. *Paris*, J. B. Coignard, 1729, 2 tomes en 1 vol. in 4, v. m.

3 18 2171 Hiſtoire de l'Académie Françoiſe, par

MM. Peliffon & d'Olivet. *Paris*, J. B. Coignard, 1743, 2 vol. in 12, v. m.

2172 Hiftoire de l'Académie Royale des Infcriptions & Belles Lettres, depuis fon établiffement jufqu'à préfent. *Paris*, de l'Imprimerie Royale, 1717, 39 vol. in 4, v. m.

2173 Hiftoire de l'Académie Royale des Infcriptions & Belles Lettres, depuis fon établiffement, avec les éloges des Académiciens morts depuis fon renouvellement. *Paris*, 1740, 3 vol. in 12, v. b.

2174 Regiæ fcientiarum Academiæ Hiftoria, auct. J. B. Duhamel. *Parifiis*, Delefpine, 1701, in 4, v. f.

2175 Hiftoire de l'Académie Royale des Sciences, depuis 1666, à 1699. *Paris*, Martin, 1733, 14 vol. in 4, v. f.

2176 Hiftoire de l'Académie Royale des Sciences, depuis 1699, à 1776. *Paris*, Boudot, 1702 79 vol. in 4, v. f.

2177 Traité de la grandeur de la Terre, fuite de 1718. *Paris*, de l'Imprimerie Royale 1720, in 4, v. f.

2178 Elémens de la Géométrie de l'Infini, fuite de 1727. *Paris*, Imp. Royale, 1727, in 4, v. f.

2179 Traité de l'Aurore Boréale, par M. Dortous de Mairan, fuite de 1731. *Paris*, Imp. Royale, 1754, in 4, v. f.

2180 Elémens d'Aftronomie, par M. Caffini, fuite de 1740. *Paris*, Imp. Royale 1740, in 4, v. f.

2181 Tables Aftronomiques du Soleil, par le

même, suite de 1740. *Paris*, Imp. Royale, 1740, in 4, v. f.

2182 La Méridiennne de l'Observatoire de Paris, par le même, suite de 1740. *Paris*, Guerin, 1744, in 4, v. f.

2183 Mémoires de Mathématiques, présentés par divers Savans étrangers. *Paris*, Imp. Royale, 1750, 8 vol. in 4, v. f.

2184 Tables Alphabétiques des Matieres, par M. Godin. *Paris*, 1734, 8 vol. in 4, v. f.

2185 Nouvelle Table des Articles contenus dans les volumes de l'Académie Royale des Sciences de Paris, depuis 1666, à 1770, par M. l'Abbé Rozier. *Paris*, Ruault, 1775, 4 vol. in 4, v. f.

2186 Recueil des Pieces qui ont remporté les prix de l'Académie. *Paris*, 1732, 9 vol. in-4, v. f.

2187 Recueil des Machines & Inventions approuvées par l'Académie, par M. Gallon. *Paris*, 1735, 7 vol. in 4, v. f.

Tous les volumes de cet exemplaire de l'Académie des Sciences sont de la premiere édition, qui est la plus correcte & la plus belle, soit pour l'impression, soit pour les figures qui sont d'anciennes épreuves. Ils sont reliés, uniformément, en veau fauve, &c.

Il est très-rare de trouver un exemplaire, d'une collection aussi considérable, sans aucun mélange de volumes de nouvelle édition.

2188 Histoire de la Société Royale des Sciences, de Montpellier. tome Ier. *Lyon*, Duplain, 1766, in 4, m.

2189 Histoire de l'Université de Paris, par M.

Crevier. *Paris*, Defaint, 1761, 7 vol. in-12, v. m.

2190 Mémoire Historique & Littéraire fur le College Royal de France, par M. l'Abbé Goujet. *Paris*, Aug. Martin Lottin, 1758, 3 vol. in 12, v. m.

Bibliographie, ou Hiftoires & Defcriptions de Livres.

Prolegomenes Bibliographiques, ou Traités finguliers des Livres en général, de leur compofition, utilité, ufage, &c. Enfemble des Bibliotheques & de leur difpofition, arrangement, &c.

2191 G. Saldeni de libris varioq. eorum ufu & abufu libri cum indicibus neceffariis. *Amftelodami*, 1688. in 8.

2192 Mufæum Typographicum à Guil. Franc. Debure juniore. 1755 in 12 m. r.

2193 Bibliographie inftrućtive, ou Traité de la connoiffance des Livres rares & finguliers, par Guil. Franc. Débure le jeune. *Paris*, Guil. Fr. Debure le jeune, 1767, 7 vol. in 8, Gr. Pap. m. r.

2194 Supplément à la Bibliographie inftrućtive, ou Catalogue des livres du Cabinet de M. L. J. Gaignat. *Paris*, Guil. Fr. Debure le jeune, 1769, 2 vol. in 8, Gr. Pap. m. r.

2195 Dićtionnaire Typographique, Hiftorique & Critique des livres rares, par J. B. L. Ofmont. *Paris*, Lacombe, 1768, 2 vol. in-8, v. m.

2196 Pet. Lambecii Hamburgenfis commentarii
2197 —

de auguſtiſſimâ Bibliothecâ Cæſareâ Vindo-
bonenſi. *Vindobona*, Math. Caſmerorius,
1665, 8 vol. in fol. m. b. Rariſſimus.

2197 Danielis de Neſſel Catalogus, ſive recenſio
ſpecialis omnium Codicum Manuſcriptorum
Græcorum, nec non Linguarum Orientalium
Bibliothecæ Cæſareæ, Vindobonenſis. *Vindo-*
bona, Leopol. Voigt. 1690, 2 tomes en 1
vol. in fol. m. b.

2198 Photii myriobiblon, ſive Bibliotheca librorum quos legit & cenſuit Photius, græcè
& latinè, edente And. Schotto. *Rhotomagi*,
Jo. Berthelin, 1653, in fol. velin.

2199 Jo. Sim. Aſſemani Bibliotheca Orientalis.
Roma, 1719, 4 vol. in fol. v. m.

2200 Mémoires de Littérature, par de Sallengre. *La Haye*, H. du Sauzet, 1715, 2
vol. in 8, Gr. Pap. v. m.

Bibliographes périodiques, & Journaux
Littéraires.

2201 Acta eruditorum anno 1682, publicata
ad annum 1763. *Lipſia*, Groſſius, 1682, 82
vol. —— Actorum eruditorum ſupplementa.
Lipſia, Groſſius, 1692, 10 vol. —— Ad nova
Acta eruditorum quæ Lipſiæ publicantur ſupplementa. *Lipſia*, hæredes Groſſii, 1735, 7
vol. —— Actorum Orbis eruditi indices am-
pliſſimi. *Lipſia*, hæredes Groſſii, 1693, 6
vol. in 4, cum figuris, v. b.

2202 Le Pour & Contre, par l'Abbé Prevoſt.
Paris, Didot, 1733, 20 tomes en 10 vol.
in 12, v. m.

2203 Le Nouvelliste du Parnasse, ou réflexions
sur les Ouvrages nouveaux, par l'Abbé Guyot
Desfontaines. *Paris*, Chaubert, 1734, 2 vol.
in 12, v. m.   18

2204 Observations sur les Ecrits modernes, par
l'Abbé Desfontaines. *Paris*, Chaubert, 1736,
33 vol. in 12, v. m.

2205 Lettres sur quelques Ecrits de ce temps,
par Fréron. *Geneve*, 1744, 7 vol. in 12, v. m.   7   10

2206 Jugemens sur quelques Ouvrages nou-
veaux, par le même. *Avignon*, P. Girou,   6   3
1744, 11 vol. in 12, v. m.

2207 Observations sur la Littérature moderne.
Paris, Cailleau, 1751, 13 vol. in 12, v. m.   7   4

Bibliographes Prophanes Nationaux.

2208 Les Bibliotheques Françoises de Lacroix
du Maine & de Duverdier, nouvelle édition,
revue & augmentée, par M. Rigoley de Ju-   75
vigny. *Paris*, Saillant & Nyon, 1772, 6 vol.
in 4, Gr. Pap. v. m.

2209 Bibliotheque Historique de la France, par
le Pere Jac. le Long. *Paris*, Gab. Martin,
1719, in fol. v. m.

2210 Bibliotheque Historique de la France, par
le Pere le Long, nouvelle édition, revue par
M. Fevret de Fontette. *Paris*, Jean Tho. Herif-
sant, 1768, 5 vol. in fol. Gr. Pap. d'Holl. m. r. 400
Il n'y a eu que deux exemp. tirés sur ce papier.

2211 Bibliotheque Françoise, ou Histoire de la   20   19
Littérature Françoise, par M. l'Abbé Goujet.
Paris, Mariette, 1741, 18 vol. in 12, v. m.

2212 La France Littéraire, par M. l'Abbé de   6   1

Braille. *Paris*, veuve Duchefne, 1769, 2 vol. in 8, v. m.

2213 Supplément à la France Littéraire, tome 3. *Paris*, veuve Duchefne, 1778, in 8, v. m.

Bibliographes fimples, ou Catalogues de différentes Bibliotheques & Cabinets de livres.

2214 Bibliotheca Fayana, feu Catalogus librorum Bibliothecæ D. de Cifternay du Fay, digeftus a Gabriele Martin. *Parifiis*, Gab. Martin, 1725, in 8, v. éc. cum pretiis.

2215 Mufæum Selectum, five Catalogus librorum Michaelis Brochard. *Parifiis*, Gab. Martin, 1729, in 8, velin, cum pretiis.

2216 Catalogus librorum Bibliothecæ Caroli Henrici Comitis de Hoym, digeftus a Gab. Martin. *Parifiis*, Gab. Martin, 1738, in 8, m. r. cum pretiis.

2217 Catalogue des livres de M. Brinon de Caligny. *Paris*, Jacques Guerin, 1739, in 8, velin, avec les prix.

2218 Catalogue des livres de la Bibliotheque de M. Turgot de Saint-Clair. *Paris*, Piget, 1744, in 8, v. b.

2219 Collection de livres rares & finguliers. *Paris*, Piget, 1745, in 8, v. m.

2220 Catalogue des livres du Cabinet de M. de Boze, par Gabriel Martin. *Paris*, de l'Imprimerie Royale, 1745, in fol. v. f.

2221 Catalogue des livres de M. l'Abbé d'Orléans de Rothelin. *Paris*, Gabriel Martin, 1746, in 8, velin, avec les prix.

2222 Catalogue des livres de M. l'Abbé Souchay. *Paris*, Gab. Martin, 1747, in 8, v. f. avec les prix.

2223 Catalogue des livres du Cabinet de M. de Boze. *Paris*, Gab. Martin, 1753, in 8, v. m.

2224 Catalogue des livres, & eftampes de M. de la Haye. *Paris*, Gab. Martin, 1754, in-8, v. m.

2225 Catalogue des livres de la Bibliotheque de M. Secouffe. *Paris*, Barrois, 1755, in-8, velin.

2226 Catalogue des livres & eftampes de M. Pajot, Comte d'Ofenbray. *Paris*, Martin, 1756, in 8, velin.

2227 Catalogue des livres du Cabinet de M. Girardot de Prefond. *Paris*, Guil. Fr. Debure le jeune, 1757, in 8, velin.

2228 Catalogue des livres de M. Herbert. *Paris*, Piffot, 1758, in 8, br.

2229 Catalogue des livres de M. Guyon de Sardiére. *Paris*, Barrois, 1759, in 8, velin.

2230 Catalogue des livres de M. Germain Louis Chauvelin. *Paris*, Lottin, 1762, in 8, velin.

2231 Catalogue des livres de la Bibliotheque de M. Falconet. *Paris*, Barrois, 1763, 2 vol. in 8, v. m. avec les prix.

2232 Catalogue des livres de Mme de Pompadour. *Paris*, J. T. Hériffant, 1765, in-8, velin.

2233 Catalogue des livres de M. Gafcq de la Lande, par Gabriel Martin. in 8, broché.

2234 Catalogue des livres provenans de la Bi

bliotheque de M. le Duc de la Valliere, par Guil. Fr. Debure le jeune. *Paris*, Guil. Fr. Debure le jeune, 1767, 2 vol in 8, Gr. Pap. m. r.

2235 Supplément à la Bibliographie instructive, ou Catalogue des livres de M. Louis J. Gaignat. *Paris*, Guil. Fr. Debure le jeune, 1769, 2 vol. in 8, v. m. avec les prix.

2236 Catalogue des livres de la Bibliotheque de M. Gayot. *Paris*, Debure fils aîné, 1770, in 8, v. m. avec les prix.

2237 Catalogue d'une collection de livres choisis, provenans du Cabinet de M. le Comte de Lauraguais. *Paris*, Guil. Debure fils aîné, 1770, in 8, bro.

2238 Catalogue des livres de M. Bonnemet. *Paris*, Merigot, 1772, in 8, bro.

2239 Catalogue des livres de feu M. Lemarié, disposé par Guill. Debure fils aîné. *Paris*, Debure aîné 1776, in 8, Gr. Pap. v. f. d. s. tr. avec les prix,

2240 Catalogue des livres de feu M. Randon de Boisset, Receveur Général des Finances. *Paris*, Debure fils aîné, 1777, in 12, v. m. avec les prix.

Vies des Personnages Illustres.

Vies des Illustres Personnages Anciens, Grecs & Romains.

2241 Diogenis Laertii de vitis, dogmatibus & apophtegmatibus clarorum Philosophorum libri X, græcè & latinè, cum notis Pauli Dan

Longolii. *Curitiæ Regnitianæ*, Gat. Jo. Put-
tnerus, 1739, 2 vol. in 8, v. m.

2242 Plutarchi Chæronenfis vitæ parallelæ, græcè.
Florentiæ, Junta, 1517, in fol. m. r. editio
princeps.

2243 Ejufdem Plutarchi quæ vocantur parallela
græcè. *Venetiis*, in ædibus Aldi & Andreæ
Soceri, 1519, in fol. m. r.

2244 Ejufdem Plutarchi opera moralia, græcè.
Venetiis, in ædibus Aldi & Andreæ Afulani
Soceri, 1509, 2 vol. in fol. m. r.

2245 Plutarchi Chæronenfis opera omnia, græcè
& latinè cum appendice & annotationibus
Henrici Stephani. *Parifiis*, apud eumdem
Stephanum, 1572, 13 vol. in 8, v. f.

2245 * Idem Plutarchus, gr. & lat. ed. Reiske.
Lipfiæ, 1774, 10 vol. in 8, v. f.

2246 Plutarchus de ferâ numinis vindictâ, cum
fragmento eidem vindicato & notis Dan.
Wyttenbach. *Lugd. Bat.* 1772, in 8, v. f. d.
f. t. r.

2247 Les vies des Hommes Illuftres de Plutarque, trad. en françois par Jacques Amiot.
Paris, Vafcofan, 1567, 6 vol. in 8, m r.
lavé reglé.

2248 Les Œuvres morales & mêlées de Plutarque, trad. en françois par le même Amiot.
Paris, Vafcofan, 1574, in 8, 7 vol. m. r.
lavé reglé.

2249 Decade, contenant les vies des Empereurs
Trajanus, Adrianus, &c. trad. par Ant. Allegre. *Paris*, Vafcofan, 1567, in 8, m. b.
lavé reglé.

250 Decade contenant les vies des Empereurs

trad. par Allegre. *Paris*, Michel de Vafcofan, 1556, in 4, m. r.

2251 Les vies des Hommes Illuftres de Plutarque, trad. par Dacier. *Paris*, 1721, 9 vol.
in 4, Gr. Pap. v. éc.

2252 Les vies de huit excellens & renommés
Perfonnages, Grecs & Romains, mifes en
parangon l'une de l'autre, trad. de Plutarque,
par George de Selve. *Paris*, Poncet le Preux,
1547, in 8, m. r.

2253 Traité de Plutarque fur la maniere de
difcerner un flatteur d'avec un ami, & le
banquet des fept Sages, avec une verfion fran-
coife & des notes *Paris*, de l'Imp. Roy. 1772,
in 8, v. éc.

2254 Traduction de différents Traités de morale,
de Plutarque. *Paris*, les freres Debure, 1777,
in 12, v. m.

2255 Cornelii Nepotis excellentium Imperatorum vitæ. *Londini*, Jac. Tonfon, 1715, in-
8, C. Mag. m. n.

2256 Cornelii Nepotis vitæ excellentium Imperatorum, cum notis variorum, curante Au-
gus. Van Staveren. *Lugd. Bat.* Samuel Luchtmans, 1734, 2 vol. in 8, m. r.

2257 Cornelius Nepos de vitâ excellentium
Imperatorum, ex recognitione Steph. Andreæ
Philippe. *Lut. Parifiorum*, Michael Step.
David, 1745, in 12, v. m.

2258 Images des Héros & des Grands Hommes
de l'Antiquité, deffinées par Jean Ange Canini,
& gravées par Picart le Romain. *Amflerdam*,
B. Picart, 1731, in 4, v. m.

Vie

Vies & Eloges des Personnages Illustres modernes.

2259 L'Europe Illustre, par M. Dreux du Radier. 235₵
Paris, Nyon aîné, 1777, 6 vol. in fol. Gr.
Pap. m. r. fig.

2260 Œuvres de Brantôme. *La Haye*, 1740, 43
15 vol. in 12, v. m.

2261. Les Hommes Illustres qui ont paru en
France, pendant ce siecle, avec leurs portraits 49
au naturel, par Perrault. *Paris*, Dezallier,
1700, 2 vol. in fol. v. fig.

2262. La Galerie des Femmes fortes, par le Pere 15 10
P. le Moyne. *Leyde*, Jean Elzevier, 1660,
in 12, m. r.

2263 La vie de Mahomed, par M. le Comte de 10
Boulainvilliers. *Londres*, 1730, in 8 Gr.
Pap. v.

2264 La vie de Mahomed, par le Comte de 4 10
Boulainvilliers. *Amster.* Changuion, 1731,
in 12, v. f.

2265 La vie de Mahomet, par Prideaux *Amster-* 4
dam, 1698, in 8, v.

2266 Abrégé de la Vie de P. Danés, Ambassa-
deur de François I, au Concile de Trente. 1
Paris, Quillau, 1731, in 4, br.

*Vies & Eloges des Hommes illustres dans les
Sciences & dans les Arts.*

2267 Les Vies des plus celebres & anciens 5 12
Poëtes Provençaux, par Jean de Notre-Dame.
Lyon, Alex. Marsilii, 1575, in 8, v. f.

2268 Humphredi Hodii dissertationes de Græcis 15 10

illuftribus linguæ græcæ litterarumque humaniorum inftauratoribus. *Londini*, 1742, in 8,
C. Mag. m. r.

2269 Le Parnaffe françois , par M. Titon du
Tiller. *Paris*, J. B. Coignard, 1732, in fol.
fig. v. m.

2270 Supplément au Parnaffe françois, jufqu'en
1743, in fol. v. m.

2271 La Vie de Pierre Abaillard , & celle d'Hé-
loïfe fon époufe. *Paris*, Jean Muñer, 1720,
2 vol. in 12, v. b.

2272 La Vie de Pierre Aretin, par M. de Boif-
préaux. *La Haye*, J. Neaulme, 1750, in 12,
v. m.

2273 Mémoires de la Vie de Jacques-Augufte de
Thou. *Amfterd.* Fr. l'Honoré, 1713. — Mémoires touchant Jacques-Augufte de Thou,
où l'on voit ce qui s'eft paffé de plus particu-
lier durant fon Ambaffade en Hollande , par
D. L. R. de la Roque. *Cologne*, P. Marteau,
1710, in 12, m. r.

2274 Hiftoria Typographorum aliquot Parifien-
fium vitas & libros complectens, auctore Mich.
Maittaire. *Londini*, Bateman, 1717, in 8,
m. cit.

2275 Stephanorum hiftoria , vitas ipforum ac
libros complectens, auctore Mich. Maittaire.
Londini, Motte, 1709, in 8, m. cit.

2276 Vie d'Eftienne Dolet, Imprimeur à Lyon,
par M. Née de la Rochelle. *Paris*, Née de la
Rochelle, 1779, in 8, Gr. Pap. v. f.

2277 La Vie de Defcartes , par Adrien Baillet.
Paris, Dan. Hortemels , 1691, 2 tômes en
1 vol. in 4, m. b.

2278 Entretiens fur les Vies & fur les Ouvrages des plus excellents Peintres anciens & modernes, avec la Vie des Architectes, par Felibien. *Trevoux*, 1725, 6 vol. in 12, v. m.

2279 Abrégé de la Vie des Peintres, avec des Réflexions fur leurs Ouvrages, par de Piles. *Paris*, Jac. Eftienne, 1715, in 12, v. m.

Extraits hiftoriques, & diverfes Collections extraites des Hiftoriens anciens & modernes.

2280 Cl. Æliani Sophiftæ varia hiftoria, græcè & latinè, cum notis variorum ex recenfione Jac. Perizonii. *Lugd. Bat.* Jo. de Vivie, 1701, 3 vol. in 8, m. r.

2281 Ejufdem Æliani variæ hiftoriæ, gr. & lat. ed. Jo. Henr. Lederlino. *Argentorati*, 1713 in 8, vel.

2282 Valerius Maximus, cum notis variorum, edente A. Thyfio. *Lugd. Bat.* Hackius, 1670, 2 vol. in 8, m. r.

2283 Valerii Maximi libri novem factorum dictorumque memorabilium; cum notis variorum ed. Ab. Torrenio. *Leydæ*, Luchtmans, 1726, 2 vol. in 4, C. Mag. v. f.

2284 Dictionnaire Hiftorique, par Louis Moreri. *Paris*, Jac. Vincent, 1732, 6 v. in fol. v. m.

2285 Supplément au Dictionnaire Hiftorique de Louis Moreri. *Paris*, Jac. Vincent, 1735, 2 vol. in fol. v. m.

2286 Nouveau Supplément au Dictionnaire de Louis Moreri, par l'Abbé Goujet. *Paris*, Jac. Vincent, 1749, 2 vol. in fol. v. m.

2287 Dictionnaire Hiftorique & Critique, par

P. Bayle. *Rotterdam*, Mich. Bohm , 1720,
4 vol. in fol. Gr. Pap. m. r. d.

Cet Exemplaire de Bayle est très précieux ,
parceque l'on y trouve des vers à la louange de
M. le Duc d'Orléans, Régent : ils sont gravés
au deffous de son portrait, avant la Dédicace
qui lui est adreffée ; il faut que ces vers aient été
fupprimés , ou qu'ils n'aient été mis que dans les
Exemplaires de préfent, car je ne les ai jamais vus
dans ancun Bayle , excepté dans l'Exemplaire
qui a appartenu à M. de Boiffet, & qui fut vendu
à fa vente 751 livres. Les voici :

Ceffe de t'affliger , ô France !
Affez & trop long-temps ont duré tes malheurs ;
Tes tréfors épuifés , tes peuples fans finance ,
Affez & trop long-temps ont fait couler tes pleurs ;
Ouvre ton cœur à l'efpérance ,
Par un rare bienfait ton deftin va changer :
Philippe voit tes maux , ceffe de t'affliger.

Ce Prince généreux , fenfible à tes alarmes ,
Va tarir pour jamais la fource de tes larmes.
Vois , comme par fes foins en Métal transformé ,
Ce papier enrichit le François alarmé :
Vois ce pays lointain d'ou renaît l'abondance ,
Vois renaître à la fois la douce confiance.

Vois ce riche palais où , fur un fond certain ,
Tout ce peuple à l'envi court affurer fon gain.
Vois les arts en honneur , vois par-tout la fageffe
Animer du Régent la vigilante adreffe :
Tels font , fous fon pouvoir , les effais inouis
Du nouveau regne de Louis.

H. P. DE LIMIERS.

On a de plus ajouté la Vie de Bayle , revue ,
corrigée & confidérablement augmentée : elle eft

tirée de l'Edition faite en 1740 : elle contient 103 pages.

2288 Remarques Critiques fur le Dictionnaire de Bayle ; par l'Abbé Jolly. *Paris*, Hyp. Louis Guerin, 1748, in fol. v. ecc.

2289 Nouveau Dictionnaire Hiftorique & Critique pour fervir de fupplément ou de continuation au Dictionnaire de Bayle, par Jacques George de Chauffepié. *Amfterd.* 1750, 4 vol. in fol. v. b.

2290 Dictionnaire Hiftorique, par Profper Marchand. *La Haye*, Pierre de Hondt, 1758, 2 tomes en 1 vol. in fol. v. ecc.

2291 Dictionnaire Hiftorique portatif, par M. l'Abbé Ladvocat. *Paris*, Didot, 1752, 2 vol. in 8, v. m.

2292 Dictionnaire Hiftorique, Littéraire & Critique, 1758, 6 vol. in 8, v. m.

2293 Dictionnaire des portraits hiftoriques, anecdotes, &c. des Hommes illuftres. *Paris*, Lacombe, 1768, 3 vol. in 8, v. m.

2294 Almanach de la Vieilleffe, ou notice de tous ceux qui ont vécu cent ans & plus. *Paris*, Lottin, 1761 à 1773, 6 vol. petit in 12, v. m. d. f. tr.

2295 Hiftoire générale des Larrons. *Lyon*, 1664, in 8, v. b.

FIN.

COLLECTIO AUCTORUM

Cum Notis Variorum.

397 vol. in 8 , m. r. &c.

74 **T**ATIANUS, 1700, m. r.
75 Athenagoras, 1706, v. b.
76 Minucius Felix, 1672, m. r.
77 *Idem*, 1709, v. b.
80 Origenis Philofophumena, 1706, v. f.
81 Lactantii opera, 1660, 2 vol. m. r.
82 *Idem* de Mort. Perf. 1693, 2 vol. m. r.
166 Grotius de jure belli, 1712, 2 vol. m. r.
173 De origine juris, 1671, v. b.
176 Corpus civile, 1664, 2 vol. v. m.
222 Hierocles, 1709, v. m.
223 *Idem*, 1742, m. b.
229 Platonis dialogi, 1745, m. r.
232 Chreftomathia Platoniana, 1756, v. f.
233 Maximus Tyrius, 1703, m. r.
234 Æfchinis dialogi, 1711, m. r.
235 Ariftoreles, &c. 1716, C. Mag. v. b.
236 Andronicus Rhodius, 1679, m. r.
239 Senecæ opera, 1672, 6 vol. m. r.
250 Theophrafti caracteres, 1712, 2 vol. m. r.
256 Epictetus, 1670, m. r.
257 *Idem*, 1739, C. Mag. v. b.
261 Marc. Antoninus, 1704, v. b.
264 Boethius, 1671, m. r.
358 Plinius, 1669, 6 vol. m. r.
395 Geoponica, 1704, m. r.
540 Julius Obfequens, 1720, m. r.
552 Hippocrates, 1665, 4 vol. m. r.

555 Celfus, 1713, v. b.
556 Serenus de Medicinâ, 1662, vel.
563 Apicius Cœlius, 1709, C. Mag. m. v.
589 Nicandri theriaca, 1764, v. f.
611 Proclus de fphærâ, 1553, v. f.
612 Theodofii fphæra, 1707, bafane.
623 Cenforinus, 1695, m. r.
624 *Idem*, 1767, v. f.
699 Vegetius, 1670, 3 vol. m. r.
704 Arriani tactica, 1683, m. r.
707 Poliænus, 1691, 2 vol. m. r.
708 Frontinus, 1731, 2 vol. m. r.
764 Ariftotelis Rhetorica, 1728, m. r.
766 Dionyf. Halicarnaffæus de ftructurâ oratio-
    nis, 1702, v. b.
768 Longinus, 1718, C. Mag. m. r. d. l. r.
770 Aphtonius, 1626, v. m.
771 Rutilius Lupus. 1768, v. ec.
772 Rhetores Selecti, 1676, m. r.
773 Oratores Græci, 1770, 20 vol. C. Mag.
    m. r.
776 Demofthenis Orationes, 1731, C. Mag.
    v. b.
779 Ifocrates, m. r.
784 Ciceronis Orationes, 1699, 14 vol. m. r.
785 . . . Epiftolæ famil. 1693, 4 vol. m. r.
786 . . . Epift. ad Atticum, 1684, 6 vol. m. r.
787 . . . de Officiis, 1710, 3 vol. m. r.
788 . . . de Divinatione, 1730, m. r.
789 . . . Academica, 1736, m. r.
790 . . . Tufculanæ, 1738, m. r.
791 . . . de finibus bonorum, 1741, m. r.
792 . . . de naturâ deorum, 1744, m. r.
793 . . . de legibus, 1745, m. r.

794 . . . de Oratore, 1732, C. M. v b.
810 Quintilianus, 1665, 4 vol. m. viol.
815 Plinii panegyricus, 1675, m. r.
824 Aristotelis Poetica, 1760, v. f.
Poetæ minores græci, 1699, m. v.
839 Homerus Ernesti, 1759, 5 vol. v. f.
844 Batrachomiomachia, 1721, C. Mag. m.
r. d. l. r.
845 Quintus Calaber, 1734, 2 vol. m. r.
846 Fabulæ Homericæ, 1745, v. f.
850 Hesiodus, 1701, 2 vol. m. r.
852 Apollonius Rhodius, 1641, m. r.
853 Orphæus, 1764, v. f.
854 Anacreon, 1705, m. r.
Sophocles, 1746, 3 vol. v. b.
863 *Idem*, 1758, 2 vol. v. f.
868 Menander, 1712, m. r.
869 Philargirius, 1711, v. b.
870 Phileleutherus, 1713, v. b.
871 Theocritus, 1699, m. bl.
873 Bion, 1746, v. ecc.
874 *Idem*, 1748, v. m.
876 Callimachus, 1697, 4 vol. m. viol.
879 Nonnus, 1610, v. f.
886 Musæus, 1721, 2 vol. m. b.
887 *Idem*, 1737, v. f.
889 Coluthus, 1747, m. r.
890 Oppianus, 1597, vel.
892 Veteres Tragici, 1620, v. f.
894 Plautus, 1684, 4 vol. m. r.
899 Terentius, 1686, 2 vol. m. r.
909 Lucretius, 1695, m. r.
918 Catullus, 1680, 4 vol. m. r.
927 Virgilius, 1680, 6 vol. m. r.

940 *Idem*, cum græc. collatus, 1747, 2 vol. m. r.

944 Horatius, 1670, 2 vol. m. r.

957 Carmina fam. Cæfareæ, 1715, m. r.

958 Albinovanus, 1715, m. r.

959 Severus, 1715, m. r.

962 Ovidius, 1662, 6 vol. m. viol.

969 Phædrus, 1667, m. r.

970 *Idem*, 1698, m. r.

974 Avianus, 1731, v. f.

976 Senecæ Trag. 1662, 2 vol. m. r.

977 . . . Sententiæ, 1708, m. r.

978 Lucanus, 1669, 2 vol. m. r.

984 Statius, 1671, 2 vol. m. r.

986 Martial. 1670, 2 vol. m. r.

987 *Idem*, 1701, 2 vol. m. r.

990 Juvenal, 1684, 2 vol. m. r.

999 Claudianus, 1665, 3 vol. m. r.

1000 Aufonius, 1671, 2 vol. m. r.

1003 Pervigilium Veneris, 1712, m. r.

1006 Sannazar, 1728, 2 vol. m. r.

1008 Vida, 1723, 3 vol. C. Mag. m. r.

1009 Sectanus, 1760, 2 vol. v. b.

1010 *Idem*, 1752, v. f.

1011 Hofpitalius, 1732, v. m.

1024 Desbillons Fabulæ, 1768, 2 vol. v. f.

1180 Hift. Poet. fcript. 1675, 2 vol. m. r.

1181 Opufcula Mythologica, 1688, m. r.

1183 Apollodorus, 1555, m. r.

1184 Antoninus liberalis, 1774, v. f.

1185 Mythographi lat. 1681, 2 vol. m. r.

1187 Hyginus, 1674, v. b.

1193 Plutarchus de Ifide, C. Mag. m. r. d. l. r.

1195 Fabularum delectus, 1701, v. b.

1200 Apuleius, 1650, m. r.
1231 Barclaii argenis, 1664, 4 vol. m. viol.
1259 Aulus Gellius, 1666, 3 vol. m. r.
1260 *Idem*, 1741, v. f.
1261 *Idem*, 1762, 2 vol. y. f.
1262 Macrobius, 1670, 2 vol. m. r.
1263 *Idem*, 1694, v. b.
1264 Alexander ab Alexandro, 1673, 4 vol. m. r.
1266 Menckenius, 1716, m. r.
1270 Petronius, 1669, 2 vol. m. r.
1276 Barclaii satyricon, 1707, 2 vol. m. r.
1279 Erasmi Stult. laus, 1676, m. r.
1288 Catonis disticha, 1759, v. f.
1289 Hist. Crit. Catoniana, 1759, v. f.
1299 Lucianus, 1687, 6 vol. m. r.
1304 Pontanus, 1518, 3 vol. v. f.
1337 Erasmi colloquia, 1729, 2 vol. m. r.
1346 Plinii Epistolæ, 1669, 2 vol. m. r.
1361 Geograp. veteris script. 1698, 4 vol. m. r.
1368 Pomponius Mela, 1722, 2 vol. m. r.
1369 *Idem*, 1748, 2 vol. m. r.
1458 Justinus, 1719, 3 vol. m. r.
1459 *Idem*, 1760, 2 vol. m. r.
1487 Sulpitius Severus, 1665, 2 vol. m. r.
1570 Dictys Cretensis, 1702, 2 vol. m. r.
1580 Xenophontis opera, 7 vol. m. b. l. r.
1582 . . . Memorabilia Socratis, 1772, m. b.
1583 . . . . Œconomicus, 1749, m. b.
1589 Arrianus de exped. Alexandri, 1668, 2 vol. m. r.
1591 *Idem*, 1757, v. f.
1593 Q. Curtius, 1685, 3 vol. m. r.
1594 *Idem*, 1708, 2 vol. v. b.

1605 T. Livius, 1664, 6 vol. m. r.
1606 *Idem*, 1679, 3 vol. vel.
1606 * *Idem*, 1708, 6 vol. m. viol. l. r.
1610 Florus, 1702, 2 vol. m. r.
1614 Velleius Paterculus, 1719, 2 vol. m. r.
1616 *Idem*, 1756, v. m.
1617 Eutropius, 1729, 2 vol. m. r.
1619 Aurelius Victor, 1696, m. r.
1621 Polybius, 1670, 5 uol. m. r.
1622 *Idem*, 1764, 3 vol. v. f.
1625 Appianus, 1670, 3 vol. m. r.
1627 Salluftius, 1690, m. r.
1636 Cæfar. 1713, 3 vol. m. b.
1644 Tacitus, 1672, 4 vol. m. r.
1645 *Idem*, 1687, 2 vol. C. Mag. m. r.
1646 *Idem*, 1752, 2 vol. vel.
1653 Suetonius, 1690, 4 vol. m. r.
1654 *Idem*, 1697, v. b.
1655 *Idem*, 1751, 2 vol. v. m.
1660 Herodianus, 1704, m. r.
1663 Zozymus, 1679, m. r.
1664 *Idem*, 1729, v. b.
1666 Ammianus Marcellinus, 1773, m. r.
1667 Hift. Auguftæ fcript. 1671, 4 vol. m. r.
2089 Pafchafii Coronæ, 1671, 2 vol. m. r.
2241 Diogenes Laertius. 1739, 2 vol. v. m.
2245 * Plutarchus, 1774, 10 vol. v. f.
2246 *Idem*, de ferâ numinis vindictâ. *Lugd. Bat.*
    1772, v. f.
2256 Cornelius Nepos, 1734, 2 vol. m. r.
2280 Æliani Hift. 1701, 3 vol. m. r.
2281 *Idem*, 1713, 1 vol. vel.
2282 Valerius Maximus, 1670, 2 vol. m. r.

COLLECTIO AUCTORUM

AD USUM DELPHINI.

64 Vol. in 4, m. r.

Dictionarium Latinum & Gallicum, auct. Pet. Danetio, ad usum Delphini. *Parisiis*, Thibout, 1691, in 4, m. r.

Dictionnaire François & Latin, composé par l'ordre du Roi, pour Mr. le Dauphin, par Danet. *Paris*, Thibouft, 1683, in 4, m. r.

Pet. Danetii Dictionarium Antiquitatum Romanarum & Græcarum, in usum Delphini. *Parisiis*, 1698, in 4, m. r.

Anitii Manlii Severini Boetii de consolatione Philosophiæ libri V, cum interp. & notis Pet. Callyi, ad usum Delphini. *Parisiis*, 1680, in 4, m. r.

C. Plinii Secundi Historiæ Naturalis libri XXXVII, cum interp. & notis Jo. Harduini, ad usum Delphini. *Parisiis*, 1685, 5 vol. in 4, m. r.

M. Manilii Astronomicon, cum interp. & notis Mic. Fayi & animadversionibus P. Dan. Huetii, in usum Delphini. *Parisiis*, 1679, in 4, m. r.

S. Pompeii Festi & M. Verrii Flacci de verborum significatione libri XX, cum interp. & notis And. Dacerii, in usum Delphini. *Parisiis*, Roulland, 1681, in 4, m. r.

M. Tul. Ciceronis omnes qui ad artem oratoriam pertinent libri, cum interp. & notis Jac. Prouft, in usum Delphini. *Parisiis*, 1687, in 4, m. r.

Ejufdem Ciceronis Orationes, cum interp. &
notis Car. de Merouville, in ufum Delphini.
Parifiis, 1684, 3 vol. in 4, m. r.

Ejufdem Ciceronis Epiftolæ ad Familiares, cum
interp. & notis Philiberti Quartier, in ufum
Delphini. *Parifiis*, 1685, in 4, m. r.

Ejufdem Ciceronis Opera Philofophica, cum
interpretatione & notis Fr. l'Honoré, in ufum
Delphini. *Parifiis*, 1689, 2 vol. in 4, m. r.
Editio originalis & integra libri rariffimi.

Panegyrici veteres Latini, cum interp. & notis
Jac. de la Baune, in ufum Delphini. *Parifiis*,
1676, in 4, m. r.

Callimachi Hymni, Epigrammata, &c. gr. &
lat. cum notis Annæ Tanaquilli Fabri Filiæ,
in ufum Delphini. *Parifiis*, 1675, in 4, m. r.

M. A. Plauti Comœdiæ, cum interp. & not. Jac.
Operarii, in ufum Delphini. *Parifiis*, 1679,
2 vol. in 4, m. r.

Pub. Terentii Comœdiæ, cum interp. & notis
Nic. Camus, in ufum Delphini. *Parifiis*,
1675, in 4, m. r.

T. Lucretii Cari de rerum naturâ libri fex, cum
interp. & notis Mic. Fayi, in ufum Delphini.
Parifiis, 1680, in 4, m. r.

Catulli, Tibulli & Propertii Opera, cum interpretatione & notis Ph. Sylvii, in ufum Delphini. *Parifiis*, 1685, 2 vol. in 4, m. r.

P. Virgilii Maronis Opera, cum interp. & notis
Car. Ruæi, in ufum Delphini. *Parifiis*, 1682,
in 4, m. r.

Q. Horatii Flacci Opera, cum interp. & notis

Lud. Desprez , in usum Delphini. *Parisiis* , 1691 , in 4 , m. r.

Publii Ovidii Nasonis Opera , cum interp. & notis Dan. Crispini, in usum Delphini. *Lugd.* Anisson , 1686 , 4 vol. in 4 , m. r.

Phædri Fabulæ , cum interp. & notis Pet. Danetii , in usum Delphini. *Parisiis* , 1675 , in 4 , m. r.

Pub. Pap. Statii Opera , cum interp. & notis Cl. Beraldi , in usum Delphini. *Lutetiæ Parisio-rum* , Roulland , 1685 , 2 volumes in 4 , m. r.

Val. Martialis Epigrammata , cum interp. & notis Vinc. Colessonis , in usum Delphini. *Parisiis* , Cellier , 1680 , in 4 , m. r.

D. Junii Juvenalis & Auli Persii Flacci Satyræ , cum interp. & notis Lud. Prataei , in usum Delphini. *Lutetiæ Parisiorum* , 1684 ; in 4 , m. r.

Cl. Claudiani Opera , cum interp. & notis Guil. Pyrrhonis, in usum Delphini. *Parisiis* , 1677 , in 4 , m. r.

Ausonii Opera , cum interp. & notis Jul. Floridi, in usum Delphini , ex recens. J. B. Souchay. *Parisiis* , Guerin , 1730 , in 4 , m. r.

Aur. Prudentii Clementis Opera , cum interp. & notis Steph. Chamillard , in usum Delphini. *Parisiis* , 1687 , in 4 , m. r.

Lucii Apuleii Opera , cum interp. & notis Jul. Floridi , in usum Delphini. *Parisiis* , Leonard , 1688 , in 4 , m. r.

Aulli Gellii Noctes Atticæ , cum interp. & notis Jac. Proust , in usum Delphini. *Parisiis* , Benard , 1681 , in 4 , m. r.

Juſtini Hiſtoriæ , cum interpretatione & notis
Pet. Joſ. Cantel , in uſum Delphini. *Pariſiis* , 1677 , in 4 , m. r.

Dictys Cretenſis de bello Trojano & Dares
Phrygius de excidio Trojæ , cum interp. &
notis Annæ Tanaquilli Fabri filiæ , in uſum
Delphini. *Pariſiis* , 1680 , in 4 , m. r.

Quinti Curtii hiſtoriæ , cum interp. & notis
Mich. le Tellier , in uſum Delphini. *Pariſiis* , 1678 , in 4 , m. r.

Titi Livii Hiſtoriæ , cum interp. & notis Jo.
Doujatii , in uſum Delphini. *Pariſiis* , 1679 ,
6 vol. in 4 , m. r.

L. An. Flori Hiſtoria Romana, cum interp. &
notis Annæ Tanaquilli Fabri filiæ in uſum
Delphini. *Pariſiis* , 1674 . in 4 , m. r.

Velleii Paterculi Hiſtoria Romana, cum interp.
& notis Rob. Riguez, in uſum Delphini. *Pariſiis* , 1675 , in 4 , m. r.

Eutropii Breviarium Hiſtoriæ Romanæ , cum interp. & notis Annæ Tanaquilli Fabri Filiæ, in
uſum Delphini. *Pariſiis* , 1683 , in 4 , m. r.

Aurelii Victoris Hiſtoriæ Romanæ Breviarium ,
cum interp. & notis Annæ Tanaquilli Fabri
Filiæ , in uſum Delphini. *Pariſiis* , 1681 ,
in 4 , m. r.

C. Salluſtii Criſpi Opera, cum interp. & notis
Dan. Criſpini, in uſum Delphini. *Pariſiis* ,
1674 , in 4 , m. r.

C. Julii Cæſaris Commentarii, cum interp. &
& notis Jo. Goduini, in uſum Delphini. *Pariſiis* , 1678 , in 4 , m. r.

C. Cornelii Taciti Opera, cum interp. & notis

Jul. Pichon , in ufum Delphini. *Parifiis ,*
1682 , 4 vol. in 4 , m. r.

C. Suetonii Tranquilli Opera , cum interp. &
notis Aug. Babelonii , in ufum Delphini. *Pa-*
rifiis , 1684 , in 4 , m. r.

Cornelii Nepotis Vitæ excellentium Imperatorum , cum interp. & notis Nic. Courtin , in
ufum Delphini. *Parifiis ,* 1675 , in 4 , M. r.

Valerii Maximi Opera , cum interp. & notis
Jof. Cantelii , in ufum Delphini. *Parifiis ,*
1679 , in 4 , m. r.

TABLE
ALPHABÉTIQUE
DES AUTEURS.

V

Sannazarius (Actius since-
rus) 1005 à 1007.
Santolius (Jo. Bapt.) 1019
à 1021, 1292.
Sapphus, 830, 832, 855,
865.
Savary (Jac.) 238, 299.
Saverien, 627.
Savilius (H.) 1643.
Saurin (Jacq.) 33.
Sauval (Henri) 1914.
Sauvigny (de) 1243.
Scaliger (Jof.) 849, 1634.
Scapula (Joan.) 735.
Scarron, 1314.
Schæffer (Jacq. Chrift.)
502 *, 524 *, 524 **.
Schedius (Ælias) 2083.
Scheffer (Jo.) 1505, 1980,
1981 ; 2004.
Scheuchzer (Joh. Jac.) 27,
28, 383, 532, 2033.
Scheyb (Fr. Chr. de) 1378.
Schlutter (Chr. And.) 376.
Schoepflinus (Jo. Dan.)
1908.
Schottus (And.) 238,
2086, 2198.
Schrevelius (Corn.) 736,
944, 962, 978, 986,
Schurzfleifchius, (Hen.
Leon.) 1537.
Schwandtner, (Jo. Georg.)
1926.
Schwebelius (Nic.) 873.
Scott (Dan.) 734.
Scott (Jof. Nic.) 758.
Scriverius (Pet.) 892,
1284.
Seba (Alb.) 546.
Sebaldus (Geor. Frid.)
995.

Secouffe, 184, 1907.
Sectanus (Q.) 1009, 1010.
Segrais (de) 1252.
Seguy (l'Abbé) 1087.
Seldenus (Jo.) 1452, 2081.
Selve (George de) 2252.
Seneca (Luc. Ann.) 975,
976, 977.
Seneca (L. Ann. & M. Ann.)
238 à 241.
Seran de Latour (l'Abbé)
1671.
Serenus (Quintus) 556.
Serpillon (Franc.) 187.
Serranus, 228.
Serre (Jean de) 1805.
Serres (Olivier de) 400.
Sefler (Leonard) 390.
Severus Alexandrinus, 772.
Severus (P. Cornelius) 959.
Servetus, 1367.
Serviez (de) 1675.
Sextus Empiricus, 237.
Shaw, 1414.
Sidrach, 266.
Silhouette (de) 1174.
Simonel, 152.
Simonide, 830.
Simpfon (J.) 257.
Sleidanus (J.) 1374, 1464.
1485.
Sloane (Hanf.) 537.
Smithus (Th.) 1374.
Snakenburg (Hen.) 1596.
Socrates, 1488.
Solis (Ant. de) 2053,
2054.
Sophocles, 860 à 863.
Sozomenus, 1488.
Spalatinus (Ben.)
Spanhemius (Ezechiel) 876,
1658, 2111.

Lu & approuvé. A Paris , ce 13 Septembre 1780.

FOURNIER.